自治体
政策立案入門

実務に活かす
20の行政法学理論

宇那木正寛［著］

ぎょうせい

推薦のことば——宇那木さんとともに法治主義の実現をめざそう！

　職員歴を重ねれば重ねるほど憲法から遠ざかっている。研修教場で受講者と接していて痛感する事実である。入庁時には、「日本国憲法を遵守し住民の基本的人権を尊重する」と誓ったはずなのに、その思いはどこにいったのだろう。研修担当者からは、「法律に基づいて仕事をしていることを認識させてください」と注文される始末である。自治体行政の現場には、法治主義はないのだろうか。うまくいっている行政とは、実はとんでもなく危ない状態にあるのではないか。25年間の自治体職員を経て教職についた宇那木さんは、私以上に「法治主義の崩壊」に対する危機感を抱いている。

　本書を手にしようとするあなたは、日々の仕事はマニュアルや先例でこなしているとしても、「その向こうには何かがあるに違いない」と考えているだろう。本書は、その「何か」を、体系的かつ骨太に提示してみせる実務書である。

　住民にとっても事業者にとっても、職員にとっても研究者にとっても、それぞれに異なる法治主義があるわけではない。本書の特徴は、豊富な行政実務経験を持ち現在は研究職にある宇那木さんの手によるものであるがゆえに、現代日本の自治体における「あるべき法治主義」を複眼的に探究する内容となっている点にある。

　行政敗訴判決は、行政意思決定の不合理を確認し、それをもたらした思考方法を批判的に検討する絶好の素材である。多くの裁判例が引用されているのも、本書の特徴である。読者は、付された解説をもとにして、裁判所にダメだしされるような意思決定をなぜ行政はしてしまったのかを考えることにより、本書の記述内容を一層深く理解できるだろう。

　分権時代に、団体自治を踏まえて自治体現場に法治主義を確立させるためには、自治体職員は、十分な法的武装をしておく必要がある。地方自治の本旨にそぐわない法律の制定や運用がされたときに、自治体をまもるべくいかに行動するか。徒手空拳では何もできない。

　自治体職員は、よりよき自治体をつくることを、現在世代および将来世代の住

民から信託された存在である。それほどに大きな社会的責任を持つ存在である以上、それにふさわしい知力を備えないのであれば、それは住民に対する背信である。

　「できない理由は自分のため、できる理由は自治体のため」。できる理由を考える能力を身につけるうえで、本書は格好の一冊である。宇那木さんとともに、自治体における分権法治主義の実現のため、ご活躍されることを期待する。

　2015年3月

上智大学法科大学院長　北村　喜宣

はしがき──本書の発刊目的と特徴

　平成12年に、地方分権一括法による第1次の分権改革が行われました。この目的は、国と地方公共団体の対等関係の確立でした。この意味するところは、国は政策を定め、自治体はその政策を執行するという図式の崩壊であり、地方公共団体も国と並んで自己決定・自己責任の理念の下で、地域における政策の主体としての責任を負うことが明確にされました。

　具体的にいうと、地方公共団体の機関が国の機関として国の事務を執行するという機関委任事務が廃止され、地域の事務となりました。このことは、分権時代の地方公共団体は、国の機関の一部として事務を執行するのではなく、地域課題を自ら積極的に発掘し、それらの課題の解決をしていかなければならないことを意味します。

　そして、この第1次地方分権改革が行われて既に15年の時を経ようとしています。この間、少子高齢化や日本経済の低迷に伴う扶助費の急激な増大、地方交付税の減少による自治体財政の再建、平成の大合併後の地域の経営、地域コミュニティの再生、公私協働の推進、東日本大震災からの復旧、今後の大規模災害への対応など地域を取り巻く環境は大変な勢いで変化しています。こうした大きな社会経済の変化は、地域経営のあり方について大きな発想の転換と構造改革を求めるものとなっています。

　このような状況下において地方公共団体には、地域の経営主体として地域課題に対処するため多様な行政活動形式を用いた積極的な政策立案が、以前にも増して求められています。地方公共団体がこうした政策を適正、かつ、効率的に執行するためには、政策内容を規範化（＝ルールとして定める）する必要があります。

　地方公共団体は、政策立案を行う際、私人とは異なり、その手法として、公権力の行使という強力な活動形式を中心に据えることができます。しかし、こうした立案に当たっては、憲法を始めとする国法秩序に適合し、かつ、調和的に立案される必要があります。この意味で、国や地方公共団体の政策は、「法」政策ということができます。

本書は、筆者自身が岡山市での20年にわたる法務担当職員として得た実務経験を中心に、岡山大学大学院社会文化研究科での政策法務の講義や全国市町村中央研修所、全国国際文化研修所などでの研修、雑誌を通じて公表した内容を体系化したものです。このため、法政策の立案上、重要と思われる論点や研修でよく質問を受ける点については、特に詳しく解説しています。また法政策の執行に深く関連する事項として訴訟法務と住民訴訟についても解説しています。

　本書では、理論的理解を深めるために現実の法政策を数多く紹介しています。また、抽象的で分かりにくい部分には、なるべく、図表を作成し、視覚的理解の助けとなるようにしています。

　実務には必ず、それを支える理論があります。本書では、理論をフォローするため、代表的な憲法及び行政法の教科書や裁判例を引用しています。

　私事でありますが、平成26年4月、大学の教員となりました。岡山市の職員時代から15年もの長きにわたり、公私にわたり、温かくご指導くださった北村喜宣先生（上智大学法科大学院長）、そして、長らく同僚として苦楽を共にし、本書の執筆に際し、現役の法務職員の視点で的確なアドバイスをくれた河本則彦君（岡山市政策法務課）には深く感謝いたします。

　末筆ながら、株式会社ぎょうせいの皆様には、本書の企画・出版に至るまで、様々なご配慮をしていただきました。お礼を申し上げます。

　本書が地方公共団体の法政策の進展に、少しでもお役に立てれば幸いです。

　2015年3月

宇那木　正寛

凡　例

◆法　令　名
　警職法＝警察官職務執行法
　刑訴法＝刑事訴訟法
　権限法＝国の利害に関係のある訴訟についての法務大臣の権限等に関する法律
　自治法＝地方自治法
　自治法施行令＝地方自治法施行令
　地教行法＝地方教育行政の組織及び運営に関する法律
　廃棄物処理法＝廃棄物の処理及び清掃に関する法律
　風営法＝風俗営業等の規制及び業務の適正化等に関する法律
　民訴法＝民事訴訟法

◆判例集・判例解説
　民（刑）集＝最高裁判所民事（刑事）判例集
　行集＝行政事件裁判例集
　下民＝下級裁判所民事裁判例集
　判時＝判例時報
　判タ＝判例タイムズ
　判自＝判例地方自治
　訟月＝訟務月報
　裁判所ウェブサイト＝ http://www.courts.go.jp/

◆文　　献
　・単行本は著者名のあとに書名に『　』を付し、論文は著者名の後に論文名を「　」を付し、共著は「＝」で結んでいる。
　・基本的な参考文献については、以下の略語により表記している。
　　芦部・憲法　　芦部信喜・高橋和之補訂『憲法〔第6版〕』（岩波書店、2015）
　　阿部・解釈学Ⅰ　　阿部泰隆『行政法解釈学Ⅰ』（有斐閣、2008）
　　宇賀・概説Ⅰ　　宇賀克也『行政法概説〔第5版〕』（有斐閣、2013）
　　宇賀・自治法　　宇賀克也『地方自治法概説〔第5版〕』（有斐閣、2013）
　　北村・自治体環境法　　『自治体環境行政法〔第6版〕』（第一法規、2012）
　　北村・分権改革　　北村喜宣『分権改革と条例』（弘文堂、2004）
　　塩野・行政法Ⅰ　　塩野宏『行政法Ⅰ〔第5版補訂版〕』（有斐閣、2013）
　　塩野・行政法Ⅱ　　塩野宏『行政法Ⅱ〔第5版補訂版〕』（有斐閣、2013）
　　塩野・行政法Ⅲ　　塩野宏『行政法Ⅲ〔第4版補訂版〕』（有斐閣、2012）
　　高橋・憲法　　高橋和之『立憲主義と日本国憲法〔第3版〕』（有斐閣、2013）
　　広岡・代執行　　広岡隆『行政代執行法〔新版〕』（有斐閣、復刻 2000）
　　松本・逐条　　松本英昭『新版　逐条地方自治法〔第7次改訂版〕』（学陽書房、2013）

◆本文中、重要語句については**太字ゴシック体**で表記して巻末の索引に掲載することとし、それ以外の重要部分については**太字明朝体**で表記した。

◆法令、判例の引用等においては、読みやすくするため、漢数字を算用数字とし、促音等は現代仮名遣いとし、常用漢字でないものは一部、これに改めている。また、引用中に筆者の注記を入れる場合には、＜＞を付しているので注意されたい。

目　次

第1章　公共政策
1　公共政策の意義 …………………………………………………………… 1
2　公共政策の複雑性 ………………………………………………………… 1
3　公共政策の階層性 ………………………………………………………… 2
4　公共政策における目的及び手段の相対性 ……………………………… 3
5　公共政策の立案に必要な知識・能力 …………………………………… 5
6　地方公共団体における法政策の立案過程 ……………………………… 5

第2章　法の解釈
1　法の意義 …………………………………………………………………… 9
2　法律の目的と適用 ………………………………………………………… 11
3　法律条文の構成と法解釈の必要性 ……………………………………… 12
4　解釈手法の種類
　（1）　解釈手法の体系 …………………………………………………… 13
　（2）　論理解釈の種類 …………………………………………………… 13
5　公務員に求められる法令解釈能力 ……………………………………… 16

第3章　憲法と法政策
1　憲法の意義 ………………………………………………………………… 17
2　地方公共団体の活動と憲法 ……………………………………………… 19
3　立憲民主主義 ……………………………………………………………… 20
4　憲法の目的と統治機構 …………………………………………………… 20
5　人権の種類とその享有主体 ……………………………………………… 21
6　憲法上の権利の制限とその正当化
　（1）　憲法上の権利の制限 ……………………………………………… 23
　（2）　「公共の福祉」の意義とそれをめぐる学説 …………………… 24
　（3）　憲法上の権利の制限 ……………………………………………… 25

i

　　　　　　　設問1　結社の自由と公共の福祉 ………………………… 26
　　（4）法政策における憲法適合性の確保 ……………………… 27
　　　　　　　設問2　営業の自由に対する制限と手段の合理性………… 30
　　　　　　　設問3　財産権に対する制限と手段の必要最小限性……… 32
7　新たな人権と法政策
　　（1）自己決定権 ………………………………………………… 33
　　　　　　　設問4　自己決定権とパターナリズム …………………… 36
　　（2）プライバシーの権利 ……………………………………… 37
　　　　　　　設問5　プライバシーの権利とその制限 ………………… 38

第4章　司法審査と法政策

1　二重の基準論と規制目的二分論
　　（1）二重の基準論 ……………………………………………… 42
　　（2）規制目的二分論 …………………………………………… 43
2　目的・手段審査と審査密度 ………………………………………… 45
3　比例審査 ……………………………………………………………… 54
4　「平等」と司法審査基準
　　（1）法の下の平等の意義 ……………………………………… 56
　　（2）平等原則の司法審査基準 ………………………………… 57
　　（3）法の下の平等と積極的是正措置 ………………………… 57
　　　　　　　設問6　法の下の平等と女性委員の積極的登用 ………… 58
5　「政教分離」と司法審査基準
　　（1）信教の自由と政教分離の意義 …………………………… 58
　　（2）信教の自由と政教分離の原則との関係 ………………… 59
　　（3）政教分離の原則と司法審査基準 ………………………… 60
6　合憲限定解釈
　　（1）違憲審査権 ………………………………………………… 62
　　（2）合憲限定解釈の役割 ……………………………………… 62
　　（3）泉佐野市民会館事件最高裁判決 ………………………… 63

第5章　地方公共団体の組織

1　地方公共団体における統治機構の特徴 ………………………… 65
2　議会の権能 ……………………………………………………… 65
3　長の権能 ………………………………………………………… 66
4　長の組織編成権 ………………………………………………… 68
5　長の補助機関 …………………………………………………… 71
6　執行機関の多元化 ……………………………………………… 71
7　行政機関の権限行使
　（1）　権限行使の主体 …………………………………………… 71
　（2）　権限の委任 ………………………………………………… 72
　（3）　権限の代理 ………………………………………………… 74
　（4）　専決・代決 ………………………………………………… 75
8　附属機関
　（1）　附属機関の意義 …………………………………………… 75
　（2）　附属機関の設置とその法形式 …………………………… 76
　（3）　条例設置が必要な附属機関の範囲 ……………………… 76

第6章　地方分権改革の目的とその概要

1　地方自治と第1次地方分権改革 ………………………………… 78
2　地方分権一括法の施行と機関委任事務の廃止 ……………… 79
3　機関委任事務廃止の効果──条例制定権と自主解釈権の拡大……… 80
4　法定受託事務の意義と執行の留意点 ………………………… 81
5　普通地方公共団体に対する国の関与
　（1）　関与法定主義 ……………………………………………… 83
　（2）　是正の指示と代執行 ……………………………………… 84
　（3）　紛争処理制度 ……………………………………………… 85
　（4）　国と地方の協議の場に関する法律 ……………………… 86
6　条例による事務処理の特例制度と事務の委託制度 ………… 86
7　国等による違法確認訴訟 ……………………………………… 88
8　住民投票制度

（1）　住民投票制度の意義 …………………………………………… 89
　　（2）　住民投票制度と憲法 …………………………………………… 89
　　（3）　住民投票制度と外国人 ………………………………………… 90
　　（4）　住民投票制度と議会改革 ……………………………………… 92

第7章　法律による行政の原理と法政策
　1　法律による行政の原理の意義 ………………………………………… 93
　2　法律の法規創造力の原則と法律の留保の原則 ……………………… 95
　3　地方自治法14条2項と必要的条例事項 …………………………… 97
　4　権利制限事項と義務賦課事項 ………………………………………… 97
　5　権利の創設と条例 ……………………………………………………… 99

第8章　法政策と条例
　1　条例の意義 ……………………………………………………………… 101
　2　国法秩序と条例 ………………………………………………………… 102
　3　条例の法令適合性 ……………………………………………………… 102
　4　徳島市公安条例事件最高裁判決
　　（1）　法令と条例との抵触関係判断の準則 ………………………… 104
　　（2）　重複規制条例の「特別の意義・効果・合理性」 …………… 108
　　（3）　重複規制条例と手段の選択基準 ……………………………… 109
　　（4）　重複規制条例における罰則 …………………………………… 109
　　（5）　まとめ …………………………………………………………… 110
　　　　　設問7　風営法と条例による重複規制 ……………………… 113
　5　比例原則と法政策の立案
　　（1）　比例原則の意義 ………………………………………………… 117
　　（2）　飯盛町旅館建築規制条例事件福岡高裁判決 ………………… 118
　　（3）　比例原則と手段選択 …………………………………………… 119
　6　財産権の制限と条例 …………………………………………………… 119
　7　地方団体の課税権と条例 ……………………………………………… 120
　8　議員による法政策の立案 ……………………………………………… 121

第9章　都道府県条例と市町村条例

1　問題の所在 …………………………………………………… 123
2　条例間の抵触関係の調整 …………………………………… 124
3　条例間の抵触関係の発見 …………………………………… 125
4　共管事務と法政策の立案 …………………………………… 128
　　設問8　都道府県条例と市町村条例の抵触 ……………… 131

第10章　法律実施条例

1　法律実施条例の意義 ………………………………………… 134
2　法律に委任の根拠を持たない法律実施条例 ……………… 135
3　分権改革後の法律実施条例をめぐる地方公共団体のチャレンジ …… 138
4　法律実施条例の将来的展望 ………………………………… 140
5　法律実施条例と分権改革 …………………………………… 141

第11章　行政による規範定立

1　行政機関の定立する規範の種類 …………………………… 143
2　法規命令の意義 ……………………………………………… 144
3　行政規則の意義 ……………………………………………… 146
4　告示の意義 …………………………………………………… 149
5　訓令の意義 …………………………………………………… 150
6　規　　則
　（1）　規則の意義 ……………………………………………… 151
　（2）　規則の規律対象事項 …………………………………… 151
　（3）　規則の限界 ……………………………………………… 152
　（4）　条例事項の規則への委任 ……………………………… 153
　（5）　財務事項と規則 ………………………………………… 154
　　設問9　財務事項と規則 …………………………………… 154
　　設問10　必要的条例事項と規則への委任 ………………… 156

v

第12章　立法事実

1 ブランダイス式上告趣意書と立法事実 …………………………… 160
2 日本における立法事実論 …………………………………………… 161
3 最高裁判決と立法事実論 …………………………………………… 161
4 立法事実の変化
　（1）国籍取得差別事件最高裁判決 ………………………………… 162
　（2）非嫡出子相続分不平等事件最高裁決定 ……………………… 162
5 法解釈と立法事実 …………………………………………………… 163
6 法令適合性の判断と立法事実 ……………………………………… 164
7 立法実務と立法事実 ………………………………………………… 164
8 目的達成における手段の合理性 …………………………………… 165
9 法政策の立案と立法事実 …………………………………………… 167

第13章　基本的行政手法

1 法政策と行政手法
　（1）行政手法の意義 ………………………………………………… 168
　（2）規制的手法 ……………………………………………………… 168
　（3）義務設定手法 …………………………………………………… 169
　（4）許可手法 ………………………………………………………… 173
　　　設問11　許可手法と損失補償 ………………………………… 176
　（5）届出手法 ………………………………………………………… 178
2 啓発的手法 …………………………………………………………… 180
3 補助金手法 …………………………………………………………… 182
4 経済的ディスインセンティブを与える手法 ……………………… 182

第14章　応用的行政手法

1 計画手法 ……………………………………………………………… 184
2 住民参加手法 ………………………………………………………… 186
3 説明会手法 …………………………………………………………… 188
4 協定手法 ……………………………………………………………… 190

 5　同意手法 …………………………………………………………… 199
 6　紛争調停手法 ………………………………………………………… 200
 7　認証手法 …………………………………………………………… 202

第15章　行政手法の実効性確保──許可取消制度等
 1　実効性確保制度の意義 ……………………………………………… 204
 2　許可取消制度 ………………………………………………………… 204
   設問12　許可の取消しと損失補償 ………………………… 205
 3　監督処分制度 ………………………………………………………… 208
   設問13　措置命令等における実害要件 …………………… 210
 4　情報公表制度
 （1）　情報公表制度の意義 ……………………………………………… 213
 （2）　情報公表の法的根拠 ……………………………………………… 214
 （3）　制裁的公表の問題点 ……………………………………………… 215
 5　給付拒否制度 ………………………………………………………… 216
   設問14　公の施設利用拒否と正当理由 …………………… 219
 6　金銭的担保制度 ……………………………………………………… 221
 7　情報収集制度 ………………………………………………………… 223

第16章　行政手法の実効性確保──刑罰制度
 1　罪刑法定主義
 （1）　罪刑法定主義の意義と内容 ……………………………………… 226
 （2）　法律主義の原則 …………………………………………………… 227
 （3）　遡及処罰禁止の原則 ……………………………………………… 228
 （4）　刑罰均衡の原則 …………………………………………………… 228
 （5）　明確性の原則 ……………………………………………………… 229
 2　法人処罰
 （1）　法人処罰の意義 …………………………………………………… 231
 （2）　両罰規定 …………………………………………………………… 232
 （3）　法人格なき団体と刑事訴訟手続 ………………………………… 233

3　行政上の義務違反と刑罰
　　（1）　行政刑罰の意義 ……………………………………………… 234
　　（2）　直罰方式と間接罰方式 ……………………………………… 235
　　　設問15　税務職員の守秘義務と刑罰 …………………………… 236
　4　行政上の秩序罰 …………………………………………………… 238
　5　各行政手法及び実効性確保の制度についてのまとめ ………… 240

第17章　行政上の義務の強制的実現

　1　強制的実現の必要性 ……………………………………………… 242
　2　強制的実現の体系
　　（1）　行政代執行 …………………………………………………… 243
　　（2）　金銭の強制徴収 ……………………………………………… 253
　　（3）　直接強制 ……………………………………………………… 253
　　（4）　執行罰 ………………………………………………………… 256
　3　司法的執行による行政上の義務履行確保──金銭債権
　　（1）　金銭債権の強制的実現 ……………………………………… 257
　　（2）　農業共済金等請求事件最高裁判決 ………………………… 258
　　（3）　判決の射程 …………………………………………………… 259
　4　司法的執行による行政上の義務履行確保──非金銭債権
　　（1）　非金銭債権の強制的実現
　　　　　　　　　──宝塚市パチンコ店等規制条例事件 ……… 259
　　（2）　最高裁判決に対する批判 …………………………………… 261
　5　行政上の義務を前提としない実力行使の制度
　　（1）　即時強制の意義 ……………………………………………… 261
　　（2）　即時強制の問題点と有用性 ………………………………… 264

第18章　立法技術の基礎知識

　1　法制執務の意義 …………………………………………………… 267
　2　条例の構造 ………………………………………………………… 267
　3　条例の形式、配字、文体、用字及び用語

（1）条例の形式及び配字 …………………………………… 268
　　　（2）条例の活字の大きさ、字体 ……………………………… 270
　　　（3）条例の文体 ……………………………………………… 270
　　　（4）条例の用字 ……………………………………………… 271
　　　（5）条例の用語 ……………………………………………… 271
　　4　主要な規定の内容
　　　（1）総則的規定 ……………………………………………… 272
　　　（2）実体的規定 ……………………………………………… 277
　　　（3）雑則的規定 ……………………………………………… 280
　　　（4）罰則規定 ………………………………………………… 282
　　　（5）附則 ……………………………………………………… 283

第19章　自治体訟務の基礎
　　1　裁判による紛争解決 ………………………………………… 286
　　2　要件事実と主要事実 ………………………………………… 286
　　3　事実認定 ……………………………………………………… 288
　　4　立証責任とその分配 ………………………………………… 291
　　5　地方公共団体における訟務手続
　　　（1）指定代理人の意義と選任 ……………………………… 293
　　　（2）判決後の対応 …………………………………………… 296
　　　（3）地方公共団体の訴訟と議会の議決 …………………… 297
　　　（4）訴訟と情報公開 ………………………………………… 297
　　6　権限法と地方公共団体の訴訟遂行 ………………………… 298

第20章　職員の賠償責任と住民訴訟
　　1　予算執行職員等の賠償責任
　　　（1）地方自治法243条の2の意義 ………………………… 299
　　　（2）賠償命令の手続等 ……………………………………… 300
　　2　予算執行職員等以外の職員の賠償責任 …………………… 302
　　3　長の賠償責任の根拠 ………………………………………… 303

4　責任原因としての故意、過失及び重過失
　　　（1）　故意の意義 …………………………………………………… 304
　　　（2）　過失の意義 …………………………………………………… 304
　　　（3）　重過失の意義 ………………………………………………… 306
　5　住民訴訟制度の目的 ……………………………………………………… 306
　6　住民訴訟の対象となる行為 ……………………………………………… 307
　7　住民訴訟の類型 …………………………………………………………… 309
　8　平成14年改正 ……………………………………………………………… 310
　9　「当該職員」及び「怠る事実の相手方」の意義 ……………………… 312
　10　4号請求訴訟における被告適格 ………………………………………… 313
　11　住民訴訟と債権放棄
　　　（1）　問題の所在 …………………………………………………… 313
　　　（2）　債権放棄無効判決の登場 …………………………………… 314
　　　（3）　神戸市債権放棄議決事件最高裁判決 ……………………… 314
　12　原告側の訴訟費用
　　　（1）　勝訴住民側の弁護士費用 …………………………………… 316
　　　（2）　相当報酬額の算定方法 ……………………………………… 317
　　　（3）　債権放棄議決と相当報酬額 ………………………………… 318

補遺――立案情報の収集 ……………………………………………………… 319

あとがき ………………………………………………………………………… 321

判例索引 ………………………………………………………………………… 322

主要事項索引 …………………………………………………………………… 328

第1章 公共政策

Point　本章では、公共政策の意義について解説します。

keyword　公共政策　行政手法　複雑性　全体性　相反性
　　　　　主観性　動態性

1　公共政策の意義

　国や地方公共団体には、多数の利害を調整し、複雑、多様な行政課題に対処するため多様な行政活動形式を用いた積極的な**公共政策**の立案が求められています。本書では、こうした多様な行政活動形式を**行政手法**と呼びます。

　この公共政策とは、**公共的課題を解決するための活動方針であって、目的・手段の体系をなすもの**です。公共政策といえるためには、まず、社会の構成員の共通の利害にかかわる様々な問題（公共的課題）のうち、社会全体で解決すべき問題であることが必要です。特定の土地の境界紛争などは、公共的課題とはいえません。また、目的と手段との体系をなす活動方針であることも必要です。活動方針の中には、目的が明らかにされていないものや、目的は明らかにされていてもこれを達成するための手段が明示されていないスローガン的なものもあります。「安全・安心なまちづくり」をいくら連呼しても、これを達成するための手段が語られなければ、公共政策を論じているとはいえないのです。

2　公共政策の複雑性

　社会が抱える様々な問題を解決するために立案される公共政策には、複雑多様な利害関係を調整し、立案しなければならないという**複雑性**があります。公共政策の複雑性を構成するものとして、**全体性**、**相反性**、**主観性**、**動態性**が挙げられます[1]。

　全体性とは、個別の政策を他の政策と全体的な枠内で有機的に関連付けて行う必要があるということです。例えば、ホームレスの人たちの一時的保護政策と自立支援策を、ホームレス対策という全体的な政策の枠内で相互に関連付ける必要があるということです。

（1）秋吉貴雄＝伊藤修一郎＝北山俊哉『公共政策学の基礎』（有斐閣、2010）5頁

次に相反性です。相反性とは、一方の事柄の改善が他方の事柄の改善と互いに排斥し合う関係にあるということです。**トレードオフ**の関係にあると言われたりします。例えば、エネルギーの安定供給政策と脱原発政策との関係、あるいは、食料自給政策と農産物の市場開放政策との関係などにみられます。公共政策を立案する上での最大の難問です。公共政策については、内容が十分ではないとの批判が常になされますが、それは、他の公共政策との相反性が生じるゆえに仕方がないこともあるのです。公共政策の宿命といえるでしょう。

主観性とは、現実の政策立案の方向性がどのような立場に立つかによって異なるということです。例えば、空き屋問題を社会にとって危険なものとして対処するのか、再利用可能な資源の一つとして対処するのかによって立案の内容は異なります。

動態性とは、政策立案要因は時代とともに変化するということです。例えば、都市形成において、高度成長期は都市部周辺地域の宅地開発が促進されていました。しかし、少子高齢化や老朽化したインフラの効率的維持管理のため、都市部の活性化をはじめとするコンパクトシティの構想が重要視されるようになりました。都市形成における政策課題が変化してきたわけです。

3　公共政策の階層性

公共政策の特徴として、複雑性とは別に階層性があります。この階層性とは政策体系ともいえます。次のように政策(Policy)→施策(Program)→事業(Project)という階層をとることが一般的です。

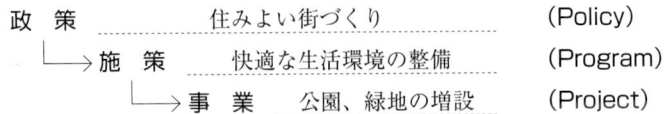

例えば、政策の段階では、住みよい街づくりを進めていくために、どのような方向性をとるのかが検討され、方向性の一つとして快適な生活環境の整備という施策が策定されます。そして、次の段階で、この施策を具体的に実現するために、公園や緑地の増設といった事業の方針が決まります。

図：公共政策の階層性の例[2]

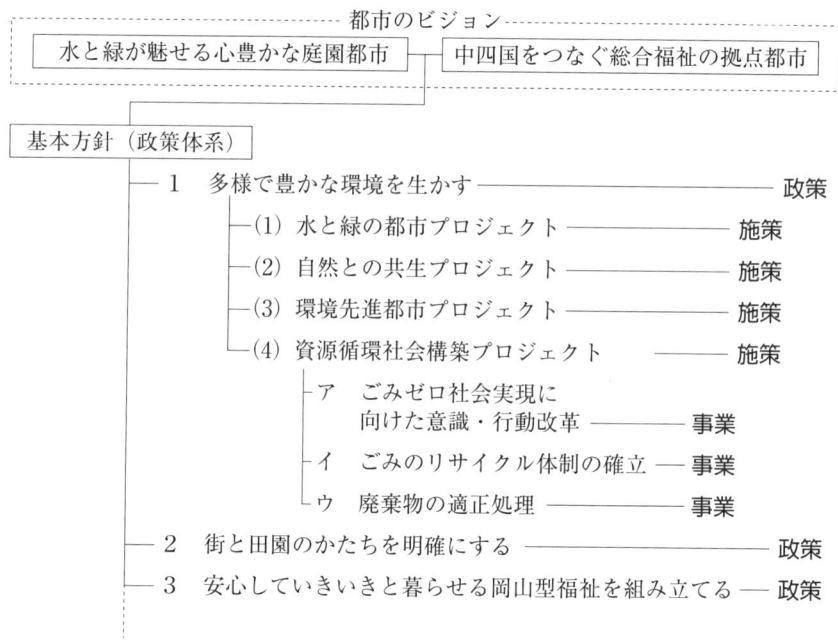

なお、地方公共団体の政策体系は、三階層を超え、より多層化しているものも少なくありません。

4 公共政策における目的及び手段の相対性

　公共政策とは、目的と手段との体系からなる活動方針ですが、その階層性ゆえに目的と手段との関係は相対的です。

　例えば、国民の生命・財産を守るという目的達成のために不衛生な飲食店の営業を排除するといった場合に、両者は目的と手段の関係に立ちます。また、不衛生な飲食店を排除するために、飲食店の営業を許可制にする場合、後者と前者は手段と目的の関係に立ちます。さらに、全体としてみると飲食店の営業を許可制にすることが手段で、直接目的は不衛生な飲食店の営業を排除すること、そして最終目的が国民の生命財産を守ることと解することができます。

（2）岡山市都市ビジョン－新岡山市総合計画参照

図：目的と手段の相対性

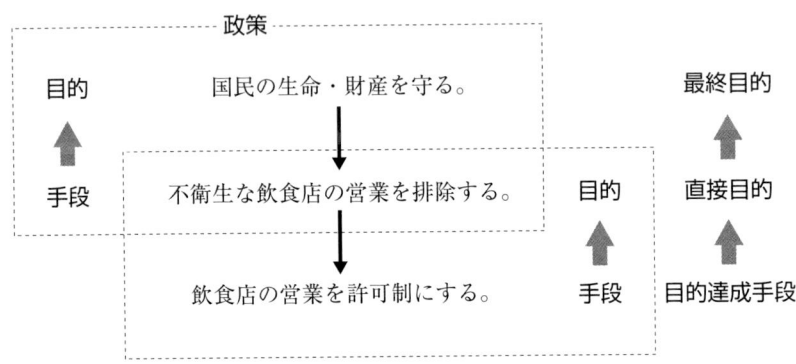

　このような例は、都市計画法と建築基準法に見ることができます。直接目的と目的達成のための手段との関係は、典型的な目的・手段関係です。また、直接目的と最終目的の関係についても、前者が最終目的を達成するための手段に当たると理解することができます。

------------------------------ 都市計画法 ------------------------------

（目的）

第１条　この法律は、都市計画の内容及びその決定手続、都市計画制限、都市計画事業その他都市計画に関し必要な事項を定めることにより（目的達成手段）、都市の健全な発展と秩序ある整備を図り（直接目的）、もって国土の均衡ある発展と公共の福祉の増進に寄与すること（最終目的）を目的とする。

------------------------------ 建築基準法 ------------------------------

（目的）

第１条　この法律は、建築物の敷地、構造、設備及び用途に関する最低の基準を定めて（目的達成手段）、国民の生命、健康及び財産の保護を図り（直接目的）、もって公共の福祉の増進に資すること（最終目的）を目的とする。

5　公共政策の立案に必要な知識・能力

　前述のとおり、公共政策の複雑性のため、公共政策をデザインするためには法学、経済学、社会学などの基本理論を理解しておくことが必要です。ただし、理論のみで、現実を知らなければ、政策のデザインはできません。基本理論とあわせて、臨床的知識も必要なのです。臨床的知識とは、議会との折衝、組織編成、人事配置、予算確保についての実務上の知識のことです。こうした臨床的知識がなければ、現実の政策を立案し、実施することはできません。

　公共政策のうち、特に重要と考えられるもの、あるいは法令上の要請によるものは、法律や条例といった民主的ルールにより定められることが少なくありません。本書は、特に、このような民主的ルールによりその内容を定める公共政策を法政策と定義し、行政法学の視点から法政策立案に必要な基本理論及びエッセンスを提供することを目的としています。なお、以下特に断りのない限り、政策は、施策及び事業を含めた概念として使用します。

6　地方公共団体における法政策の立案過程

　地方公共団体における法政策の立案はどのように行われているのでしょうか。燃料高騰により経営に苦しむ公衆浴場の経営救済を目的とする法政策を例に考えてみましょう。

　まず、現行の法政策の運用、解釈の変更で目的を達することができないかどうかを考えます。現行の法政策で解決できるのであれば、新たな法政策を立案したり、それに伴う組織インフラの整備をしたり、行政資源を投入する必要がないからです。

　次に、現行の法政策での対応が困難であると判断した場合には、新たな法政策を立案し対処することになります。この場合にはまず、人の自由や行動を制限しない非規制的な行政手法を用いて問題が解決できないかどうかを考えます。公衆浴場経営の困窮救済という行政目的は、その目的が達成されなければ、直ちに人の生命財産に影響が及ぶ場合ではないと考えられるので、まずは、補助手法等の非規制的手法を検討します[3]。

　次に非規制的手法での解決が困難な場合には、人の活動や自由を制限する規制

---

(3) 人の生命や財産といった重要な法益に対する緊急の保護の必要がある場合には、直ちに、規制的手法による法政策の立案を検討する必要がある。この場合、規制的手法を中心に非規制的手法も併用した法政策を立案することは、もちろん可能である。

的な行政手法による法政策を考えます。公衆浴場の経営を直接規制することは、目的達成の手法としては不適切なので、他者規制（間接規制）を選択せざるを得ません。規制的な行政手法を選択する場合には、憲法、法令に反しないかについて慎重な検討が必要になります。

　立案の方向性が明らかになった場合には、同種の法政策を実施している地方公共団体に対し現地ヒアリング調査を行います。現地ヒアリング調査においては、当該法政策の立案の経緯、執行体制、現状と課題　立案の際に参考とした他の法政策、議会、関係団体への対応等についてのヒアリング調査書をあらかじめ送付し[4]、調査書の回答を得た上で現地ヒアリングに望むことがよいでしょう。

　参考とすべき対象が多い場合には、現地調査を行わず、文書や電話等による照会で済ませる場合もあるかも知れません。しかし、現地ヒアリング調査を行う方が貴重な情報を得られる可能性が高いのです。また、現地調査をすることで、立案後、情報交換をしたり情報ネットワークを構築することも可能です。通常は同規模都市の法政策を参考にすることが多いと思われますが、都市規模の異なる都市の法政策においても参考にすべき点が少なくありません。特に、最新の法政策については都市規模を問わず注目したいところです。というのも、最新の法政策は、過去の同種の法政策を参考にして立案され、より進化した完成度の高いものになっていることが期待できるからです。

　こうして、参考とすべき同種の法政策が選択されたら、当該法政策を参考にしながら地域のニーズに応じて法政策を立案することになります。その際に、法政策を執行するための新たな組織が必要かどうか、どの程度の予算が法政策の執行に当たって必要なのかを検討し、周知期間を含めた施行期日を決定することになります。その後、議会で議決を得て法政策は条例として制定されることになるのです。

（4）調査照会の文書とともに文書ファイルを送付しておくと、ファイルでの回答を得ることができる。後日の情報を整理する上で有益である。

図：公衆浴場経営の困窮救済のための立案手順

```
┌─────────────────────────┐   ┌────┐
│ 現行制度での救済は可能か。│   │可能│ ⇒ 現行制度で対応
└─────────────────────────┘   └────┘
       │
   不  │    ┌─＜現行制度＞────────────────────────┐
   充  │    │ ・公衆浴場法                          │
   分  │    │     公衆浴場法に基づく新規設置の距離制限│
       │    │ ・公衆浴場の確保のための特別措置に関する法律│
       ↓    │     地方公共団体の措置（固定資産税の免除等）│
            └───────────────────────────────────────┘
                               調査
┌─────────────────────────┐ ⇄ ┌──────────────────┐
│ 現行制度を補う新たな制度の検討│   │ 同種の法政策の検討 │
└─────────────────────────┘   参考 └──────────────────┘
       │
       ↓
┌──────────┐
│ 非規制的手法 │
└──────────┘
   ・直接補助
       ▶ 資本整備補助              [行政手法A]
       ▶ 営業補助                  [行政手法B]
       ▶ 転業補助→目的には明らかに合致しない！  [行政手法C]
   ・間接補助
       ▶ 公衆浴場利用者への金銭的補助   [行政手法D]
   ・啓　　発
       ▶ 公衆浴場利用キャンペーン     [行政手法E]

┌──────────┐
│ 規制的手法  │
└──────────┘
   ・直接規制→目的には明らかに合致しない！  [行政手法F]
   ・間接規制
       ▶ 新規営業の許可制限          [行政手法G]
         （特定の区域における競業者の許可をしない。）
       ▶ 家庭浴室の規模制限          [行政手法H]
         （浴室規模の規制により大きな浴槽を備える公衆用浴場の利用を促す。）
       ▶ 家庭における水道水利用の制限  [行政手法I]
         （家庭における水道水の利用制限により間接的に公衆浴場の利用を促す。）

┌─────────────────────────┐
│ 行政手法の選択と全体のデザイン │
└─────────────────────────┘
```

第1章　公共政策

```
         ・行政手法の選択
   │     ・制度全体の設計及び起案
   ↓
┌─────────────────┐
│   法政策の法令審査   │
└─────────────────┘
   │     ・憲法適合性についての審査
   │     ・法令適合性についての審査
   ↓
┌─────────────────┐
│    執行体制の整備    │
└─────────────────┘
   │     ・執行予算の上程
   │     ・執行組織の構築
   ↓
┌─────────────────┐
│     議決・制定     │
└─────────────────┘
   │     ・施行規則等の制定
   │     ・執行体制の確認
   ↓
┌─────────────────┐
│     施  行      │
└─────────────────┘
```

第2章 法の解釈

Point 本章では、法解釈の必要性と基本的解釈技法について解説します。

keyword 社会規範　見直し規定　行為規範　裁判規範
法律要件　法律効果　文理解釈　論理解釈
縮小解釈　拡張解釈　反対解釈　法の欠缺　類推解釈

1　法の意義

　会社や学校、サークルでも、人が2人以上集まって共同で生活したり、事業を行う場合には、必ず社会の秩序を保持するための何らかの法（ルール）が必要です。また、仮に紛争が起こった場合には、これを公平・適正・効率的に解決するためにも、法が必要です。こうした社会の法を**社会規範**といいます。法律や道徳がその代表です[5]。こうした社会規範は、**特定の時代の、特定の地域の人々の価値観に基づいた主張**です。なお、本章での「法律」とは、国会の制定する規範である法律だけではなく、条例など地方公共団体の定立する実定法も含みます。

　法律と道徳の違いは、国家権力による強制的制裁の可能性の有無です。強制的制裁の可能性の有無なので強制力（罰則や強制的義務履行のシステム）が現に備わっていないからといって、それが即、道徳ということにはなりません。

　法律が特定の時代の、特定の地域の人々の価値観に基づいた主張あるいは要請であるという意味で、法律はその時代の価値観を映し出す鏡であるといえます。こうした観点から、社会経済情勢に影響を受けやすい法政策や新たな価値観に基づく法政策を法律で定める場合には、**見直し規定**を盛り込む場合が少なくありません。また、5年後には失効するといった規定を設けている例もあります。

　法政策も時間とともにシステム疲労を起こし、劣化していきます。是非みなさんも自分の事務に関連する条例、規則、要綱等を一度眺めて見てください、今の時代にそぐわない法政策が見つかるかもしれません。

（5）「法」、「法律」及び「道徳」の関係については諸説あり、難解であるが、星野英一『法学入門』（有斐閣、2010）67頁以下が参考になる。

9

【時代の要請に基づく法律の例】

――――― 自殺対策基本法 ―――――

（目的）
第1条　この法律は、**近年、我が国において自殺による死亡者数が高い水準で推移していることに鑑み**、自殺対策に関し、基本理念を定め、及び国、地方公共団体等の責務を明らかにするとともに、自殺対策の基本となる事項を定めること等により、自殺対策を総合的に推進して、自殺の防止を図り、あわせて自殺者の親族等に対する支援の充実を図り、もって国民が健康で生きがいを持って暮らすことのできる社会の実現に寄与することを目的とする。

【見直し規定の例】

――――― 岡山市安全・安心まちづくり条例 ―――――

　　　附　則
（検討）
3　市は、この条例の施行後一定期間を経過した場合において、必要があると認めるときは、この条例の規定について検討し、その結果に基づき必要な措置を講ずるものとする。

【失効規定の例】

――――― 鳥取県県有地等における自動車の放置に対する措置に関する条例 ―――――

　　　附　則
（この条例の失効）
2　この条例は、**平成22年3月31日限り、その効力を失う**。この場合における経過措置に関し、必要な事項は、規則で定める。

2　法律の目的と適用

　法律の目的は正義の実現であるといわれます。しかし、正義とは何かと問われると定義付けが難しい概念です。学問の世界でも論争がありますが、本書では、正義とは社会的妥当性であり、社会的妥当性とはその時代その地域の人々が正しいと考えることであると定義します。

　法律を役割的にみると、私たちの行為の基準（**行為規範**）であり、私人間の紛争解決のための基準（**裁判規範**）として理解することができます。

　法律は適用されることによってその目的が実現されます。法律の適用について、具体例をもとに考えてみましょう。

　刑法197条1項は「公務員が、その職務に関し、賄賂を収受し、又はその要求若しくは約束をしたときは、五年以下の懲役に処する」と定めています。この場合に、例えば、ある地方公共団体の契約課に勤務している公務員Aが、指名業者からいつも契約のことでお世話になっている御礼だといって10万円の現金を受け取ったと仮定します。裁判所がこの事実を認定した場合には、公務員Aが刑法197条1項の要件に該当する行為をしたとして、5年以下の懲役に処すとの判決がなされます。

　このように法律の適用とは法律を大前提とし、事実認定が小前提となって結論が出される論理操作の方法（**三段論法**）であるといわれています。

図：三段論法

大前提（法律の選択）
　　公務員が、その職務に関し、賄賂を収受し、又はその要求若しくは約束をしたときは、5年以下の懲役に処せられる。

↓

小前提（事実認定）
　　公務員が、その職務に関し、賄賂を収受したという事実が認定される。

↓

結論（当てはめ）
　　ゆえに、公務員は5年以下の懲役に処せられる。

3　法律条文の構成と法解釈の必要性

　法律条文の一般的な構造について確認しておきましょう。適用すべき条文は一般的に**法律要件**と**法律効果**から構成されます。例えば、刑法199条は、「人を殺した者は、死刑又は無期若しくは5年以上の懲役に処する」と規定しています。このうち「人を殺した」という法律要件が整えば、国家により「死刑又は無期若しくは5年以上の懲役」に処せられるという法律効果（こうした不利益を義務とか責任といいます）が発生するのです。

　もう一つ例を挙げておきます。民法709条は、「故意又は過失によって他人の権利又は法律上保護された権利を侵害した者は、これによって生じた損害を賠償する責任を負う」と規定しています。このうち「故意又は過失によって他人の権利又は法律上保護された権利を侵害し、これによって損害を生じさせたこと」という法律要件を充足すれば、「生じた損害を賠償する責任を負う」という法律効果が生じることになります。

　法律を目的論的に捉えると、社会における紛争を解決したり、社会秩序を維持したり、正義を実現するための道具であるといえます。法律は様々な場面に適用できるように汎用性をもって立案されていますが、社会に惹起する全ての事象に対応できるほど完璧ではありません。そのため、条文通りに解釈（**文理解釈**）して適用したのでは、当該法律が目的とする妥当な結論を導くことができない場合があります。この場合に、法律の目的にかなった結論を導くための解釈技術（**論理解釈**）が必要になるというわけです。

　しかし、地方公共団体における実務の現場では、論理解釈を駆使して結論を出すということはあまりありませんでした。というのも成文法主義に対する信頼が厚く、文理解釈が原則で、論理解釈は特別なものであるという意識が強かったからです。加えて、法律の解釈は地方公共団体がするものではなく、国から示されるものであるという機関委任事務[6]を執行していた時代の意識が職員にあったり、法令解釈についての知識が十分ではないといった事情があったからです。

　分権時代を迎えた今、地方公共団体は国の下部組織ではなく、地域の経営主体として法律を執行するのですから、その解釈を国に全て委ねるのではなく、必要に応じて解釈論を展開し、地域の実情に適合する形で、法律の目的を実現する必

（6）知事や市長といった地方公共団体の機関に委任される国又は他の地方公共団体の事務のこと。本書79頁参照

要があります。

なお、条例の場合には、そもそも国の解釈は示されないので、地方公共団体は必要に応じ、解釈手法により条例の目的を達することが必要です[7]。

4 解釈手法の種類

(1) 解釈手法の体系

解釈手法は、おおむね次のような体系になります[8]。

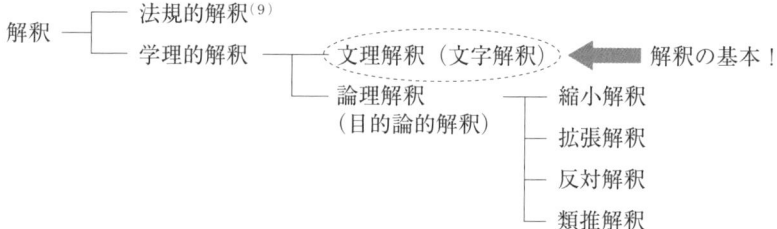

文理解釈では妥当な結論が導けないときの論理解釈には、次のような種類のものがあります。

(2) 論理解釈の種類

ア　縮小解釈

縮小解釈とは、法律に使われている文言を通常の語義より狭く解することをいいます。

例えば、明文で「犬をつれて入ってはならない」と定められているときに、盲導犬はここでいう「犬」に含まれないと解するような場合です。

＜具体的法解釈例＞

民法177条は、不動産の取引について登記をしないと「第三者」に対抗できないと規定していますが、この場合の「第三者」を「登記の欠缺を主張するについて正当な利益を有する第三者」に限定して解する場合などです[10]。

---

(7) 法を執行する地方公共団体の職員には、①事実を調査し当該事実を法に当てはめて法を運用する能力、②法律上の制度を要件・効果に分けて整理し理解できる能力、③結論の社会的妥当性について判断できる能力が必要である。
(8) 解釈手法の詳細については林修三『法令解釈の常識』(日本評論社、1959) 参照
(9) 略称規定や定義規定により法令の解釈が立法段階で決められている方式。
(10) 大判明41・12・15民録14輯1276頁

イ　拡張解釈

拡張解釈とは、可能な語義の枠内で通常の意味より広く解することをいいます。

例えば、明文で「二輪車を駐車してはならない」と定められているときに、三輪のバイクの駐車も禁止されていると解するような場合です。なお、明らかに語義の枠外にある場合、この解釈手法は使えません。

＜具体的法解釈例＞

刑法 175 条のわいせつ物頒布罪について、映画を映写することも「陳列」と解釈したり[11]、民法 722 条 2 項の過失相殺における斟酌事項である「被害者の過失」について、広く被害者側の過失をも包含する趣旨で「被害者側の過失」に拡大して解する[12]場合などです。

ウ　反対解釈

反対解釈とは、ある条文が一定のことを定めている場合に、それに当たらない場合は、条文が規定する効果は生じないと解することです。

例えば、「犬を連れて店に入ってはならない」と定められているときに猫を連れて入ることは禁止されていないと解するような場合です。

反対解釈は、次の類推解釈と並んで、本来適用すべき条文がない場合に、あたかも適用可能な条文があるかのように解釈するものです。このため、条文の文言について語義の枠内で解釈を行う縮小解釈や拡張解釈とは、その性格が大きく異なります。反対解釈や類推解釈は、「解釈」といわれていますが、新たな条文を創造するのと同様の効果を生じさせることになります。この点を捉えて、反対解釈や類推解釈は**法の欠缺**の補充と呼ばれることがあります[13]。

＜具体的法解釈例＞

「時効の利益は、あらかじめ放棄することができない」とする民法 146 条の規定について、時効完成後なら放棄ができると解したり、「未成年の子が婚姻をするには、父母の同意を得なければならない」という民法 737 条の規定について、成年の子については、そのような規定がないことから、父母の同意は必要ないと解する場合などです。

エ　類推解釈

類推解釈とは、ある事案を直接に規定した法規がない場合に、それと類似の性質・関係をもった事案について規定した条文を間接的に適用し、その条文の規定

---

(11) 大判大 15・6・19 刑集 5 巻 267 頁
(12) 最 1 小判昭 34・11・26 民集 13 巻 12 号 1573 頁
(13) 田中成明『現代法理学』（有斐閣、2011）464 頁

する効力を生じさせるように解することです。

　例えば、「犬を連れて店に入ってはならない」という明文の規定がある場合に、「犬」に関する明文規定を類推してワニや毒蛇も店に連れて入ってはならないと解釈することです。

　類推適用は、拡張解釈と似たところがあります。現実に区別がつきにくい場合が少なくありません。しかし、論理的には、拡張解釈が、条文の語義の枠内で行われるのに対し、類推解釈は、語義の枠を超えて法の欠缺を補充するという違いがあります。このため、類推解釈は刑罰法規に関しては罪刑法定主義（「法律なければ、犯罪なし」とする考え方。詳細は本書第16章参照）の観点から許されないとされています。

＜具体的法解釈例＞

　債務不履行に基づく損害賠償の範囲を「通常生ずべき損害」に限定した民法416条の規定を、損害賠償の範囲について規定を欠いている民法709条の不法行為に基づく損害賠償の場合にも準用する[14]場合などがあります。

　法令に定める事務を執行するということは、法令が実現しようとしている趣旨目的を十分理解した上で、その目的を実現するために、合目的的に解釈し、創造的に運用することです。文理解釈にこだわるあまり具体的妥当性を欠く結論に至るようなことがあってはいけません。

　論理解釈を行うに際しては、まず、縮小解釈や拡張解釈を試み、これらの解釈手法で妥当な結論が導けない場合に、反対解釈や類推解釈というような法の欠缺を補充する解釈手法の選択により行うのがよいでしょう。

　なお、論理解釈をした上で適用しなければならない事例が多数発生するような条例では、当該条項の改正について検討する必要があります。

---

[14] 大中間判大15・5・22民集5巻386頁

図：解釈手法の選択

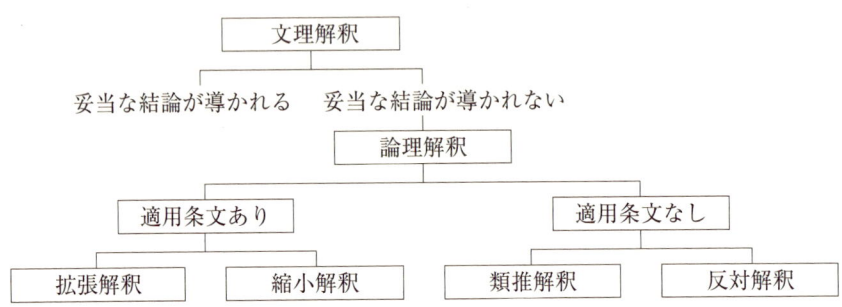

5 公務員に求められる法令解釈能力

　公務員は、ある法令の解釈について見解が対立し、実務上の取扱いも分かれている場合には、どのように対応すべきでしょうか。最高裁判決[15]は、そのいずれの見解についても相当の根拠が認められるときには、公務員がその一方の見解を正当と解しこれに立脚して公務を執行した場合、のちにその執行が違法と判断されたからといって、公務員に、国家賠償法1条にいう過失があるとはいえないとしています。

　これに対し、条例に基づかないで要綱に基づき設置された附属機関の委員に対する報償金の支出が違法であるかどうかが争われた事件において、岡山地判平20・10・30判例集未登載は、平成14年に附属機関条例主義違反による公金の支出の違法性を認める下級審判例が3件出されていることから、こうした報償金を支払うことの違法性を認識すべきであるとしました[16]。

　以上のことから、原則、法の運用に当たっては、合理的な根拠を有すると考えられる実務上の解釈に従っていれば問題はないといえますが、関連する業務については、下級審の法解釈にも注意を払っておく必要があるといえそうです。

　しかし、多忙な日常業務を抱える担当部署においてこうした判例情報をあらかじめ収集することは容易ではありません。そこで、法務組織が中心となって多種多様な法務情報の中から取捨選択して、組織内に必要な情報を提供するという手法が考えられます。千葉県政策法務課が発行している政策法務ニュースレター[17]による情報提供の取組みは是非とも参考にしたい例といえます。

---

(15) 最1小判昭46・6・24民集25巻4号574頁
(16) 本判決は、市長個人に対して、下級審の裁判例から要綱に基づく附属機関の設置が違法であることについて認識すべきであったとするものであり、民間出身の市長にとっては、高度な義務が設定されたケースといえる。
(17) http://www.pref.chiba.lg.jp/seihou/gyoukaku/newsletter/index.html

第3章 憲法と法政策

Point　憲法は、国家権力を制限し、多数意見（法律）では奪えない価値（人権）を守るために存在します。法政策の立案において人権を法政策立案のプロセスに取り込むことは大変重要です。

keyword　憲法上の権利　公共の福祉　目的の正当性　目的の均衡性　手段の合理性　手段の必要最小限性　自己決定権　パターナリズム　他者危害回避の原理　自己情報コントロール権

1　憲法の意義

　憲法と法律の違い、みなさん分かりますか。この違いを知ることは憲法の性格を理解する上で最も有効です。憲法99条を手がかりに考えてみましょう。

　憲法99条は、「天皇又は摂政及び国務大臣、国会議員、裁判官その他の公務員は、この憲法を尊重し擁護する義務を負う」と定めています。憲法は誰に対して、この憲法を擁護しろと命じているのでしょうか。「天皇又は摂政及び国務大臣、国会議員、裁判官その他の公務員」に対してです。ここに「国民」が入っていないことがポイントです。つまり、憲法は「国民」に守れとは命じていません。憲法を守れと命じているのは、公務員をはじめとする権力の担い手たちに対してです。このことから分かるように、憲法とは、権力者たちを名宛人とする命令なのです。この命令が、国家権力を制限するシステムとして働くわけです。ダグラス・ラミスの著書のタイトルである『**憲法は、政府に対する命令である。**』[18]はまさにこうした近代憲法の本質を直截に捉えたものといえるでしょう。

　こうした性格を有する憲法に対して、法律は、社会秩序維持の観点から国民の権利や自由な活動を制限したり、国民の国家[19]に対する権利を設定するという性格のルールなのです。

---

(18) ダグラス・ラミス『憲法は、政府に対する命令である。』（平凡社、2006）
(19) 芦部・憲法3頁は、一定の限定された地域（領土）を基礎として、その地域に定住する人間が、強制力をもつ統治権のもとに法的に組織されるようになった社会が国家であるとする。

図：憲法と法律の関係

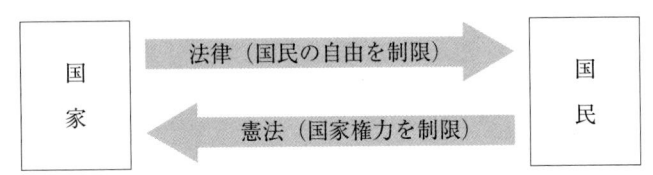

```
        法律（国民の自由を制限）
  ┌─────┐  ──────────────→  ┌─────┐
  │ 国家 │                    │ 国民 │
  │     │  ←──────────────    │     │
  └─────┘   憲法（国家権力を制限）  └─────┘
```

　憲法とは、公権力の主体たる国家（地方公共団体などの公権力主体も含む。）の権力を制限して人権（**憲法上の権利**）を守るという役割を担います。憲法上の権利とは、その多くが国家に対し特定の行為をしないことを求める不作為請求権（防御権）として理解されています。憲法の名宛人は、国家権力の担い手であって、その内容は国家に対する命令なので、行政権の行使による法の執行はもちろんのこと、同じく国家の行為である立法権の行使（法律、条例の制定）も、憲法の制約下にあります。なお、本書では「人権」と「憲法上の権利」を同義で使用しますが、特に権利性を強調する場合には「憲法上の権利」と表記しています。

　以上のような憲法の性格は、**三菱樹脂事件**最高裁判決[20]でも確認されています。この事件は、民間企業の入社試験の際に、学生運動や生協理事としての活動を秘匿するために身上調査に虚偽の申告をしたことが明らかになり、試用期間満了前に本採用の拒否がなされ、当該拒否が憲法19条、14条違反に当たるとして労働契約関係の存在の確認を求めて争われたものです。

　最高裁は、憲法19条、14条の規定について、「その他の自由権的基本権の保障規定と同じく、国または公共団体の統治行動に対して個人の基本的な自由と平等を保障する目的に出たもので、**もっぱら国または公共団体と個人との関係を規律するものであり、私人相互の関係を直接規律することを予定するものではない**」としています。

　では、私人間で個人の自由や平等が踏みにじられた場合、憲法の精神は無になるのでしょうか。この点につき、上記最高裁判決は、立法措置によってその是正を図ることが可能であるし、また、場合によっては、私的自治に対する一般的制限規定である民法１条、90条や不法行為に関する諸規定等の適切な運用によって、一面で私的自治の原則を尊重しながら、他面で社会的許容性の限度を超える侵害に対し基本的な自由や平等の利益を保護し、その間の適切な調整を図る方途

---

[20] 最大判昭48・12・12民集27巻11号1536頁

も存するとしています。このように最高裁は、人権保障の精神に反する行為について、私法の一般原則規定等を媒体として、人権規定の価値を私人間の関係にも及ぼす立場（**間接適用説**）に立つことを明らかにしました[21]。

2　地方公共団体の活動と憲法

ところで、国や地方公共団体の行為であれば、全て、憲法の適用を受けるのでしょうか。最高裁はそのようには解していません。国の自衛隊基地関連の用地取得に憲法9条の規定の適用があるかどうかが争われた**百里基地事件**最高裁判決[22]において、次のような判断が示されました。

憲法98条1項は、憲法の規律対象について「法令、命令、詔勅及び国務に関するその他の行為」であると定めているところ、「国務に関するその他の行為」とは、「公権力を行使して法規範を定立する国の行為」を意味する。しかし、「私人と対等の立場で行う国の行為」は、「法規範の定立を伴わない」のであるから、「国務に関するその他の行為」に該当せず、憲法に拘束されない、と判示したのです。

さらに、憲法9条は「私法上の行為の効力を直接規律することを目的とした規定ではなく、人権規定と同様、私法上の行為に対しては直接適用されるものではない」から「国が一方当事者として関与した行為」であっても「国が行政の主体としてでなく私人と対等の立場に立って、私人との間で個々的に締結する私法上の契約は、当該契約がその成立の経緯及び内容において実質的にみて公権力の発動たる行為となんら変わりがないといえるような特段の事情がない限り」、憲法の規定は直接適用されず、私法の適用を受けるに過ぎないとしました。

最高裁判決である以上、実務ではこの趣旨に沿った法政策の立案及び執行をしなければならないのは当然ですが、憲法の拘束を受ける対象を「公権力を行使して法規範を定立する国の行為」と限定的に解することは違和感を感じます。

なお、**津市地鎮祭事件**最高裁判決[23]のように、私法上の贈与契約（地方公共団体が神官に公費で謝礼等を支払った行為）であっても、特にその理由が示されず、憲法が直接適用されることを前提に判断している場合もあります。これは、公金の支出について、憲法89条で直接禁止する規定があるからです。

---

(21) この間接適用説に対しては、私人間にも直接適用できるとする説（直接適用説）及び全く適用されないとする説（無適用説）もある。
(22) 最3小判平1・6・20民集43巻6号385頁
(23) 最大判昭52・7・13民集31巻4号533頁

3 立憲民主主義

　憲法は、個々人を個人として尊重します（憲法13条）。個人として尊重するということは、個人の自由を尊重するということです。憲法は、これを基本とする国家社会秩序の形成について定めている規範とも理解できます。ここでいう個人の自由とは、他者からの強制を受けないで、自己の行動について自らが決定し得る権利を有しているということです。

　とはいえ、全ての個人の自由を尊重し、社会秩序を形成していくことは容易ではありません。それは、多数の人の多様な利害が複雑に絡み合うからです。このため、個人が自由意思のもとで、全員一致の合意に基づいて社会秩序を形成するという政治システム（**理念的民主制**）は、現代社会では、実現不可能です。そこで、社会秩序の形成について人々が議論し合い、最終的には多数決で決定するという政治システム（**多数決民主制**）が登場することになります。

　こうした多数決主義に立脚する民主制[24]であっても、これを担う者らが権力を濫用した場合には、個人の自由が侵害される可能性があります。この場合に備えて、個人の自由を多数決民主制から守る必要があります。この役割を担うのが憲法です。憲法には、個人の自由を権利として保障することが明文で定められているだけではなく、権力が濫用されないような制度（**権力分立**）も盛り込まれます[25]。多数決民主主義による政治を憲法の制約の下に行う考え方を**立憲民主主義**といいます。

4 憲法の目的と統治機構

　これまでの説明により、憲法が国家権力を制限するシステムであることは理解できたと思います。では、憲法は、国家権力を制限して、何を守ろうとしているのでしょうか。それは、人権です。人権とは、人であれば生まれながらにして持っている権利（自然権）がその中心です。憲法で明記された権利は、国家権力によっても原則、侵し得ない権利なのです。

　また、憲法の三大原則は、基本的人権の尊重、国民主権、平和主義とされますが、

---

[24] 民主主義の原理に基づく政治形態をいう。国民の直接参加による直接民主制と国民が選出した代表者を通じて間接的に政治に参加する代表民主制に分類される。代表民主制の場合は、その制度欠陥を補うために国民投票、リコールなどの制度が併用される。
[25] フランス人権宣言16条は、権利の保障が確保されず、権力の分立が定められていない全ての社会は憲法を持つものではないと定め、人権保障と権力分立が近代憲法の両輪であると宣言している。

中心となるのは何といっても基本的人権の尊重です。国民主権[26]や平和主義[27]はそれ自体が目的ではなく、「基本的人権の尊重」の原則を実現あるいは担保するための手段であると理解することができます。

憲法を眺めてみると、第3章を中心として人権について詳しく規定していますが、第4章以降は、国会（立法）、内閣（行政）、裁判所（司法）についての詳細な規定があります。これら統治機構の規定と人権の規定とはどのような関係に立つのでしょうか。この点も憲法を理解する上で重要な点です。

一見関係のないように見えますが、これらには緊密な関係があります。憲法は、これら立法、行政及び司法を厳格に分離し、権力が集中し濫用され人権が侵されないように各権力の内容を明確かつ具体的に定めているのです。統治機構に関する部分は、国民の人権を守るという憲法の本質的目的を達成させるための手段として存在しているのです。すなわち、憲法の人権を規定した部分（第3章）と統治機構を規定した部分（第4章から第8章まで）は、目的と手段の関係にあると理解することができます。

憲法の目的はあくまで国家権力を抑制し、人権を保障することにあるので、統治機構の部分よりも人権について規定した第3章の方がより重要であるといえます。憲法の条文で重要でない条文はありませんが、憲法の本質からすると価値序列は生じます。

5　人権の種類とその享有主体

人権はその性質から**自由権**、**社会権**、**国務請求権**、**参政権**、**包括的人権**に分類することができます。自由権とは文字通り国家権力からの自由を意味し、最も基本的かつ重要な権利です。この自由権はさらに表現の自由をはじめとする①**精神的自由**、職業選択の自由をはじめとする②**経済的自由**、適正手続の原則をはじめとする③**人身の自由**の三つに分類されます。

社会権は、社会的弱者や経済的弱者が人間らしい生活ができるように国家に福祉的配慮を求める権利で、国務請求権は、国に対して権利保障の観点から国家の具体的行為を請求できる権利、参政権は国政に参加する権利、包括的人権はそれ以外の権利です。

---

[26] 国政に関する最終的な決定権である主権が国民にあるということ。このため、主権者である国民の代表によって構成される国会を国権の最高機関と位置付け（憲法41条）、憲法改正には主権者である国民による国民投票が必要とされている（憲法96条）。
[27] 戦争が安易に肯定されれば、それにより個人の生命財産が危険にさらされたり、個人の財産権の行使が制約されることになる。

これらの権利のうち、最も中心になる人権はなんといっても自由権です。国務請求権及び参政権は自由権を確保するための手段で、自由権で足りないものを包括的人権及び社会権で補うという関係にあります。

　ところで、法人も人権の享有主体となり得るのでしょうか。**八幡製鉄事件**最高裁判決[28]は、法人が自然人と同様に社会における重要な構成員であり、性質上可能な限り、内国の法人にも適用されるものと解すべきであるとしました。具体的には経済的自由（財産権、営業の自由、居住・移転の自由）、国務請求権（請願権、裁判を受ける権利、国家賠償請求権）などが保障されます。また、精神的自由権の一つである**結社の自由**（団体が団体として活動することを国家から妨害されない権利）も保障されます。逆に保障されない人権として、人身の自由、生存権、選挙権などがあります。これらの人権は、権利の性格上、自然人でしかあり得ないからです。

　国及び地方公共団体は、いずれも法人と解されますが[29]、国家権力そのものであり人権保障の義務者であることから、当然、人権の享有主体とはなり得ません。

　未成年については、憲法上の権利自体が自然人にある以上、当然、成人の自然人と同様の人権を有すると考えられます。しかし、未成年は、身体的、精神的に未熟であり、成人に比して判断力が劣るという考えのもと未成年者飲酒禁止法による飲酒制限、未成年者喫煙禁止法による喫煙制限、民法731条に定める婚姻制限などにより人権が制限されています。

　また、公務員は、その職務の性質によって労働基本権（団結権、団体交渉権、争議権）の一部が制限されています。

　次に、憲法第3章の表題が国民の権利及び義務とされていることから、日本国民でない外国人（日本に在住する日本国籍を有しない者）が人権を享受し得るかどうかが問題になります。この点に関し、**マクリーン事件**最高裁判決[30]は、「憲法第3章の諸規定による基本的人権の保障は、権利の性質上日本国民のみをその対象としていると解されるものを除き、我が国に在留する外国人に対しても等しく及ぶもの」であると解しました。その理由として、人権は人が生まれながらに有している前国家的権利であること、憲法が国際協調主義（前文、憲法98条2項）をとっていることがその根拠として挙げられています。

---

(28) 最大判昭45・6・24民集24巻6号625頁
(29) 自治法2条1項は、地方公共団体はこれを法人とすると定める。
(30) 最大判昭53・10・4民集32巻7号1223頁

ただし、外国人の場合、多くは、日本で生涯暮らすことはあまり考えられず一定の期間の滞在がほとんどです。このために日本国民との間で合理的な理由から異なる扱い（区別）を法政策の上で受けることまで、憲法が禁止しているわけではありません。

　次に、外国人にいかなる人権がどの範囲で保障されるかが問題になります。一般的には、憲法が保障する権利の性格（前国家的権利か、それとも国家の構成員であることを前提とする権利か）及び外国人の種類（一時的滞在者か長期滞在者かそれとも永住者か）により、個別に決せられるものであると考えられています。具体的には、参政権、社会権[31]、出入国の自由、政治活動の自由などが問題とされてきました。このうち、地方公共団体の法政策に関係の深い社会権については人が生まれながらに有している前国家的権利ではありませんし、本来当該外国人の属する国家によって実現されるべきものであり、保障はされないと解されています。

　ただし、外国人が社会権の享有主体であるか否かにかかわりなく、地方公共団体は、法政策において独自の社会保障政策を展開することができるため、その限りにおいて、外国人が社会権の享有主体か否かを議論する実益はあまりありません。

表：人権の享有主体と認められる人権の種類

権利主体	享有主体性	認められる人権の種類
法　人	○	営業の自由、財産権、表現の自由など
未成年	○	原則的に全て。ただし、パターナリズム（35頁参照）による制限がなされている。
公務員	○	原則的に全て。ただし職務の内容に応じて、法令による制限がなされている。
外国人	○	前国家的人権

6　憲法上の権利の制限とその正当化

（1）憲法上の権利の制限

　憲法上の権利は、永久不可侵ですが、いかなる場合にも、一切の制限・制約が認められないことを意味するものではありません。憲法上の権利の中には、検閲

---

[31] 生活保護法に基づく生活保護は、日本国民に限って行われる（同法1条、国籍法1条）。生活に困窮する外国人に対しては、当分の間、「一般国民に対する生活保護の決定実施の取扱に準じて」行われることとされている（昭和29年5月8日社発第382号社会局長通知）。

の禁止（憲法21条2項）、拷問及び残虐刑の禁止（憲法36条）などのように絶対的に許されないものもありますが、多くの憲法上の権利については、公共の福祉の原理により、制限が正当化される場合があります。この**公共の福祉**については、人権の総則的規定ともいえる12条及び13条に定めがあります。12条は、「常に公共の福祉のためにこれを利用する責任を負う」とし、また、13条は、「公共の福祉に反しない限り、立法その他の国政の上で、最大の尊重を必要とする」と規定されています。さらに、22条1項（居住・移転及び職業選択の自由）、29条2項（財産権の保障）といった個別の人権規定にも公共の福祉の定めがあります。

（2）「公共の福祉」の意義とそれをめぐる学説

公共の福祉の内容をめぐっては、次のような学説が展開されてきました。まず、憲法施行後、最初に登場したのが一元的外在制約説です。この説は、人権の総則的規定である憲法12条、13条に定める公共の福祉について、人権が外在的制約（政策的制約）に服することを規定したものであると理解します。この外在的制約とは、社会公共の利益を実現するための制約のことです。一元的外在制約説では、人権の性格から導びかれるような制約（その人の人権は他の人の人種を侵害してはならないといった内在的制約）は、特に規定しなくても当然に存在すると考えます。

一元的外在制約説によれば、全ての人権が内在的制約に服するのに加え、外在的制約にも服することになります。そのため、同説は人権に対する制約を容易にし、憲法が人権保障した意味を失わせるものであるとして批判されました。

こうした批判に対応したのが、内在・外在二元的制約説です。この説は、12条、13条に定める公共の福祉は、全人権に共通する内在的制約について当然のことを定めたものであり、これに対して、22条1項、29条2項に定める公共の福祉は外在的制約の根拠を定めたものであると説明しました。しかし、この説は公共の福祉の意義について条文により異なった意味を与えるものであることや外在的制約と内在的制約の区別が明確ではない等の理由により批判されました。

こうして、現在、通説とされている一元的内在制約説の登場となったわけです。この一元的内在制約説は、公共の福祉の観念を、各人権に内在する制約として一

元化し、人権相互の矛盾、衝突を調整するための実質的公平の原理だと考えています。このような内在的制約こそが公共の福祉による制約であると統一的に理解したのです。

（3） 憲法上の権利の制限

　一元的内在制約説は、公共の福祉の原理を人権相互の矛盾衝突の調整に限定することにより、抽象的な公益概念による人権制限の危険を回避し、憲法の最大の目的である人権保障を確実にしようとすることをねらいとしています。

　ところで、現実の法政策をみれば分かりますが、表現の自由 VS プライバシーといったように、対立する人権が明確に想定できる場合もありますが、そうではない場合も少なくありません。例えば、国法レベルでいうと、農業生産力の増進のために農地法で農地の宅地転用を規制したり、都市の健全な発展のために都市計画法で土地利用における用途規制を行うなどのように、対立する憲法上の権利が明確に想定できないにも関わらず財産権が制限されています。また、条例レベルにおいても、まちの景観を守るために景観条例で財産権を制限したり、まちの美観を保持するため屋外広告物条例で表現の自由を規制したりしています。これらの場合、財産権や表現の自由に対立する憲法上の権利が明確に想定されるわけではありません。このように、現実の法政策における憲法上の権利の制限については、通説では説明がつかないものが少なくないのです。

　人権保障を重視する通説の考え方は憲法の理解に適っていますが、この通説の考え方を貫くと、対立する具体的人権が想定されない限り憲法上の権利の制限は理論上できないことになってしまいます。一方、現実の社会において、憲法上の権利の制限が必要となるのは、人権相互が衝突する場合に限られず、一定レベル以上の公益を守るためであれば、憲法上の権利に対する制限も可能であるとする説もあります[32]。

　対立する人権が想定されなければ、公益を理由とする規制は一切できないというのは合理的ではありません。重要なことは、公共の福祉の原理によって公益の名の下に人権保障の趣旨に反する制限をしてはならないということです。対立する憲法上の権利が具体的に想定される場合はもちろんのこと、容易に想定されな

---

[32] 高橋・憲法117頁は、公共の福祉の主要な内容には、①人権と人権の衝突を調整する措置、②他人の人権を侵害する行為を禁止する措置、③他人の利益のために人権を制限する措置、④本人の利益のために本人の人権を制限する措置（パターナリズム）があると分類している。

い場合であっても、当該憲法上の権利を制限することによって得られる利益の方が大きいといった場合には、憲法上の権利を制限できると考えるべきです。現実の法政策においても、相対立する憲法上の権利が想定されなければ、憲法上の権利は制限できないという理解はされていません。

　法政策の立案においては、「公共の福祉の意義」について深くつきつめて考える必要はなく、個別の人権ごとに、いかなる理由でどの程度まで制約が可能なのかについて考えることが重要です。具体的には次の（4）で解説します。

設問1　結社の自由と公共の福祉

> 条例で自治会（町内会）へ加入を義務付けることができるか。

【設問解説】

　憲法21条は、集会、結社、言論、出版をはじめとする人の表現行為を精神活動の自由として保障しています。結社とは、多数の人々が特定の共通の目的をもって、任意、かつ、継続的に結合した団体のことをいいます。ここでいう目的については、政治、経済、宗教、学問、芸術、社交など、いずれであってもよいと考えられています。

　結社の自由は、①団体を形成する自由、②団体を解散する自由、③団体として自由に活動する自由、④団体に加入する自由、⑤団体から脱退する自由があります。このうち、①、②及び③は、団体活動の自由としての側面を有し、④及び⑤は、個人の自由としての側面を有します。

　こうした結社の自由も、公共の福祉の原理に服することになります。例えば、犯罪を行うことを目的とした結社の活動は、生命身体財産などへの侵害からの自由といった国民の権利を危険にさらすことになります。このため、公共の福祉の原理により、結社の自由の一部が規制されることがあるのです。破壊活動防止法により、暴力主義的破壊活動を行った団体の特定の行為が禁止されたり、無差別大量殺人行為を行った団体の規制に関する法律により、役員又は構成員が無差別大量殺人行為を行った団体の特定の行為が禁止されるのは、この例といえます。

　さて、本設問で関係するのは、個人の自由としての側面を有する④の部分ということになります。結社の自由は憲法上の権利として明確に認められているものですから、これを制限できるかどうかは、この自由を制限するに値する他

者の人権や重要な公益を具体的に見いだせるかどうかがポイントになります。

多くの地方公共団体において、自治会加入率の低下は地域のコミュニティの崩壊につながるとの理由から、自治会への加入率向上に向けての検討や実践がなされています。しかし、自治会加入率の低下が具体的にどのような公益を損ない、あるいは、自治会への加入を義務付けることによってどのような利益が得られるのかについて、地域の立法事実に基づく具体的な論証ができていないのが現実です。このため、設問のような条例の制定は困難であると考えられます。地方公共団体の加入率低下が、自治会の活動の停滞に繋がり、広報紙の配布をはじめとする住民への情報伝達に支障が生じたり、行政の行う事業に協力してもらえないといった行政側の理由のみでは、精神的自由としての結社の自由を制限することはできません。

以上のような事情から、自治会加入率の向上策としては、非規制的手法（本書第13章参照）を中心に展開せざるを得ないのが現実です。

（4） 法政策における憲法適合性の確保

法政策の立案において憲法適合性を検討する際には、まず、憲法上の権利に関する法政策であるかどうかを確認することになります。憲法上の権利に関係するものでなければ、そもそも法政策の憲法適合性を論じる必要はありません。ただし、憲法上の権利は、表現の自由、職業選択の自由などのように憲法の条文に明記されているものもありますが、喫煙の自由のように憲法上の権利といえるものかどうかがはっきりしないものも少なくありません。法政策立案の態度としては、人権の範囲を広く解し、判例上認められているものはもとより、憲法上保護に値するような利益に関する政策であれば、憲法適合性を検討すべきでしょう。

また、憲法上の権利に関するものであるとしても、それが「制限」に該当するものでなければ、憲法適合性を検討する必要はありません。例えば、災害の際の避難対策の観点から、地方公共団体が収集した個人情報を本人の承諾を得て町内会等の外部の機関に提供するような場合です。この場合には、当該個人がプライバシーの権利を放棄しているため、そもそも制限の対象となる権利がありません。

法政策において**憲法上の権利を制限する場合**には、次の四つの要件を満たすことが必要です。まず、その目的が正当かつ均衡のとれたものであることが必要で

す。このうち、**目的の正当性**（要件❶）とは当該目的が公益を実現するものであることをいい、**目的の均衡性**（要件❷）とは、ある人権を制限することにより失う利益よりもそれにより得られる利益の方が大きいことをいいます。

そして、目的を達成するための手段は、まず、目的を促進するものであること（**手段の合理性＝要件❸**）が必要です。なぜかというと、立法目的を促進しない手段は不必要に憲法上の権利を規制することになりかねないからです。加えて、手段は合理的であるばかりでは足りず、立法目的を達成する上で、規制度合いの最も低いもの（**手段の必要最小限性＝要件❹**）でなければならないのです。

この手段の必要最小限性は特に重要な要件です。憲法 13 条は、「すべて国民は、個人として尊重される。生命、自由及び幸福追求に対する国民の権利については、公共の福祉に反しない限り、立法その他の国政の上で、最大の尊重を必要とする」と定めています。最大の尊重を必要とするということは、規制目的を達成し得る範囲で制約は最小限にせよと命じていることにほかなりません。

次章では、訴訟で法律の合憲性が争われた場合の違憲審査基準について解説しますが、その基準は、ここで示した❶から❹までの要件を全て満たさなければならないということと比較すると、それほど厳しいものではないことに気づくでしょう。民主的基盤を有しない組織である裁判所は、これを有する議会が制定した法律や条例を違憲であると判断することについては、消極的にならざるを得ません。このため、裁判所が違憲であると判断する基準は、本書が示す基準よりも立法裁量をより広く認めるものとなっています。

現実の法政策の立案においては、次章で解説する裁判所の審査基準さえクリアーすればよいという態度で立案に望むのではなく、目的達成のために住民の自由を最も制限しない手段を選択し、より高い次元で憲法適合性を確保すべきです。こうした態度は、人権を法政策立案のプロセスに取り込む視点から、最も重要な点です。自由に対する制限の少ない行政手法でいかに政策課題に対処できるかが憲法尊重義務を課せられた立案者の腕の見せどころなのです。

第 3 章　憲法と法政策

図：法政策立案における憲法適合性の検討

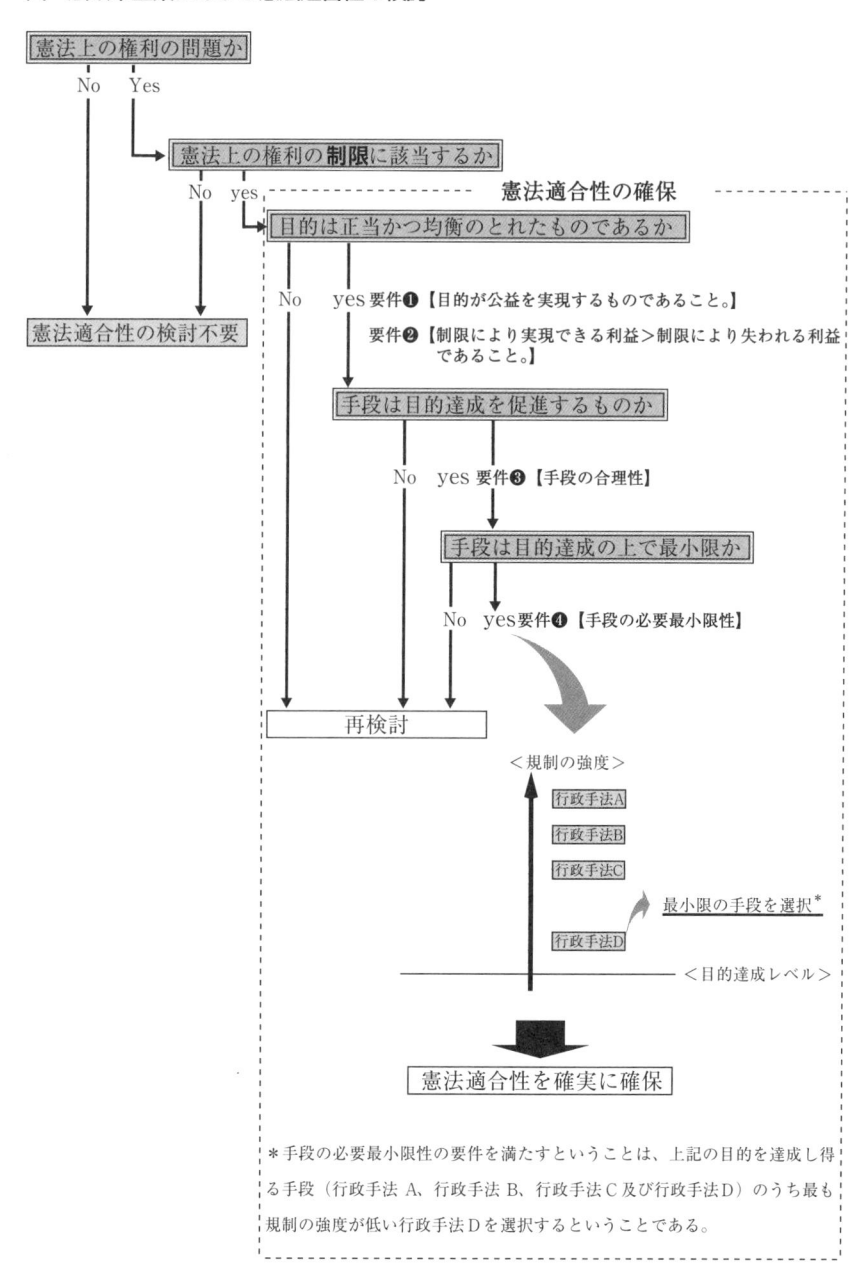

```
憲法上の権利の問題か
   │No        │Yes
   │          ↓
   │     憲法上の権利の制限に該当するか
   │          │No    │yes
   │          │      ↓
   │          │  ┌─ 憲法適合性の確保 ─────────────────────────┐
   │          │  │ 目的は正当かつ均衡のとれたものであるか      │
   │          │  │   │No    │yes 要件❶【目的が公益を実現するものであること。】
   │          │  │   │      │    要件❷【制限により実現できる利益＞制限により失われる利益
   │          │  │   │      │           であること。】
   │          │  │   │      ↓
   │          │  │   │  手段は目的達成を促進するものか
   │          │  │   │      │No    │yes 要件❸【手段の合理性】
   │          │  │   │      │      ↓
   │          │  │   │      │  手段は目的達成の上で最小限か
   │          │  │   │      │      │No    │yes 要件❹【手段の必要最小限性】
   ↓          ↓   ↓      ↓      ↓      ↓
憲法適合性の検討不要   再検討

                              ＜規制の強度＞
                                  ↑
                              行政手法A
                              行政手法B
                              行政手法C
                                          最小限の手段を選択＊
                              行政手法D
                              ─────────── ＜目的達成レベル＞
                                  ↓
                              憲法適合性を確実に確保

＊手段の必要最小限性の要件を満たすということは、上記の目的を達成し得
る手段（行政手法 A、行政手法 B、行政手法 C 及び行政手法 D）のうち最も
規制の強度が低い行政手法 D を選択するということである。
```

設問2　営業の自由に対する制限と手段の合理性

　A県では、理容師法12条4号の規定に基づき、公衆衛生向上の観点から理容所の営業に当たり、安価なサービスを提供するカット専門店においても洗髪施設の設置義務を定める条項を委任条例に追加することにした。こうした法政策は憲法の観点から問題はないか。

◆理容師法
第1条　この法律は、理容師の資格を定めるとともに、理容の業務が適正に行われるように規律し、もって公衆衛生の向上に資することを目的とする。
第12条　理容所の開設者は、理容所につき左に掲げる措置を講じなければならない。
　(1)　常に清潔に保つこと。
　(2)　消毒設備を設けること。
　(3)　採光、照明及び換気を充分にすること。
　(4)　その他都道府県が条例で定める衛生上必要な措置

◆理容師法施行条例
(趣旨)
第1条　この条例は、理容師法（昭和22年法律第234号。以下「法」という。）及び理容師法施行令（昭和28年政令第232号。以下「政令」という。）の施行に関し必要な事項を定めるものとする。
(施設に関する衛生上の措置)
第4条　法第12条第4号に規定する衛生上必要な措置は、次のとおりとする。
　(1)　理容所は、隔壁等により区画すること。
　(2)　理容所の作業場の面積は、当該作業場に設けられた理容用いすが1台である場合は9平方メートル、1台を超え5台以下である場合は9平方メートルに理容用いす1台を増すごとに1.6平方メートルを加えた面積、5台を超える場合は15.6平方メートルに理容用いす1台を増すごとに3.3平方メートルを加えた面積を下回らないこと。
　(3)　作業場と明確に区分された待合所を設けること。
　(4)　作業場には、手指、器具等の洗浄のための洗場及び洗髪のための洗場をそれぞれ設けること。
　(5)　未消毒器具と既消毒器具を区別して収める適当な設備を設けること。

【設問解説】
　理容師法は、公衆衛生の向上を目的とし、その目的達成のために、理容師の資格についての要件等を定めるとともに、理容師の業務が適正に行われるように、理容業を行う場所や業務遂行方法について規定しています。この理容所の開設については、許可制ではなく、都道府県知事への届出となっています（11

条)。さらに、12条では、理容所開設に際し、①常に清潔に保つこと（同条1号）、②消毒施設を設けること(同条2号)、③採光、照明及び換気を充分にすること(同条3号)、④その他都道府県が条例で定める衛生上必要な措置（同条4号）が義務付けられています。

　この規定を受けて、カット専門店に対する洗髪施設の設置義務を定める条例を制定する都道府県（保健所政令市を含む）が登場するようになりました（ただし、既存業者には適用なし）。それは、頭髪が不衛生な顧客のカットを行った理容師が後続の客のカットを行った場合に、後続の客に衛生上の問題を引き起こす、あるいは、カットした客から髪の切りカスが方々に落ちる等して公衆衛生上の問題が発生するとの理由からです。この義務に反した場合には、期間を定めて、理容所の閉鎖が命じられ（14条1項）、この命令に反した場合には、30万以下の罰金に処せられます（15条5号）。

　さて、公衆衛生の向上という目的は正当であり、均衡のとれたものであるといえます。次に目的達成の手段として洗髪施設の設置義務を設けることはどうでしょうか。洗髪施設の設置義務は、それ自体として大きな財産的負担を伴うものです。また、カット専門店の短時間で安価なカットサービスを提供するというビジネスモデルそのものに大きな変更を迫る可能性を有するものであって、単なる営業の自由に対する規制にとどまらず、職業選択の自由に対する強力な規制と同視し得るものといえます。

　こうしたカット専門店の顧客は、より安価で短時間なサービスの提供を指向する者であり、洗髪施設を設置したとしても料金及び時間の観点から、洗髪メニューの選択をしない場合がほとんどであると考えられます。したがって、洗髪施設の設置義務を定めたからといって、洗髪施設が確実に利用されるという保障はなく、理容師法に定める公衆衛生の向上という目的を促進するという手段の合理性を見いだすことは困難といえます。

　なお、仮に手段の合理性を見いだすことができるとしても、手段の必要最小限性の原則の観点から問題があります。というのも洗髪施設の設置をしなくても、顧客のカットごとに、カット用具の取替え、理容師の手先の消毒その他店内の衛生環境の保持の徹底、小型バキューム吸引装置によりカットされた毛髪を頭から徹底的除去するといったことを義務付けることにより、理容業者にとってより財産的負担のない方法で立法目的を達成することが可能であるといえるからです[33]。

設問３　財産権に対する制限と手段の必要最小限性

　犬の多頭飼育による悪臭、騒音等による生活環境の悪化を防止するため、次のような条例が制定された。目的達成のための手段において憲法上、問題はないか。

（目的）
第１条　この条例は、多数の犬又は猫を飼育する行為（以下「多頭飼育」という。）について必要な規制を行い、多頭飼育による悪臭、騒音等の生活環境の悪化を防止し、市民の健康で文化的な生活の確保を図ることを目的とする。
（定義）
第２条　この条例において「多頭飼育」とは、犬又は猫を飼育する行為のうち、飼育する犬の数若しくは猫の数又はこれらの数を合算した数が10以上であるものをいう。
（多頭飼育の禁止）
第３条　何人も、市内において、多頭飼育を行ってはならない。
（経過措置）
第４条　この条例施行の際現に多頭飼育を行っている者については、前条の規定を適用しない。
（罰則）
第５条　第３条の規定に違反した者は、６月以下の懲役又は30万円以下の罰金に処する。
　　　　附　則
　この条例は、公布の日から施行する。

【設問解説】
　設問では、既に所有している財産権の行使に対して制限を加えるものではありません。このため、瞥見すると憲法29条１項は問題にならないようにも思われます。しかし、人が自己の自由意思で財産を取得する自由も私有財産制度の保障の内容に含まれるため、憲法29条の問題として考える必要があります。この場合、この制限が公共の福祉の原理により、正当化されるかどうかについて検討することが必要です。
　多頭飼育に伴う生活環境悪化（悪臭、騒音等）を防止して住民の健康を守る手段としては、①市内全区域において多頭飼育を禁止する手段、②許可要件に合致した場合に禁止を解除する許可の手段、③市内の一部を規制する手段、④多頭飼育において留意すべき内容を作為義務として定める手段などが考えられ

---

(33) 例えば、広島市理容師法施行条例４条１項４号は、手指、器具等の洗浄のための洗場及び洗髪のための洗い場をそれぞれ設けることを義務付けているが、同条２項は、特別の理由があり、かつ、衛生上支障がないと市長が認める場合には、洗髪のための洗場を設ける義務が解除されるとする。

ます。手段選択に当たっては、目的達成可能な手段のうち、必要最小限の規制手段を選択することが憲法上要請されます。

設問の条例では、①の手段が選択されていますが、他の手段に比較して財産権に対し、最も厳しい制約であって、必要最小限の手段であるとはいえません。

手段としては、特に、全面禁止しなくても、住宅地などの人が多く居住する地域に限って規制するとか、悪臭、騒音を出さないような飼育施設の設置などの義務付けをすればよいと考えられます。このように解すると、少なくとも、法政策として全面禁止の手段を選択することは、必要最小限性の原則からして問題があるといえます。

地域の立法事実により異なりますが、現実的な立案としては、全面禁止をしなくても規制が必要な区域を指定（ゾーニング）→当該規制区域における多頭飼育をする場合の義務を設定→義務違反に対する是正命令→命令違反に対する行政罰により義務履行を確保といったシステムの組合せによる手法が一般的といえるでしょう。

7 新たな人権と法政策

（1） 自己決定権

ア 幸福追求権と自己決定権

人権は、憲法に明記されたもの以外には認められないのかといえばそうではありません。憲法は、人権のうち基本的なものだけを明記したに過ぎないと言われています。したがって、プライバシー権や、自己決定権といった、時代とともに新しい人権が観念されるようになれば、そのような人権も認められます。こうした新しい人権は、幸福追求権を定めた憲法13条を根拠としています。幸福追求権は、新しい人権のみではなく、憲法に規定されている個別人権双方の源泉的権利と解されています[34]。

ところで新しい人権については、憲法上明確に認めた規定はないので、憲法13条の幸福追求権を根拠に「新しい人権」として認めることができるかどうかが問題となります。

また、認める場合、どの範囲で認めるかについては、**人格的利益説**[35]と**一般的自由権説**のいずれの立場をとるかによって異なります。前者は、人格的自立又

---

(34) 高橋・憲法138頁
(35) 同説に立つものとして、芦部・憲法120頁

は人格的生存に不可欠なものに限られるとする説で、後者は、あらゆる行為の自由が幸福追求権による保護を受けるとする説です。一般的自由権説は、通説である人格的利益説について、狭きに失し、憲法による公権力の制限の範囲を狭めるものであると批判します。一般的自由権説の中には、殺人、強盗といった他者を害する自由も憲法の保障する自由に含まれるとする非限定説、他者の権利を害する行為は含まないとする限定説があります。他方、一般的自由権説に対しては、憲法上の権利を広く認めると、人権のインフレ化が起こり、権利性の希薄化を招くとの批判があります。

なお、人格的利益説をとる立場でも、合理的根拠がなくても一般的な自由を憲法上制限できるとしているわけではなく、平等原則や比例原則（本書次章4及び第8章5参照）に反する場合は、違憲という評価を受ける場合もあるとしています。本書では、一般的自由権説のうち限定説の立場[36]に立ち、通説より広い範囲で新しい人権を捉え、より憲法価値に配慮した立案をすることを勧めます。

イ　自己決定権の判例上の位置付け

自己決定権とは、他者に害を及ばさない限り権力による介入を受けないで、自らが人生のあり方（ライフスタイル）を決定することができる権利のことをいいます。この自己決定権ですが、安楽死を決定する自由、堕胎することを決める自由あるいは代理出産することを決める自由があるかという形で議論されます。こうした自己決定権は、憲法上の権利として保護されるのでしょうか。自己決定権に関連して争われた有名な**エホバの証人輸血事件**最高裁判決[37]があります。この事件では、宗教上の信念から絶対的無輸血の意思を持っている患者に対して、手術の際、輸血したことが問題になりました。輸血以外に救命手段がない事態に至った場合には、患者の諾否にかかわらず輸血する方針であったことを事前に十分説明をしていなかったのです。

こうした医師（旧国立大学付属病院勤務）の態度は、輸血を伴う医療行為を拒否するか否かを決定をする患者の権利（民法上の非財産権）を侵害するとして、民法上の不法行為責任を認めましたが、自己決定権が憲法上の権利として認められるか否かについて論じているわけではありません。とはいえ、判例上「新たな人権」として認められているプライバシー権も最初は民法上の権利（人格権）として認められたものです（**宴のあと事件**）[38]。このことを考えると、自己決定

---

(36) 同説に立つものとして、赤坂正浩『憲法講義(人権)』（信山社、2011）270頁
(37) 最3小判平12・2・29民集54巻2号582頁
(38) 東京地判昭39・9・28下民15巻9号2317頁

権も民法上の権利から新たな憲法上の権利として最高裁で認められることも考えられます。

現実の法政策の立案においては、自己決定権については憲法上の権利であるとして検討すべきです。

ウ　パターナリズムの意義

パターナリズム（家長的干渉主義）とは、優越的地位にある者が、他者の保護が必要とされる幼年者等や精神的障害者のように合理的な自己決定ができない、あるいはできても十分でない者に対し、その者の保護のためにそれらの者の自由を制限することです。

パターナリズムとの関連でよく議論されるのが、自己決定権との関係です。本人の自己決定に反しても本人の利益を守るためなら、本人の自己決定権に対する制限は可能かという問題です。例えば、意思能力が十分でない者や未成年者を保護する観点から一定の私法上の法律行為を行うことを制限したり、青少年の性に関する価値観に悪い影響を及ぼすことを回避するために、青少年が有害図書へのアクセスができないようにしたり、本人の健康のために健康診断を義務付けたり、本人の生命の安全のために冬山登山などの危険行為を禁止するなどの場合です。

パターナリズムを理由とする公権力による憲法上の権利の制限は認められるのでしょうか。「個人の尊重」（個人の人格的自立）を最大の価値とする憲法においては、原則、認めるべきではないと考えられます。この点に関し、イギリスの著名な思想家である**ジョン・スチュアート・ミル**（1806-73）[39]は『自由論』において、ある者の自由を制限できるのは、他者への危害防止の観点からだけであり（**他者危害回避の原理**）、それ以外の自由の制限は原則として、正当ではないとしています。

しかし、全ての場合に、パターナリズムによる制限が全くできないとすることは、逆に「個人の尊重」を脅かす場合もあり、パターナリズムを理由とする公権力による憲法上の権利の制限は認められるべきです[40]。なお、このパターナリズムは、公共の福祉と並ぶ人権制限の根拠であるとする立場と、公共の福祉による制限の一つであるとする立場があります。いずれの立場に立っても、法政策の立案に際して違いが出るわけではありません。

---

(39) John Stuart Mill:On Liberty,1859、塩尻公明・木村健康訳、岩波文庫 1971 年 24 頁
(40) ミルも、『自由論』において未成年など保護が必要とされる者に対するパターナリズムによる制限を容認している。

ところで、現実の法制度をみると、法律上強制加入の法政策がとられている各種社会保障システムをはじめ、パターナリズム的制限が少なくありません。十分な財産がある人にとっては、年金や健康保険に加入する必要はないと考える人も少なくないでしょう。これらの法政策は、パターナリズムによる制限はできないとする考え方に反するのではないかとの疑問が生じます。確かにこれらの制限は、パターナリズム的規制要素があるのですが、年金制度や健康保険制度を財源的に維持するためには強制加入を基本として制度設計することが必要です。このように国民全体の健康を確保し、老後の生活基盤を作るという公共的利益を実現するための要素が強くあれば、パターナリズム的制限の要素を含む法政策も可能です。

> **設問4　自己決定権とパターナリズム**
>
> がんの早期発見のため、65歳以上の高齢者に対し、がん検診を条例で義務付けることはできるか。

【設問解説】
　まず、設問を検討するに当たって、「がん検診を受診するかどうかを決定する自由」（自己決定権）が憲法上の権利といえるかどうかを考える必要があります。通説の人格的利益説では、憲法上の権利と認めることは困難でしょう。しかし、一般的自由説のうち限定説の立場（本書の立場）をとる場合、憲法上の権利に対する制限であるとして検討を進めることになります。
　憲法上の権利に対するパターナリズムを理由とする制限は、判断能力が十分でない幼児、児童、精神的障害者などに対するものを除き、正当化されません。したがって、このような法政策は憲法上問題のあるものといえます。
　しかし、高齢者が病気になると医療費の負担がかさみ、ひいては、当該地方公共団体の国民健康保険特別会計への負荷を増大させます。このことを回避することを主要な目的とした場合はどうでしょうか。現実に65歳以上の健康診断を受けていない高齢者の医療費支出が多く、当該地方公共団体の財政を圧迫し、他の福祉予算がとれず住民福祉に大きな支障を生じさせているという立法事実が明確にあれば、住民の福祉を守るために（公益実現を理由として）、当該制限を正当化できる可能性もあります。

（2） プライバシーの権利
ア　プライバシーの権利とその制限

　判例上、新たに憲法上の権利と認められるに至ったものとして、**プライバシーの権利**があります。プライバシーの権利は当初、民法上の権利（人格権）として認められました。その後、**京都府学連事件**最高裁判決[41]は、個人の私生活上の自由の一つとして、何人も、その承諾なしに、みだりにその容貌・容姿を撮影されない自由を有するものというべきであるとし、プライバシーの権利を憲法13条の権利として認めました。

　また、最近、**住基ネット事件**最高裁判決[42]は「憲法13条は、国民の私生活上の自由が公権力の行使に対しても保護されるべきことを規定しているものであり、個人の私生活上の自由の一つとして、何人も、個人に関する情報をみだりに第三者に開示又は公表されない自由」を有するとしています。

　なお、憲法上の権利の多くは、絶対的な保護を受けるものではなく、公共の福祉による制限を受けます（憲法12条、13条、22条及び29条）。容貌等についてのプライバシーの権利について、京都府学連事件最高裁判決は、国家権力の行使から無制限に保護されるわけではなく、公共の福祉のため必要のある場合には相当の制限を受けるとしています。

　ところで、今日、プライバシーの権利は、私的生活をみだりに公開されないという権利から個人情報の収集、保存及び利用を各人がコントロールする積極的権利（**自己情報コントロール権**）へと拡張され理解されるようになっています。最高裁は、プライバシーの権利＝自己情報コントロール権であることまで拡張して理解していませんが、法政策の立案に際しては、自己情報コントロール権と解し、憲法価値をより高い次元で実現すべきです。

　なお、人の容貌・姿態については、プライバシーの権利から独立した別の権利（肖像権）として構成すべきであるとする説もありますが、本書では、プライバシーの権利の一部であると解します。

イ　防犯カメラによる撮影・録画行為の根拠

　最近、地方公共団体が設置する防犯カメラで、人の容貌・姿態を撮影・録画する場合がありますが、このような行為は自己情報コントロール権の制限に当たら

---

(41) 京都府学生自治会連合主催のデモに参加した学生が行進許可条件に違反したとして警察官がその状況を証拠として写真撮影したことが適法な職務遂行か否かが争われた事件（最大判昭44・12・24刑集23巻12号1625頁）。
(42) 最1小判平20・3・6民集62巻3号665頁

ないのでしょうか。

　このような行政活動は、住民の同意を得ない限り、自己情報コントロール権に対する制限であるといえます。よって、この場合、侵害留保の原則（本書第7章参照）から、行政機関が上記のような活動をする場合には、法律又は条例における作用法上の根拠が必要です。しかし、この点に関しては、実務の世界では、十分な整理がなされていないといえます。詳しくは設問5で検討しましょう。

　ところで、コンビニや商店街の組合などに民間事業者が防犯目的で設置しているビデオカメラ装置については、特に法令上の根拠を必要とするわけではありませんし、私人間のことは私人に任せておけばよいという考え方もあるでしょう。しかし、地方公共団体は、民間事業者による不必要なビデオカメラ装置の設置や、不適切な運用によって、私人の権利が侵害されないように積極的な法政策を展開するべき立場にあるといえます。

　このような考えから、ビデオカメラ装置の設置基準、設置者の義務、設置者に対する指導等をその内容とする条例が杉並区、市川市、豊田市など多くの地方公共団体で制定されています。

設問5　プライバシーの権利とその制限

　市町村が街頭防犯カメラにより、道路、公園などの公共空間の個人の肖像を撮影し、その内容を録画する場合、その設置・稼働に条例の根拠を必要とするか。

【設問解説】
(1) プライバシーの権利の内容

　最近、防犯を目的として、道路、公園などの公共空間において、個人の肖像を撮影・録画するデジタルカメラ装置を設置する市町村が増えてきています。こうした市町村が設置する街頭防犯カメラについては、これを規律する法令がないまま、その有用性の高さから設置が続けられてきました。

　街頭防犯カメラの設置に関しては、①個人の肖像を撮影・録画する場合に、条例上の根拠は必要か、②手段の必要最小限性の観点から、いかなる撮影・録画がどの範囲で許容されるのかといった点が問題になります。

　最高裁は、京都府学連事件最高裁判決（前掲最大判昭44・12・24）、何人も、

その承諾なしに、みだりに肖像を撮影されない自由を有するものというべきであり、正当な理由なく、個人の肖像を撮影することは、憲法13条の趣旨に反し、許されないとしました。この判決は、プライバシーの権利を憲法上13条に基づく権利として認めたものであると理解されています。その後の**自動速度監視装置（オービス）事件**最高裁判決[43]、**Nシステム事件**判決[44]などでも、京都府学連事件最高裁判決の主旨は引用されています。

(2) 警察による撮影と法令上の根拠

　京都府学連事件最高裁判決、オービス事件判決においては、個人の肖像の撮影が刑訴法197条1項を根拠に行う警察の犯罪捜査活動（**司法警察作用**）であることを理由に撮影についての特別の根拠は必要ないとしています。

　次に、犯罪捜査活動ではなく、警察が犯罪予防活動（**行政警察作用**）として行う人の容貌の撮影・録画の場合、特別の根拠が必要でしょうか。**釜が崎監視カメラ事件**判決[45]は、次のように判示し、特別の根拠は必要ないとしました。

　すなわち、

「警察法や警職法は、警ら活動や情報収集等について特別の根拠規定を置いているわけではないが、これらの行為は、警察官がその職権職責を遂行するための前提となる事実行為として、右各条項の当然予定するところと考えられる……そして、本件テレビカメラによる監視行為は、主として犯罪の予防を目的とした警ら活動や情報収集の一手段であり、性質上任意手段に属するから、本件テレビカメラの設置及びその使用は、警察法及び警職法が当然に予定している行為の範疇に属するものであり、特別な根拠規定を要することなく行える」。

(3) 市町村による容貌の撮影と法令上の根拠

　京都府学連事件最高裁判決において、個人の容貌の撮影が刑訴法197条1項を根拠に警察が行う任意の犯罪捜査活動であることから、特別の根拠は必要ないとしました。また、釜が崎監視カメラ事件判決は、警察が犯罪予防活動の一環として行う個人の容貌の撮影・録画についても、警察法や警職法があることから、特別の根拠は必要ないとしています。

　これらに対し、市町村が一般的な防犯目的で設置する街頭防犯カメラによる容貌の撮影・録画は、刑訴法197条1項に基づき行われる犯罪捜査活動でもありません。また、警察法及び警職法に基づき行われる犯罪予防活動でもありません。しかも、既存の法令にその根拠を見いだすことは困難です。

---

(43) 最2小判昭61・2・14刑集40巻1号48頁
(44) 東京地判平13・2・6 判時1748号144頁
(45) 大阪地判平6・4・27 判時1515号116頁

(4) 設問の解答

　従来、行政実務では、プライバシーの権利について「個人の情報をみだりに第三者に開示又は公表されない自由」をその中核であると解し、外部提供や収集目的以外で個人の情報を利用する場合には、プライバシーの権利の侵害に当たるから法律又は条例上の根拠が必要であると考えてきました。これに対し、「個人の情報をみだりに収集されない自由」もプライバシーの権利の内容をなすという意識は希薄であったように思われます。このため、街頭防犯カメラの設置・管理について制定された地方公共団体の条例においても、後者の「自由」があることを念頭に立案されたと考えられる条例はあまり見受けられません[46]。

　憲法13条は、個人の私生活上の自由の一つとして「何人も、個人に関する情報をみだりに第三者に開示又は公表されない自由」はもとより、「何人も、個人に関する情報をみだりに収集されない自由」も保障していると考えるべきです。これらの自由は、憲法上の権利であり、撮影・録画等により個人の容貌を撮影・録画することは、この憲法上の権利（自己情報コントロール権）を制限するものです。

　ところで、住基ネット事件判決最高裁判決（前掲最1小判平20・3・6）は、「憲法13条は、国民の私生活上の自由が公権力の行使に対しても保護されるべきことを規定しているものであり、個人の私生活上の自由の一つとして、何人も、個人に関する情報をみだりに第三者に開示又は公表されない自由を有するものと解される」としました。この判旨だけを見ると、「個人に関する情報をみだりに第三者に開示又は公表されない自由」のみが憲法13条の保障する対象であって、「個人に関する情報をみだりに収集されない自由」については、保障の対象ではないようにも読めます。しかし、この訴訟は、住民基本台帳法に基づき市町村が適法に収集した個人に関する情報を他機関へ提供することが問題となった事案です。このため「収集」については特に言及されなかったものであると考えられます。同最高裁判決は、京都府学連事件最高裁判決を引用していますから、「個人の情報をみだりに収集されない自由」が憲法13条の保障外であると解してはいません。

---

[46]「何人も、個人に関する情報をみだりに収集されない自由」を念頭に置いた条例として**八街市防犯カメラの設置及び運用に関する条例**がある。同条例第5条は、「市長は、防犯カメラを設置するときは、事前に規則で定める事項について公示する」とし、市長が防犯カメラを設置・稼働することができる根拠を定めている。作用法的趣旨を明確にしようとすれば、「市長は、防犯カメラを設置することができる」（1項）、「前項の場合において、市長は、事前に規則で定める事項を公示しなければならない」（2項）と規定することも考えられる。

以上により、市町村が防犯目的で設置する街頭防犯カメラにより、個人情報である容貌の撮影・録画をする場合には、「市長は、街頭防犯カメラを設置し、容貌を撮影し、録画することができる」といった作用法上の根拠を条例に置く必要があると考えられます（侵害留保の原則）。これによって、街頭防犯カメラの設置稼働に明確な根拠を与え、適切かつ有効に運用することが可能です。

　なお、立案に際しては、設置稼働の根拠のみならず、手段の必要最小限性の観点から目的達成のために憲法上の権利に対する制限が最小限となるように、設置場所、台数、画像の保存期間等についても定めを置くことが必要です[47]。

---

(47) 八街市防犯カメラの設置及び運用に関する条例では、防犯カメラの設置台数を、必要最小限にすること（4条1号）、防犯カメラの撮影範囲は必要最小限の撮影範囲になるように設置すること（同条2号）、画像データを記録した媒体は、施錠できる事務室等に保管すること（12条1号）、画像データを記録した媒体の破棄は粉砕等の確実な方法によること（同条2号）など、個人情報に対する制限やリスクを最小限に抑える制度設計がなされている。

第4章 司法審査と法政策

Point 本章では、どのような法政策が司法により違憲と判断されるのかについて、最高裁の判例を中心に解説します。なお、政教分離については、精神的自由、経済的自由といった自由権の制限に対する審査とは異なる基準を用いて判断しているので注意しましょう。

keyword 二重の基準論　規制目的二分論　目的・手段審査　審査密度　比例審査　平等原則　積極的是正措置　信教の自由　政教分離　目的・効果基準　合憲限定解釈

1　二重の基準論と規制目的二分論

(1)　二重の基準論

前章では、法政策立案において、憲法価値をできる限り高い次元で実現するために立案担当者が心がけるべき基準（目的の正当性及び均衡性、手段の合理性、手段の必要最小限性）について説明しました。

本章では、裁判所の司法審査において、憲法上の権利に対する制限がどのような場合に正当であると判断され（合憲）、どのような場合に正当ではないと判断される（違憲）のか、について解説します。

まず、裁判法理と考えられている**二重の基準論**と**規制目的二分論**についてです。法政策の立案において最も関係の深い人権は、自由権です。この自由権の中には、表現の自由をはじめとする精神的自由権と営業の自由[48]などの経済的自由権があります。この精神的自由の規制に対しては、経済的自由の規制よりも厳しい基準で合憲性の判断をすべきであるという考え方が二重の基準論です。例えば、駅前の広場で政府の施策を批判する演説をしようとする人の自由（精神的自由）と、同じ広場でたこ焼きを売ろうとしている人の自由（経済的自由）とでは、前者に対する規制を後者に対する規制よりも厳しい基準で合憲性を判断するということです。

---

[48] 最大判昭50・4・30民集29巻4号572頁は「職業は、ひとりその選択、すなわち職業の開始、継続、廃止において自由であるばかりでなく、選択した職業の遂行自体、すなわちその職業活動の内容、態様においても、原則として自由であることが要請されるのであり、したがって、右規定は、狭義における職業選択の自由のみならず、職業活動の自由の保障をも包含している」とし、職業選択の自由の中にいわゆる**営業の自由**も含まれるとした。

では、なぜこのような二重の基準論が存在するのでしょうか。それは、経済的自由への不当な制限が加えられた場合には、そのような立法府を構成する議員を落選させて、新たに議員を選出して不当な法を改正すればよく、民主的政治過程での不当な制限を矯正できる可能性があります。しかし、表現の自由が制限されると、自由な主張をもった選挙活動や政治活動ができず、民主的政治過程における矯正の可能性が否定されるからなどと説明されます。また、裁判所が経済的規制の合理性の判断について得意とはしていないという点も理由として挙げられます。

　この二重の基準論を意識した言い回しが見られる判決もあります。例えば、**小売市場適正配置事件**における最高裁判決[49]です。同判決は、個人の経済活動の自由に関する限り、個人の精神的自由等に関する場合と異なって、社会経済政策の実施の一手段として、これに一定の合理的規制措置を講ずることは、もともと憲法が予定し、かつ、許容するところと解するのが相当であるとしています。また、**猿払事件**における最高裁判決[50]も、憲法21条の保障する表現の自由は民主主義国家の政治的基盤をなし、国民の基本的人権のうちでもとりわけ重要なものであり、法律によってもみだりに制限することができないものであるとしています。さらに、**薬局適正配置事件**最高裁違憲判決[51]でも、職業選択の自由は、それ以外の憲法の保障する自由、殊にいわゆる精神的自由に比較して、公権力による規制の要請が強く、憲法22条1項が「公共の福祉に反しない限り」という留保の下に職業選択の自由を認めたのも、この点を強調する趣旨に出たものと考えられるといった指摘がなされています。

　しかし、最高裁は、表現の自由に対する制限が争われた事件よりも経済的自由権の制限が問題となった事件の方を厳しい基準で判断している場合もあり、一定の合理性は認められるものの裁判法理として確立したものとはいい切れません。

　なお、二重の基準論は、あくまで経済的自由権に対する制限よりも精神的自由権に対する制限についての方を厳しい審査レベルで判断すべきという相対論にしかすぎません。

（2）規制目的二分論

　二重の基準論とともに、最高裁の裁判法理として、規制目的二分論があるとさ

---

(49) 最大判昭47・11・22刑集26巻9号586頁
(50) 最大判昭49・11・6 刑集28巻9号393頁
(51) 最大判昭50・4・30民集29巻4号572頁

れます。規制目的二分論とは、経済的活動に対する規制は、その目的に応じて、①国民の生命、健康、財産に対する危険の防止又は除去ないし、緩和の実現を目指す目的で行われる**消極目的規制**（各種営業に対する規制などの警察目的規制）及び②福祉国家的思想の下で、社会的弱者、経済的弱者の保護の実現を目指す**積極目的規制**（大型スーパーなどの巨大資本から中小企業を保護するための競争制限など社会政策的目的規制）があるとします。その上で、消極目的規制については厳格に審査し、積極目的規制については立法府の政策裁量を尊重して、低いハードルで合憲性を判断しようとする理論です。

なぜこのように考えるかというと、福祉国家理念の下、弱者保護のためには、立法府の政策裁量を広く認め、その保護を図るべきであるという思想があるからです。積極目的規制とされた小売市場適正配置事件最高裁判決では、立法府がその裁量権を逸脱し、当該法的規制措置が著しく不合理であることが明白である場合に限ってこれを違憲である、とする緩やかな審査レベルで判断しています。これに対し、消極目的規制とされた薬局適正配置事件最高裁判決では、重要な公共の利益のために必要かつ合理的措置であって、より制限的でない他の手段が不存在である場合に合憲である、とする厳しい審査レベルで判断しています。

この規制目的二分論については、制限される人権の区別ではなく、何故目的によって審査レベルが異なるのか、むしろ積極目的の方が緊急度、重要度が低いのだから、厳しいレベルで判断すべきではないのかといった異論があります。

さらに、酒類販売業の許可制が憲法22条に定める職業選択の自由に反するかどうかが争われた**酒類販売業免許事件**最高裁判決[52]は、規制目的二分論を前提とすることなく、酒税確保のための目的からして、著しく不合理ではないことを理由に合憲と判断しています。これは、税収確保を目的とする販売業の許可制（営業規制）が積極目的とも消極目的ともはっきりしないケースであったからとされます。要は、両者の目的を持っていたり、いずれか不明であるなどして規制目的二分論で審査できないケースもあるということです。

以上のように、規制目的二分論についても福祉国家の実現のために立法裁量を広く認めるべきであるとの主張に合理性がないわけではありません。しかし、目的を単純に二分することが困難な法政策も少なくありません。何より、積極目的の場合は消極目的の場合よりも緩やかな基準で判断するべきであるといった合理

---

(52) 最3小判平4・12・15民集46巻9号2829頁

的な説明は困難です。

　いずれにしても前章で解説した、四つの要件、すなわち、目的の正当性、目的の均衡性、手段の合理性、手段の必要最小限性を満たすような法政策を立案する限り、これらの理論を前提としなくても、高い次元で憲法価値を実現できるものと考えます。

2　目的・手段審査と審査密度

　次に、法律、条例による憲法上の権利の制限を正当化し得るか否かについて、裁判所はどのような事項を対象に合憲性を判断しているのでしょうか。通常の場合、その制定の**目的と当該目的達成のための手段**（目的との関連性及び必要性）が審査対象となります。実際の司法審査では、目的審査よりも手段審査にポイントが置かれているといわれています。

　目的・手段審査の分かりやすい例として**尊属殺重罰規定事件**最高裁違憲判決[53]の法廷意見[54]を挙げることができます。同判決は、尊属を卑属又はその配偶者が殺害するといった高度な社会的非難に値する犯罪行為を通常の殺人の場合よりも厳重に処罰し、もってこれを強く禁圧しようとする旧刑法200条の目的は不合理ではないが、尊属殺の法定刑を死刑又は無期懲役のみに限っている点において、立法目的達成の手段として必要な限度を遥かに超え、憲法14条1項に定める法の下の平等に反するとし、目的・手段審査により違憲であるとしました。

　次に、目的・手段審査においてどのような**審査密度**（審査の厳しさのレベル）で判断されるのでしょうか。簡単に整理すると、**制限される憲法上の権利の重要度と当該権利を制限する手段の強度に応じて審査密度が決まる**と解されています。例えば、表現の内容自体を規制する場合と表現の場所・時間を規制する場合とでは、権利に対するより強い規制である前者の方が厳しい審査密度で判断すべきであるとされるわけです。審査密度については、明確な裁判法理として見いだ

---

[53] 最大判昭48・4・4刑集27巻3号265頁
[54] 最高裁判所の裁判については、原則、過半数の意見によるものとされている（裁判所法77条1項）。この多数意見が法廷意見である。一方で、最高裁判所の裁判については、各裁判官の意見を裁判書に表示することが求められている（同法11条）。このため、法廷意見とは異なる反対意見などの少数意見も掲載される。少数意見には、法廷意見に賛成する立場で付随的な参考意見を述べる「補足意見」、法廷意見の結論には賛成するがその理由を異にする「意見」、法廷意見自体に反対する「反対意見」がある。なお、最高裁判所以外の裁判所の裁判については、各裁判官の意見は、守秘義務の対象とされており（同法75条2項）、裁判書において示されることはない。

すことはできませんが、おおむね次のように説明することができます。

審査密度は大きく分けて**厳格な基準**と**緩やかな基準**に分かれます。この二つの違いは、厳格な基準においては**手段の必要性**（立法目的達成の手段が必要不可欠な規制に限られていること、あるいは、より緩やかな手段では立法目的を達成できないこと）が要求されるのに対し、緩やかな審査においては手段の必要性は要求されません。

このうち、厳格な基準はさらに**狭義の厳格な基準**と**厳格な合理性の基準**に分けることができます。狭義の厳格な基準は、目的審査において極めて重要な利益の保護を目的とするものであることが要求され、手段においては、立法目的との関連性については**実質的関連性**（現実に手段が立法目的を促進するものであること）があること及び手段の必要性については必要不可欠であること（その手段以外に選択肢はないこと）が求められます。この基準は、非常に厳格な基準です。これに対して、厳格な合理性の基準は、目的審査において重要な利益の保護を目的するものであることが要求され、手段においては立法目的との関連性については実質的関連性があること及び手段の必要性については、より制限的でない手段がないことが求められます。

緩やかな審査基準には、合理的関連性の基準と明白性の基準があります。このうち**合理的関連性の基準**は、目的審査においては単に目的が正当であればよいとされます。目的と目的達成の手段との関係においても合理的関連性（手段が立法目的を促進しないとはいえないこと）でよいとされます。**明白性の基準**は、規制の目的又は目的達成の手段のいずれかが著しく不合理であることが明白な場合に限って違憲と判断する緩やかな基準で、立法裁量を最も尊重するものです。

ところで、法律は、主権者たる国民の代表者で構成される立法機関が定立するルールです。このため、裁判所は法律に対して違憲の判断を下すことには慎重であり、その審査密度は、多くの事件において、合理的関連性の基準あるいは明白性の基準といった緩やかな基準になっています。

表：司法審査の基準（まとめ）

想定される適用例	審査基準	目的	手段との関連性	手段の必要性
制限される権利が極めて重要で、かつ、制限の度合いが強力な場合	厳格な基準／狭義の厳格な基準	目的が極めて重要であること。	実質的関連性があること（現実に目的を促進する手段であること）。	必要不可欠の手段であること。
制限される権利が重要な場合で、かつ、制限の度合いが強力な場合	厳格な基準／厳格な合理性の基準	目的が重要であること。		より制限的でない手段が存在しないこと。
制限される権利の価値が重要とまではいえない場合、又は制限の度合いが強くない場合	緩やかな基準／合理的関連性の基準	目的が正当であること。	合理的関連性があること（目的達成を促進しない手段ではないこと）。	―
弱者救済をはじめ福祉国家実現の目的など特に立法府の裁量を尊重する必要がある場合	緩やかな基準／明白性の基準	規制の目的又は目的達成の手段のいずれかが著しく不合理であることが明白な場合に限って違憲と判断する。		

厳格な合理性の基準で判断したと考えられる例
■薬局適正配置事件[55]

> ─【争点】─
> 　薬局の開設に適正配置を求める旧薬事法6条2項及びこの委任を受けた広島県の条例は職業選択の自由を定めた憲法22条1項の規定に反するか。

① 「一般に許可制は、単なる職業活動の内容及び態様に関する規制を超えて、狭義における職業の選択の自由そのものに制約を課するもので、職業の自由に対する強力な制限であるから、その合憲性を肯定しうるためには、原則として、重要な公共の利益のために必要かつ合理的な措置であることを要し、また、それが、社会政策ないしは経済政策上の積極的な目的のための措置ではなく、自由な職業活動が社会公共に対してもたらす弊害を防止するための消極的、警察的措置である場合には、許可制に比べて職業の自由に対するよりゆるやかな制限である職業活動の内容及び態様に対する規制によっては右の目的を十分に達成することができないと認められることを要する」。

② 「この要件は、許可制そのものについてのみならず、その内容についても要求されるのであって、許可制の採用自体が是認される場合であっても、個々の許可条件については、更に個別的に右の要件に照らしてその適否を判断しなければならないのである」。

③ 「適正配置規制は、主として国民の生命及び健康に対する危険の防止という消極的、警察的目的のための規制措置であり」、この点において、「小売商業調整特別措置法における規制とは趣きを異にし、したがって、右判決において示された法理は、必ずしも本件の場合に適切でない」。

④ 「薬局の開設等の許可条件として地域的な配置基準を定めた目的が……公共の福祉に合致するものであり、かつ、それ自体としては重要な公共の利益ということができるから、右の配置規制がこれらの目的のため必要かつ合理的であり、薬局等の業務執行に対する規制によるだけでは右の目的を達することができないとすれば、許可条件の一つとして地域的な適正配置基準を定めることは、憲法22条1項に違反するものとはいえない」。

⑤ しかし、「競争の激化―経営の不安定―法規違反という因果関係に立つ不良

---

[55] 最大判昭50・4・30民集29巻4号572頁

医薬品の供給の危険が、薬局等の段階において、相当程度の規模で発生する可能性があるとすることは、単なる観念上の想定にすぎず、確実な論拠に基づく合理的な判断とは認めがたい」。
⑥ 「仮に右に述べたような危険発生の可能性を肯定するとしても……例えば、薬局等の偏在によって競争が激化している一部地域に限って重点的に監視を強化することによってその実効性を高める方途もありえないではなく、また、被上告人が強調している医薬品の貯蔵その他の管理上の不備等は、不時の立入検査によって比較的容易に発見することができるような性質のものとみられること、更に医薬品の製造番号の抹消操作等による不正販売も、薬局等の段階で生じたものというよりは、むしろ、それ以前の段階からの加工によるのではないかと疑われること等を考え合わせると、供給業務に対する規制や監督等の励行等によって防止しきれないような、専ら薬局等の経営不安定に由来する不良医薬品の供給の危険が相当程度において存すると断じるのは、合理性を欠くというべきである」。
⑦ 「以上のとおり、薬局の開設等の許可基準の一つとして地域的制限を定めた薬事法6条2項、4項（これらを準用する同法26条2項）は、不良医薬品の供給の防止等の目的のために必要かつ合理的な規制を定めたものということができないから、憲法22条1項に違反し、無効である」。

合理的関連性の基準で判断したと考えられる例
■猿払事件[56]

【争点】
国家公務員の政治活動の制限を定めた規定は、表現の自由を定めた憲法21条の規定に反するか。

① 「行政の中立的運営が確保され、これに対する国民の信頼が維持されることは、憲法の要請にかなうものであり、公務員の政治的中立性が維持されることは、国民全体の重要な利益にほかならないというべきである。したがって、公務員の政治的中立性を損うおそれのある公務員の政治的行為を禁止することは、それが合理的でやむをえない限度にとどまるものである限り、憲法の許容するところである」。

---

(56) 最大判昭49・11・6 刑集28巻9号393頁

②　「右の合理的で必要やむをえない限度にとどまるものか否かを判断するにあたっては、禁止の目的、この目的と禁止される政治行為との関連性、政治行為を禁止することにより得られる利益と禁止することにより失われる利益との均衡の3点から検討することが必要である」[57]。

③　まず、禁止の目的について考えると、「もし公務員の政治的行為のすべてが自由に放任されるときは、おのずから公務員の政治的中立性が損われ、ためにその職務の遂行ひいてはその属する行政機関の公務の運営に党派的偏向を招くおそれがあり、行政の中立的運営に対する国民の信頼が損われることを免れない。また、公務員の右のような党派的傾向は、逆に政治的党派の行政への不当な介入を容易」にする。「このような弊害の発生を防止し、行政の中立的運営とこれに対する国民の信頼を確保するため、公務員の政治的中立性を損うおそれのある政治的行為を禁止することは、まさしく憲法の要請に応え、公務員を含む国民全体の共同利益を擁護する措置にほかならないのであって、その目的は正当なもの」である。

④　この目的と禁止される行為との関連性について考えると、「右のような弊害の発生を防止するため、公務員の政治的中立性を損うおそれがあると認められる政治的行為を禁止することは、禁止目的との間に合理的な関連性があると認められる」。

⑤　「政治的行為を、これに内包される意見表明そのものの制約をねらいとしてではなく、その行動のもたらす弊害の防止をねらいとして禁止するときは、同時にそれにより意見表明の自由が制約されることにはなるが、それは、単に行動の禁止に伴う限度での間接的、付随的な制約に過ぎ」ない。「他面、禁止により得られる利益は、公務員の政治的中立性を維持し、行政の中立的運営とこれに対する国民の信頼を確保するという国民全体の共同利益なのであるから、得られる利益は、失われる利益に比してさらに重要なものというべきであり、その禁止は利益の均衡を失するものではない」。

⑥　「したがって、国公法102条1項及び規則5項3号、6項13号は、合理的で必要やむをえない限度を超えるものとは認められず、憲法21条に違反するも

---

[57] このように、目的・手段審査に加えて、禁止することにより得られる利益と禁止することにより失われる利益を比較衡量するという手法は、その後、戸別訪問禁止事件（最2小判昭56・6・15刑集35巻4号205頁）や、**広島市暴走族追放条例事件**（最3小判平19・9・18刑集61巻6号601頁）でも用いられている。この手法は、国家権力と国民との利益の衡量が行われる場合、裁判所は国家権力の利益を優先させる傾向があるといった問題が指摘されている。

のということはできない」。

■戸別訪問禁止事件[58]

【争点】
公職選挙法138条1項（戸別訪問禁止）は憲法21条に反するか。

① 「戸別訪問の禁止は、意見表明そのものの制約を目的とするものではなく、意見表明の手段方法のもたらす弊害、すなわち、戸別訪問が買収、利害誘導等の温床になり易く、選挙人の生活の平穏を害するほか、これが放任されれば、候補者側も訪問回数等を競う煩に耐えられなくなるうえに多額の出費を余儀なくされ、投票も情実に支配され易くなるなどの弊害を防止し、もって選挙の自由と公正を確保することを目的としているところ」、右の目的は正当である。

② 「それらの弊害を総体としてみるときには、戸別訪問を一律に禁止することと禁止目的との間に合理的な関連性があるということができる」。

③ 「戸別訪問の禁止によって失われる利益は、それにより戸別訪問という手段方法による意見表明の自由が制約されることではあるが、それは、もとより戸別訪問以外の手段方法による意見表明の自由を制約するものではなく、単に手段方法の禁止に伴う限度での間接的、付随的な制約にすぎない反面、禁止により得られる利益は、戸別訪問という手段方法のもたらす弊害を防止することによる選挙の自由と公正の確保であるから、得られる利益は失われる利益に比してはるかに大きいということができる」。

④ 「以上によれば、戸別訪問を一律に禁止している公職選挙法138条1項の規定は、合理的で必要やむをえない限度を超えるものとは認められず、憲法21条に違反するものではない。したがって、戸別訪問を一律に禁止するかどうかは、専ら選挙の自由と公正を確保する見地からする立法政策の問題であって、国会がその裁量の範囲内で決定した政策は尊重されなければならないのである」。

---

[58] 最2小判昭56・6・15刑集35巻4号205頁

■森林法共有林分割事件[59]

> **【争点】**
> 「森林の共有者は、民法256条第1項の規定にかかわらず、その共有に係る森林の分割を請求することができない。ただし、各共有者の持ち分の価格に従いその過半数の価格をもって分割の請求をすることを妨げない」と定める旧森林法186条の規定は、「財産権の内容は、公共の福祉に適合するように、法律でこれを定める」とする憲法29条2項の規定に反するか。

① 「財産権に対し規制を要求する社会的理由ないし目的も、社会公共の便宜の促進、経済的弱者の保護等の社会政策及び経済政策上の積極的なものから、社会生活における安全の保障や秩序の維持等の消極的なものに至るまで多岐にわたるため、種々様々でありうるのである。したがって、財産権に対して加えられる規制が憲法29条2項にいう公共の福祉に適合するものとして是認されるべきものであるかどうかは、規制の目的、必要性、内容、その規制によって制限される財産権の種類、性質及び制限の程度等を比較考量して決すべきものであるが、裁判所としては、立法府がした右比較考量に基づく判断を尊重すべきものであるから、立法の規制目的が前示のような社会的理由ないし目的に出たものとはいえないものとして公共の福祉に合致しないことが明らかであるか、又は規制目的が公共の福祉に合致するものであっても規制手段が右目的を達成するための手段として必要性若しくは合理性に欠けていることが明らかであって、そのため立法府の判断が合理的裁量の範囲を超えるものとなる場合に限り、当該規制立法が憲法29条2項に違背する」。

② 森林法186条の目的は「森林の細分化を防止することによって森林経営の安定を図り、ひいては森林の保続培養と森林の生産力の増進を図り、もって国民経済の発展に資することにあると解すべきである」。「同法186条の立法目的は、以上のように解される限り、公共の福祉に合致しないことが明らかであるとはいえない」。

---

[59] 最大判昭62・4・22民集41巻3号408頁。憲法29条1項が財産権は、これを侵してはならないと規定し、同条2項は財産権の内容は、「法律」でこれを定めると規定している。このことから、森林法という「法律」で定められた分割請求の制限は、そもそも憲法29条違反の問題とならないのではないかという疑問が生じる。この点に関して、最高裁は、憲法29条1項の保障する近代財産権の内容の一つとして「単独所有の原則」があり、これを制限する森林法の合憲性が問われたという理解を示している。

③ 「共有物の管理又は変更等をめぐって意見の対立、紛争が生ずるに至ったときは、各共有者は、共有森林につき、同法252但し書に基づき保存行為をなしうるにとどまり、管理又は変更の行為を適法にすることができないこととなり、ひいては当該森林の荒廃という事態を招来することとなる。同法256条1項は、かかる事態を解決するために設けられた規定であることは前示のとおりであるが、森林法186条が共有森林につき持分価額2分の1以下の共有者に民法の右規定の適用を排除した結果は、右のような事態の永続化を招くだけであって、当該森林の経営の安定化に資することにはならず、森林法186条の立法目的と同条が共有森林につき持分価額2分の1以下の共有者に分割請求権を否定したこととの間に合理的関連性のないことは、これを見ても明らかであるというべきである」。

④ 「以上のように、現物分割においても、当該共有物の性質等又は共有状態に応じた合理的な分割をすることが可能であるから、共有森林につき現物分割をしても直ちにその細分化を来すものとはいえないし、また、同条2項は、競売による代金分割の方法をも規定しているのであり、この方法により一括競売がされるときは、当該共有森林の細分化という結果は生じないのである。したがって、森林法186条が共有森林につき持分価額2分の1以下の共有者に一律に分割請求権を否定しているのは、同条の立法目的を達成するについて必要な限度を超えた不必要な規制というべきである」。

⑤ 「以上のとおり、森林法186条が共有森林につき持分価額2分の1以下の共有者に民法256条1項所定の分割請求権を否定しているのは、森林法186条の立法目的との関係において、合理性と必要性のいずれをも肯定することのできないことが明らかであって、この点に関する立法府の判断は、その合理的裁量の範囲を超えるものであるといわなければならない。したがって、同条は、憲法29条2項に違反し、無効というべきであるから、共有森林につき持分価額2分の1以下の共有者についても民法256条1項本文の適用があるものというべきである」。

明白性の基準で判断したと考えられる例
■小売市場適正配置事件[60]

【争点】
　小売商業調整特別法第3条1項により小売市場（一つの建物を小さく区切って小売商店舗用に貸付・譲渡するもの）の開設を許可する条件として適正配置の規制を課していることが職業選択の自由（営業の自由）を定めた憲法22条1項に反するか。

① 「個人の経済活動に対する法的規制については、立法府の政策技術的な裁量に委ねるほかなく、裁判所は、立法府の右裁量的判断を尊重するのを建前とし、ただ、立法府がその裁量を逸脱し、当該法的規制措置が著しく不合理であることの明白である場合に限って、これを違憲として、その効力を否定することができる」。

② 「本法所定の小売市場の許可規制は、国が社会経済の調和的発展を企図するという観点から中小企業保護政策の一方策としてとった措置ということができ、その目的において、一応の合理性を認めることができないわけではなく、また、その規制の手段・態様においても、それが著しく不合理であることが明白であるとは認められない」。

③ 「そうすると、本法3条1項、同施行令1条、2条所定の小売市場の許可規制が憲法22条1項に違反するものとすることができない」。

3　比例審査

　目的・手段審査に関連して、近年では、ドイツの憲法裁判所で実践されている違憲審査の手法である**比例審査**が日本でも注目されています。この審査手法は、憲法的視点で考慮するべき事項がパッケージとして組み込まれていることが特徴です[61]。

　比例審査においても、目的・手段審査と同様に手段審査がメインになります。最高裁判決を比例審査の枠組みで説明する立場もあります[62]。比例審査も目的及び手段をその審査対象としています。比例審査には、（狭義の）比例性という

---

(60) 最大判昭47・11・22刑集26巻9号586頁
(61) 比例審査の評価については、市川正人「最近の『三段階審査』論をめぐって」法律時報83巻5号（2011年）6頁参照
(62) 小山剛『「憲法上の権利」の作法〔新版〕』（向学社、2011）69頁以下

審査項目があります。これは、目的審査においては、目的が正当であればよいとだけしているため、実質的な目的審査を狭義の比例性の項目で行うとされます。

図：比例審査の流れ

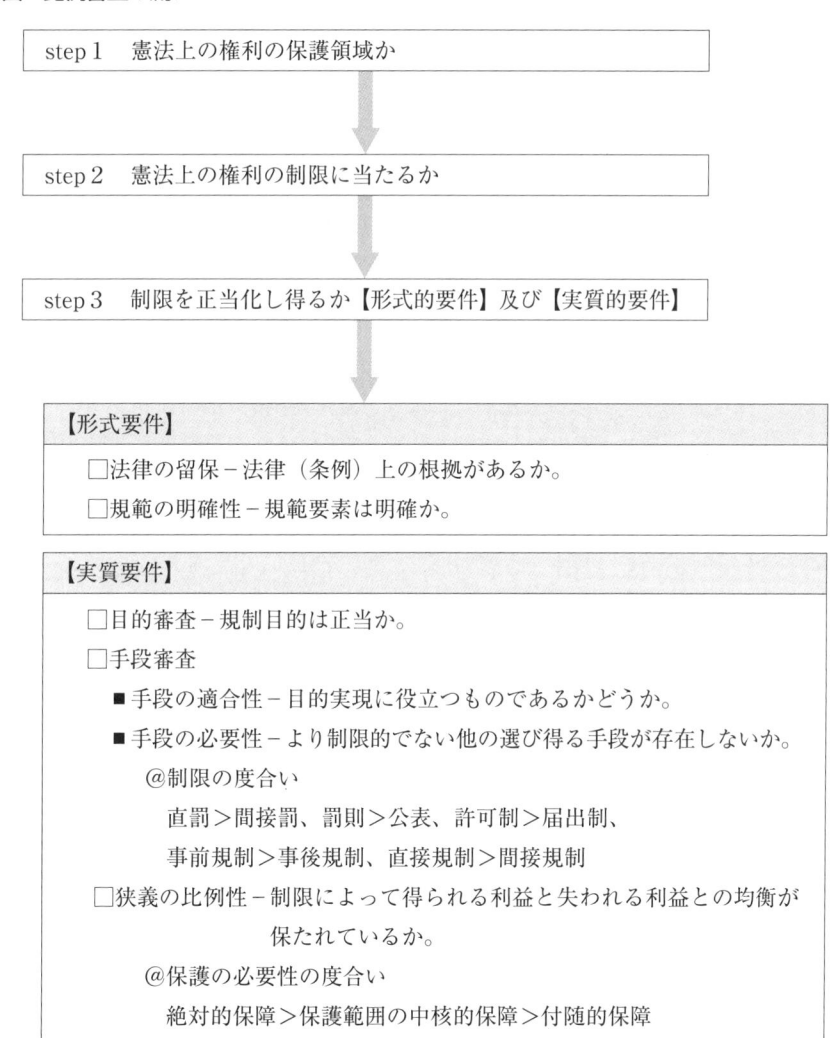

```
step 1    憲法上の権利の保護領域か
             ↓
step 2    憲法上の権利の制限に当たるか
             ↓
step 3    制限を正当化し得るか【形式的要件】及び【実質的要件】
             ↓
```

【形式要件】
- □法律の留保 – 法律（条例）上の根拠があるか。
- □規範の明確性 – 規範要素は明確か。

【実質要件】
- □目的審査 – 規制目的は正当か。
- □手段審査
    - ■手段の適合性 – 目的実現に役立つものであるかどうか。
    - ■手段の必要性 – より制限的でない他の選び得る手段が存在しないか。
        ＠制限の度合い
           直罰＞間接罰、罰則＞公表、許可制＞届出制、
           事前規制＞事後規制、直接規制＞間接規制
- □狭義の比例性 – 制限によって得られる利益と失われる利益との均衡が保たれているか。
    ＠保護の必要性の度合い
       絶対的保障＞保護範囲の中核的保障＞付随的保障

※小山前掲注（62）14 から 17 頁まで及び 63 から 69 頁までを参考に作成

4 「平等」と司法審査基準

(1) 法の下の平等の意義

憲法14条1項は、「すべて国民は、法の下に平等であって、人種、信条、性別、社会的身分又は門地により、政治的、経済的又は社会的関係において、差別されない」としています。憲法は、個人の尊厳を最高の価値としていますから、個人は、独立した人格的存在として等しく扱われなければなりません。法の下の平等（**平等原則**）は、法の適用・執行において平等であると同時に立法（法政策）においても実現されなければなりません。もともと不平等な法律や条例は、いくら平等に適用・執行しようとしても限界があり法の下の平等を真に実現しようとすれば、当然立法において平等原則が実現される必要があるからです。憲法が国家権力に対する命令であることからすると、平等原則が法を執行する行政権だけでなく立法権も拘束するのは当然のことです（**立法者拘束の原則**）。よって、地方公共団体の法政策の立案においても、当該立案しようとする政策が平等原則に反していないかどうかについても注意を払う必要があります。

この平等原則ですが、単に国家権力を拘束するための原則を定めているだけではなく、個人の国家に対する平等的扱いを求める権利も包合していることに注意して下さい。

憲法に定める平等原則も一切の差別的取扱いを禁止する趣旨（**絶対的平等**）ではなく、合理的根拠に基づく差別（区別）は許されます（**相対的平等**）。**待命処分無効確認判定取消請求事件**最高裁判決[63]は、憲法14条1項について、「国民に対し絶対的な平等を保障したものではなく、差別すべき合理的な理由なくして差別することを禁止している趣旨と解するべきであるから、事柄の性質に即応して合理的と認められる差別的取扱をすることは、なんら右各法条の否定するところではない」とし、相対的平等の立場を明らかにしています。個人差を無視した扱いをすることは、かえって個人の人格的価値に対する現実の不平等を生じさせることになりますから、合理的理由に基づく区別は許容されるとしたこの最高裁判決は、妥当なものです。

---

(63) 最大判昭39・5・27民集18巻4号676頁

（2） 平等原則の司法審査基準

　合理的差別は認められ、不合理な差別が禁止されるとした場合に、両者の「差別」はどのような基準で分けられるのでしょうか。最高裁は、平等原則違反に対する判断に際しては、目的・手段審査（区別する目的と区別する手段に対する審査）を行っています。

　次に、審査密度（審査の厳しさのレベル）についてです。最高裁は、立法目的に関しては合理的根拠があることを、区別と立法目的との関連性については合理的関連性があることを求めています。例えば、**国籍取得差別事件**最高裁判決[64]は、外国人の母と日本人の父から生まれた非嫡出子の場合、後に嫡出子の身分を取得するという条件（認知のみではなく父母の婚姻も要求）を満たさなければ国籍取得を認めないとする国籍法3条の規定に関して、国籍取得に当たり法律上の親子関係（認知）に加えて「日本との密接な結びつき」を求めるという立法目的は合理的であるが、父母の婚姻によってのみしか「日本との密接な結びつき」を認めないとする当該規定は、立法事実の変化[65]により立法目的との間に合理的関連性を見いだすことはできなくなったとしました。

　ところで、最高裁は、憲法14条1項後段の列挙事由（人種、信条、性別、社会的身分又は門地）に特別な意味を与えず、平等権については広い立法裁量を認める司法審査の基準を採用しています。

　こうした最高裁の考え方に対し、憲法14条1項後段による差別は、民主主義の理念に照らし、原則として不合理なものであることを理由に、当該差別の合憲性が争われる場合には、緩やかな基準ではなく、厳格な基準を適用すべきであるという説もあります[66]。

（3） 法の下の平等と積極的是正措置

　「平等」とは、個人の個性、特徴を捨象して原則として、形式的に同一に扱うことを意味しています（**形式的平等**）。しかし、これでは、**実質的平等**（結果における平等）は実現されません。この実質的平等を実現するのは、憲法14条ではなく、社会権の役割であると考えられています。ここで問題になるのが実質的

---

(64) 最大判平20・6・4民集62巻6号1367頁
(65) 非嫡出子相続分不平等事件（最大決平25・9・4民集67巻6号1320頁）も、嫡出子と嫡出でない子の法定相続分を区別する民法900条4号の規定について、立法事実の変化により、合理的な根拠は失われたとする。
(66) 芦部・憲法134頁

平等を実現するための**積極的是正措置（アファーマティブ・アクション）**の問題です。例えば、企業における就職において、男性と女性の差別を設けてはならないとする立法は形式的平等の問題ですが、男女の雇用割合を均等にするために女性の雇用を一定割合義務付けることは実質的平等の問題です。こうした積極的是正措置の合憲性についても立法目的に合理的根拠があるかどうか、立法目的と区別との間に合理的関連性があるかどうかによって審査されることになります。

> 設問6　法の下の平等と女性委員の積極的登用
>
> 　男女共同参加を推進する目的で、地方公共団体の附属機関の委員の選任に当たり、男女比率について「女性を4割以上にする」との定めは憲法14条に定める法の下の平等に反しないか。

【設問解説】
　立法目的に合理的根拠があり、立法目的と区別との間に合理的関連性があれば合憲であると考えられます。積極的是正措置の場合についても、同様です。ただし、この場合には、逆差別の問題を招来する危険性もありますから、その差別の度合いが過度であってはなりません。
　設問では、男女の社会活動への参画の推進という目的には十分合理的根拠があります。また、目的と立法目的を達成するための手段との間には合理的関連性があります。また、女性4割以上というのも、男性の権利を過度に侵害しない割合であるといえるので、性別による差別を禁止する憲法14条の規定には反しないでしょう。

5　「政教分離」と司法審査基準

（1）　信教の自由と政教分離の意義

　憲法20条1項は、「信教の自由は、何人に対してもこれを保障する」とし、**信教の自由**を定めています。信教の自由とは、思想・良心の自由、学問の自由、表現の自由とともに、精神的自由権の中核をなす権利であると理解されています。この信教の自由には、①内心における信仰の自由、②宗教的行為の自由、③宗教的結社の自由の三つの側面があります。内心における信仰の自由とは、信仰を持ち、又は、持たない自由（信仰を告白し、又は告白しない自由も含む）です。宗

教的行為の自由とは、儀式等の宗教上の行為を行い、又は行わない自由（宗教行為の参加を強制されない自由も含む）をいいます。宗教的結社の自由は、信仰を同じくする者が、宗教団体を設立し活動する自由、宗教団体に加入し、又は加入しない自由です。この自由は、**結社の自由**（憲法21条）とも重なります。

　信教の自由のうち、内心における信仰の自由は**絶対的保障**と解されており、公共の福祉の原理により、国家が特定の宗教の信仰を禁止することはできません。これに対し、信仰の教えとしてなされた特定の行為又は不作為が、他者の権利を侵害し、又は公共に害悪を及ぼす場合には、公共の福祉の原理により一定の制約が課されることになります（**相対的保障**）。

　ところで、「いかなる宗教団体も、国から特権を受け、又は政治上の権力を行使してはならない」（憲法20条1項後段）、「国及びその機関は、宗教教育その他いかなる宗教的活動もしてはならない」（憲法20条3項）、「公金その他の公の財産は、宗教上の組織若しくは団体の使用、便益若しくは維持のため、……これを支出し、又はその利用に供してはならない」（憲法89条）との規定は、いずれも**政教分離**を規定したものです。この政教分離とは、国家の宗教に対する中立性を意味するものです。

　この政教分離の規定の法的性格について、**津市地鎮祭事件**最高裁判決[67]は、政教分離の規定は、いわゆる制度的保障の規定であって、信教の自由そのものを直接保障するものではなく、国家と宗教との分離を制度として保障することにより、間接的に信教の自由の保障を確保しようとするものであると判示しています。

（2）　信教の自由と政教分離の原則との関係

　人権について規定した憲法第3章の規定は、原則、国家は国民に対して人権を侵してはならないという義務規範としての性格を有するものです（**客観法**）。こうした客観法としての性格に加えて、特定の人権に関する規定は、国家に対する不作為請求権としての性格も有しているのです（**権利規定**）。例えば、信教の自由についての憲法の規定は、国民が国家に対して信教の自由を侵してはならないことを定める義務規範なのですが、これに加えて、国民が国家に対して信教の自由を侵さないことを求める権利規定としての性格も有しているのです。したがって、信教の自由が国家によって侵された場合には、法律に特に定めのない限り、

---

[67] 津市が主催する体育館の起工式における神道式の地鎮祭が憲法の禁止する宗教的活動に該当するか否かが問題となった事件（最大判昭52・7・13民集31巻4号533頁）。

自己の主観的権利に対する侵害として、裁判所に侵害の排除を求める訴訟を提起することができます（**法律上の争訟**）。

　これに対して、人権規定の中には、国家の義務規範としての性格しか持ち合わせていないものもあります。政教分離の規定がまさにそうなのです。政教分離の規定は、国家が宗教的活動を行ってはならない義務を規定するものであって国民が国家に宗教的活動を行わないことを請求する権利規定として定められたものではありません。したがって、国家が政教分離の原則に反した行為をしたとしても、国民自身の主観的権利が侵害されたわけではありませんから、裁判所に対して訴えを適法に提起することはできません[68]。

　しかし、国が特定の宗教を国教に指定したり、特定の宗教を推奨するような行為は、直接には国民の信教の自由を侵害したことにはなりませんが、このような国家の行為は、間接的には、信教の自由の侵害につながる危険性があります。こうした間接的影響を排除するために、国家の宗教的中立を定める政教分離の規定が必要になるわけです。ただし、津市地鎮祭事件最高裁判決は、政教分離の規定について、絶対的な分離を求めるものではなく、信教の自由を実質的に侵すものではない限り国家と宗教との関わりも許されるとしています。それは、政教分離の規定の本来的役割が、信教の自由を制度的に保障する[69]という性格のものだからです。

（３）　政教分離の原則と司法審査基準

　津市地鎮祭事件最高裁判決は、どのような国家の行為が憲法の禁止する「宗教的活動」に該当するかについて「当該行為の目的が宗教的意義をもち、その効果が宗教に対する援助、助長、促進又は圧迫、干渉等になるような行為」であると定義した上で、当該行為に当たるか否かついては、「**当該行為の行われる場所、当該行為に対する一般人の宗教的評価、当該行為者が当該行為を行うについての意図、目的及び宗教的意識の有無、程度、当該行為の一般人に与える効果、影響**

---

[68] ただし、自治法242条の2に規定する住民訴訟のように特別な訴訟類型が法定されている場合には、法律上の争訟ではなくても適法に訴えを提起することが可能である。
[69] 憲法29条1項の規定も制度的保障についての定めであると解されている。すなわち、同項の規定は、①国家は財産権を侵害してはならない義務を定め（客観法の側面）、②個人が現に有する具体的な財産上の権利を不当に侵害しないことを国家に求める権利を定め（権利規定の側面）、③財産権の基礎をなす私有財産制度を保障する（制度的保障の側面）といったいずれの性格も有している。

等、諸般の事情を考慮し、社会通念に従って、客観的に判断」すべきであるとするいわゆる**目的・効果基準**を示しました。

その後、愛媛県が靖国神社の例大祭に玉串料などのための公金を支出した行為が政教分離の原則に反するか否かが争われた**愛媛玉串料事件**最高裁判決[70]は、目的・効果基準を展開し、「県が本件玉串料等を靖國神社又は護國神社に前記のとおり奉納したことは、その目的が宗教的意義を持つことを免れず、その効果が特定の宗教に対する援助、助長、促進になると認めるべきであり、これによってもたらされる県と靖國神社等とのかかわり合いが我が国の社会的・文化的諸条件に照らし相当とされる限度を超えるものであって、憲法20条3項の禁止する宗教的活動に当たると解するのが相当である」と違憲判断をしました。

その後、砂川市が連合町内会対し市有地を無償で神社敷地の利用に供している行為が政教分離の原則に反するかどうかが問題となった**空知太事件**最高裁判決[71]は、「社会通念に照らして総合的に判断すると、本件利用提供行為は、市と本件神社ないし神道とのかかわり合いが、我が国の社会的、文化的諸条件に照らし、信教の自由の保障の確保という制度の根本目的との関係で相当とされる限度を超えるものとして、憲法89条の禁止する公の財産の利用提供に当たり、ひいては憲法20条1項後段の禁止する宗教団体に対する特権の付与にも該当すると解するのが相当である」として違憲判断をしました。同判決には、政教分離訴訟に関する判決の定番ともいえる目的・効果基準への言及がなかったため、最高裁が目的・効果基準を変更したのではないかということで注目されました。

しかし、その後、神社の奉賛を目的とする団体の発会式に地元の市長が出席して祝辞を述べた行為が宗教的活動に該当するか否かが問題となった**白山ひめ神社事件**最高裁判決[72]は、「市長としての社会的儀礼を尽くす目的で行われたものであり、宗教的色彩を帯びない儀礼的行為の範囲にとどまる態様のものであって、特定の宗教に対する援助、助等、促進になるような効果を伴うものでもなかったというべきである」とし、「目的」、「効果」というキーワードを含む定式化した言い回しが復活しています。

こうした、「目的」及び「効果」を判断の重要な要素とする総合判断の手法は、目的・効果基準と呼ぶかどうかは別にして、これからも維持されると思われます。地方公共団体の政策立案において政教分離の原則との関係が問題になる例はあま

---

(70) 最大判平 9・4・2 民集51巻4号1673頁
(71) 最大判平22・1・20 民集64巻1号1頁
(72) 最1小判平22・7・22 判時2087号26頁

りないと思われますが、事務執行上の必要な知識として理解しておくことが大切です。

6　合憲限定解釈

(1)　違憲審査権

　法律や政令あるいは条例など法規範が憲法に反しているかどうかを審査する権限を違憲法令審査権といいます。憲法81条は「最高裁判所は、一切の法律、命令、規則又は処分が法律に適合するかしないかを決定する権限を有する終審裁判所である」とし、最高裁を含む全ての裁判所に違憲審査権を与えています。この違憲審査権の行使の方法をめぐって、世界的には二つの制度があります。一つ目は、訴訟当事者となった私人の権利を保障することを目的として具体的事件を通じて違憲審査権が行使される**付随的違憲審査制度**です。もう一つは、具体的事件と関係なく、憲法秩序の維持を目的として行使される**抽象的違憲審査制度**です。

　警察予備隊の設置及び維持に関する一切の行為が無効であることの確認を求めて争われた**警察予備隊違憲訴訟**最高裁判決[73]は、「わが現行の制度の下においては、特定の者の具体的な法律関係につき紛争の存する場合においてのみ裁判所にその判断を求めることができるのであり、裁判所がかような具体的事件を離れて抽象的に法律命令等の合憲性を判断する権限を有するとの見解には、憲法上及び法令上何等の根拠も存しない」として、憲法81条が付随的違憲審査による制度を採用したものであるとしました。

(2)　合憲限定解釈の役割

　付随的違憲審査制度の下では、裁判所は、憲法秩序の維持ではなく、法律上の争訟における私人の権利の保障のために、違憲審査権を行使することになります。このため、裁判所は、具体的事件の解決に必要な場合に限り、憲法判断を行えばよいのです。不必要な憲法判断は、むしろ問題があると考えられています。なぜかというと、私人の権利の救済において、憲法判断の必要がないにもかかわらず、これをする場合には、私人の権利を救済するという裁判所本来の職務の範囲を超え、三権分立の原則を揺るがし、国権の最高機関である国会の立法権や行政権の行使に大きな影響を及ぼしかねないという理由からです。

---

[73] 最大判昭27・10・8民集6巻9号783頁

このように、民主的基盤を有しない裁判所における違憲審査権の行使は消極的であるべきだと考えられてます。しかし、場合によっては、裁判所が、不要な違憲論争の発生を防止するために、あえて違憲審査権を行使した上で判断をした方がよい場合があります。この場合に使われるのが**合憲限定解釈**です。

この合憲限定解釈とは、ある法令において違憲の疑いがかけられているときに、その疑いを除去するため、裁判所が当該条文を限定的に解釈し、法令の合憲性を宣言するというものです。法律や条例に定める犯罪構成要件が不明確であるとか、規制対象が過度に広汎であるとして憲法31条に反する疑いがかけられているときなど、こうした疑いを排除し、法律や条例の合憲性を確保することができます。

(3) 泉佐野市民会館事件最高裁判決

憲法21条が保障する表現の自由との抵触を回避するため、条例の条項について合憲限定解釈がなされた例として**泉佐野市民会館事件**最高裁判決[74]があります。

この事件は、泉佐野市が関西空港開港阻止を主張する過激派グループの集会を、市民会館条例7条1号に定める「公の秩序を乱すおそれのある場合」に該当すると判断し、その使用を拒否したことが違法であるとして、使用拒否に伴う損害賠償が請求された事件です。裁判では、同号の規定が憲法21条に定める集会の自由を不当に制限するものかどうかが争点になりました。

判決では、集会の用に供される公の施設の管理者が利用を拒否し得るのは、利用の希望者が競合する場合のほかは、施設をその集会のために利用させることによって、他の基本的人権が侵害され、公共の福祉が損なわれる危険がある場合に限るとしました。その上で、同条例7条1号について、「本件会館で集会が開かれることによって、人の生命、身体又は財産が侵害され、公共の安全が損なわれる危険を回避し、防止することの必要性が優越する場合をいう」と限定解釈する限り、当該条項は他の基本的人権に対する侵害を回避し、防止するために必要かつ合理的なものとして、憲法21条に違反するものではないとしたのです。

---

[74] 最3小判平7・3・7民集49巻3号687頁

図：合憲限定解釈

「公の秩序を乱すおそれのある場合」の解釈

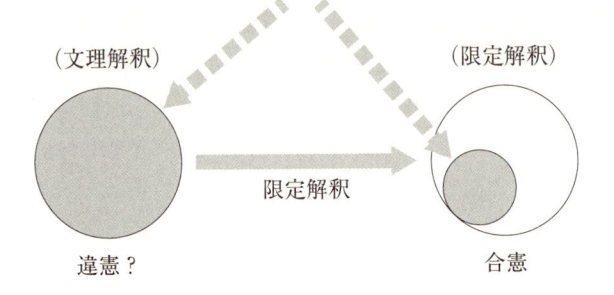

（文理解釈）　　　　　　　　　（限定解釈）

限定解釈

違憲？　　　　　　　　　　　　合憲

　このように条文の合憲限定解釈は、不明確で、過度に広汎な規制内容を限定解釈により絞り込み、基本的人権の制限範囲を縮小することにより、人権を保障をするという役割も担っています。
　他方で、犯罪構成要件の解釈に関しては、合憲限定解釈を安易に使うことについての批判も少なくありません。それは、行為時に文言上、明確性を欠いたり、過度に広汎な規制であるとして問題となっているにもかかわらず、当該条文を行為後になされる裁判官の事後解釈により、問題なしと宣言してしまうことになるからです。
　合憲限定解釈は、現行憲法の趣旨に適うものであり、基本的人権の保障の観点からも一定の意義を認めることができます。その一方で、罪刑法定主義（憲法31条）の派生原則である刑罰法規の明確性の観点からすると問題があります。
　個々の条文の作成については、裁判所が合憲限定解釈をしなくて済むように対応することが大切です。そのためには、刑罰の構成要件を定める規定や重要概念については明確な定義規定を置く、あるいは、「テニスコート、体育館その他の運動施設」といった具合に具体的例示を明記することにより、規定の明確化を図るなどの条文作成上の工夫が必要です。

第5章 地方公共団体の組織

Point　本章では、法政策の直接の担い手となる地方公共団体の組織について解説します。特に、長の役割と権限代行は重要です。

keyword　二元代表制　議決権　不信任議決権　予算編成権
規則制定権　組織編成権　行政主体　行政機関
行政庁　権限の委任　権限の代理　専決・代決
附属機関

1　地方公共団体における統治機構の特徴

　地方公共団体の統治機構は、**二元代表制**であるといわれます。それは、長と議会の議員がともに住民の直接の選挙で選ばれるからです（憲法93条2項）。国は、国会議員のみが国民の選挙により選出され、内閣総理大臣は国民から直接には選出されません（一元代表制）。この点で、国のシステムとは異なります。地方公共団体では、長と議会の議員がそれぞれ住民の直接の選挙により選出されるため、民主的正統性をいずれも有しています。

　ところで、議院内閣制における国会は、国権の最高機関です（憲法41条）。行政を担当する内閣の首班である内閣総理大臣は、国会が指名します。この首班指名をめぐって、与野党が形成されることになります。内閣総理大臣を選出する与党は、内閣と一体となって政策を推進するわけです。これに対して野党は、政策提起や政策批判を通じて政権交代を目指すということになります。

　他方、地方公共団体の議会は、議事機関とされています（憲法93条1項）。議会は長の選出には無関係なので、国会と同じ意味での与野党は存在しないといえます。長の与党といわれることがありますが、これは、長を政治的に支持する議員団のことです。

2　議会の権能

　地方公共団体の議会の権能には、大きく分けると四つあります。一つ目は**議決権**です。議会は長から提出された議案・予算案などの議決権をもっています。こ

の議決事項については自治法96条に定めがあります。二つ目は、特別職人事への**同意権**です（自治法162条など）。三つ目は**調査権**です（自治法100条）。最後は、首長の**不信任議決権**です。議会は3分の2以上の出席、4分の3以上の議決で長の不信任を議決できます（自治法178条）。これに対し、長はその通知を受けた日から10日以内に議会を解散することができます（同条1項）。この期間内に議会を解散しない場合、あるいは解散後初めて招集された議会において議員数の3分の2以上が出席し、その過半数の者の同意による不信任決議があった場合には、いずれも長はその職を失います（同条2項、3項）。

このように、参与議事機関としての性格が強い議会ですが、最近は条例を立案するなど議会の政策提言機能や政策立案機能も注目されるようになってきました。

3　長の権能

地方公共団体の統治機関として長があります。議会が議事機関であるのに対して、長は、執行機関として位置付けられています。自治法147条は、「普通地方公共団体の長は、当該普通地方公共団体を統轄し、これを代表する」と定め、また148条は「普通地方公共団体の長は、当該地方公共団体の事務を管理し及びこれを執行する」と定め、多くの権限が長に集中しています。もちろん、地方公共団体の執行機関は、長以外にも教育委員会や選挙管理委員会をはじめとする行政委員会があり、地方公共団体唯一の執行機関というわけではありません。

この長の主な権限は次の四つです。一つ目は**予算編成権**です。長は予算案を調製する権限を独占的に有しており、議会に対し条例案や予算案、主要な契約案件などを提出することができます（自治法149条各号）。要は、長が地方公共団体の政策の企画立案について第一次的権限を有しているのです。二つ目は、**規則制定権**を有しているということです（自治法15条）。三つ目は**人事権**です。長は、副知事、副市長といった特別職の任免権のほか、一般の職員に対する任免権をもっています（自治法162条、172条2項など）。四つ目は**組織編成権**です。長は、自ら所管する局、部、課、出先機関の組織を編成する権限を有しています（自治法158条など）。

また、長には、議会との関係で重要な権限を有しています。議会の議決に対す

る**拒否権**と**専決権**です。まず、拒否権についてです。拒否権には一般拒否権と特別拒否権があります。

一般拒否権は、議会の議決について異議がある場合に行使するものですが（自治法176条1項）、長は異議の理由を示して再議に付すことができます。再議に付しても過半数の同意があれば、当該議決は確定します（同条2項）。なお、条例の制定若しくは改廃又は予算に関する議会の議決については、出席議員の3分の2以上の同意がなければ当該議決は確定しません（同条3項）。確定しなければ、いずれも廃案となります。

特別拒否権とは、議会の議決又は選挙がその権限を超え又は法令若しくは会議規則に違反すると認めるときには理由を示して再議に付し、又は再選挙を行わせなければならないとするものです（自治法176条4項）。再議又は再選挙の結果に不服があれば、都道府県知事にあっては総務大臣に、市町村長にあっては都道府県知事に、それぞれ、裁定を求めることができます（同条5項）。この裁定に不服がある場合には、裁判所へ出訴することもできます（同条7項）。加えて、議会が必要経費を削減し、又は減額する議決をしたときも再議に付さなければいけません（自治法177条1項）。再議の結果が変わらない場合、義務的経費（同項1号）にあっては、当該義務的経費を予算に計上して予算を執行することができ（同条2項）、災害応急費等（同条1項2号）にあっては、当該議決を不信任の議決とみなすことができます[75]（同条3項）。

次に専決権です。専決権には、法定専決と委任による専決があります。法定専決とは、議会の議決を経るべき事件（副知事又は副市町村長などの選任同意は除く）について、一定の事由の下でその議決を経ずに処分を行う権限のことです。長が専決処分をし得るのは、議会が成立しない場合、特に緊急を要するため議会を招集する時間定余裕がないことが明らかであると認められる場合、議会において議決すべき事件を議決しない場合など法定の事由があるときです（自治法179条1項）。委任による専決とは、議会の権限に属する軽微な事項で議会の委任がある場合です（自治法180条1項）。法定専決の場合には、長は専決処分をしたことを次の議会に報告し承認を求めなければなりません（自治法179条3項）。この承認が得られなくても専決処分には影響はないと解されています。ただし、条例の制定・改廃又は予算に関する処置について承認を求める議案が否決された

---

[75] この場合、不信任の議決とみなして解散し、専決処分をし、災害応急費等を支出することになろう。

場合には、改正条例案や補正予算案の提出を行うなどの対応を行い、速やかにその旨を報告する必要があります（自治法179条4項）。なお、委任による専決の場合には、議会への報告で足ります（自治法180条2項）。

4　長の組織編成権

　長は、所管する組織についての編成権を有していることは、前記のとおりです。ただ、組織編成権については、注意をしておかなければならない点があります。二元代表制の原則を貫くと、長が自ら所管する組織については自らの権限で、誰に関与されることもなく組織できるはずです。ところが、自治法158条1項は「普通地方公共団体の長は、その権限に属する事務を分掌させるため、必要な内部組織を設けることができる。この場合において、当該普通地方公共団体の長の直近下位の内部組織の設置及びその分掌する事務については、条例で定めるものとする」と規定しています。また、自治法138条の4第3項は、「普通地方公共団体は、法律又は条例の定めるところにより、執行機関の附属機関として自治紛争処理委員、審査会、審議会、調査会その他の調停、審査、諮問又は調査のための機関を置くことができる」としています。このように、長の所管である直近下部の組織や附属機関を設置する場合には「条例」で、つまりは、議会の関与を認める制度設計がなされています。

　長の所管の組織であっても、直近下部の組織や附属機関は、地方公共団体の運営や住民の生活に対して大きな影響を与えます。そうした観点から、これらの組織の設置に関しては、議会の関与を認める制度になっていると考えられます。これら以外の組織については、原則にもどり、議会の関与なしに、長が自らの判断と責任において、設置すべきことになります（自治法138条の2）。現実には、条例設置が必要とされる組織以外の組織の設置については、多くの場合、規則で設置されています。

　二元代表制の理念を厳格に貫けば、長の組織編成権に対する議会の関与は議会と首長の権限の配分を侵すものであり、適切ではないという考え方もあるでしょう。しかし、現実には、議会の関与が必要とされない組織の編成においても、関係のある議会常任委員会等で報告し、了解を得るのが議会運営の常道であり、議会の関与を完全に排除すべきであるという理屈にはあまり合理性がないように思

われます。

ところで、**総合出先機関**（支庁、地方事務所、区の事務所、支所、出張所）については、その位置、名称及び所管区域は、条例でこれを定めなければならないとされています（自治法155条2項、252条の20第2項）。条例設置の対象となっているのは、組織そのものではなく、組織が置かれる場所、名称、所管区域です。

こうした設置場所等が条例事項とされているのは、当該事項が住民の生活に大きな影響を及ぼすと考えられているからです。総合出先機関に置かれる組織は、直近下部の組織とは異なり、首長が自らの判断と責任において組織を編成することになります。住民票の写しの交付のみといった特定の事務しか行わない、いわゆるサービスコーナーのような組織は、ここでいう総合出先機関には当たりませんので、その設置場所等を条例で定める必要はありません。実務では規則でその設置が定められています。

【直近下部の内部組織を条例で定めた例】

------ 岡山市の組織及びその任務に関する条例 ------

（目的）

第1条　この条例は、**市民本位の効率的、効果的な市政運営を行うため、市の組織及びその任務を定め**、もって国際的にも通用する中四国をつなぐ総合福祉の拠点都市を創造するとともに、すべての市民にとって満足度の高い、水と緑が魅せる心豊かな庭園都市を実現することを目的とする。

（構成等）

第2条　市の組織として、局及び室を置く。

2　局及び室は、市民の視点に立った具体的な目標を定め、相互の連携により、一体となって的確に任務を遂行するとともに、その成果について評価を行う。

3　前項に規定する評価は、市長、副市長、局長で構成する会議において総括する。

（任務）

第3条　局及び室の任務は、次のとおりとする。

危機管理室

（1）　生命、身体及び財産を損なう又は損なうおそれのある人為的災害又は自然災害の危機的事象に関する予防、計画、救助等を的確に行うこ

とによる市民や地域の安全の確保
政策局
 (1) 市政の基本方針など主要な政策の企画立案、総合調整等による住み良いまちづくりを目指した行政運営の推進
 (2) 新市建設計画、新市基本計画の円滑な推進と合併効果の早期発現
 (3) その他新規施策の企画立案など
 (4) 市政に関連する情報の収集、調査、調整等による市長の補佐
 (5) 市政に関する積極的で分かりやすい情報の提供

行政改革推進室
 (1) 市民の視点に立った行政評価による行財政改革の推進
 (2) 市民満足度を高め、経営感覚で行動でき、働きがいのある組織・体制づくり

安全・安心ネットワーク推進室
 (1) 市民との協働による豊かで活力ある地域づくり
 (2) 市民の高い意識に支えられた安全と安心の地域づくり
 (3) 市民の市政に対する意見等の積極的収集と総合調整

ESD世界会議推進局
 (1) 世界会議の運営と歓迎体制づくり
 (2) ESD活動の推進
 (3) ESDに関する交流・連携の推進

総務局
 (1) 市民の信頼と期待に応えられる、倫理観・使命感の高い職員と公平で透明な規範意識の高い組織づくり
 (2) 積極的な情報公開の推進による開かれた市政の実現
 (3) 新たな課題に果敢に挑戦する人材の育成と確保
 (4) 職員の能力を生かす人事管理と働きやすい職場環境づくり
 (5) 情報通信技術を利活用した、安全・安心で便利さを実感できる市民主体のまちづくり
 (6) 他の局及び室に属しない事務の総括

＜中略＞

> （委任）
> 第4条　局及び室の内部組織その他について必要な事項は、規則で定める。

5　長の補助機関

　補助機関とは、地方公共団体の執行機関の事務執行を支える官僚機構です（自治法161条以下）。副市長などの特別職を含め、一般の職員も全て執行機関の補助機関です。政治判断を伴う領域や強いリーダーシップが求められる事案を別にすれば、補助機関は、定型的な事務の執行のみではなく、地方公共団体の政策の企画・立案に至るまで深く関与しています。市町村の具体的な補助機関としては、副市町村長、会計管理者その他の一般の職員などです。

6　執行機関の多元化

　長は、地方公共団体の代表機関の一つですが、唯一の執行機関ではありません。長のほかに各種行政委員会の委員会や委員を執行機関とする**執行機関多元主義**がとられています（自治法180条の5以下）。行政委員会制度は、行政の分権化、中立的意思決定、専門性の観点から戦後アメリカから導入された制度です。委員会には、教育委員会、選挙管理委員会、人事委員会、監査委員などがあります。監査委員は独任制の機関ですが、その他は合議制の機関です。
　この委員会制度ですが、①憲法レベルで採用された二元代表制と矛盾するのではないか、②委員会の委員の人選は実質的には長が行うことから首長に優位性があり、中立性の観点から問題があるのではないかといった指摘があります。なお、委員会には事務局があり、事務局を構成するのは、行政委員会の補助機関たる職員です。

7　行政機関の権限行使

(1)　権限行使の主体

　地域の行政活動を担う主体は、地方公共団体です。地方公共団体は、自治法2条1項の定めるところにより、法人とされ権利義務の主体（**行政主体**）となります。国については、法人とするといった実定法上の定めはありませんが、当然に権

利義務の主体（法人）と考えられています。この行政主体が行政活動のために有している機関を**行政機関**といいます。この行政機関は、その権能により、行政庁をはじめ、補助機関、執行機関、議決機関その他の機関に分類されます。

　このうち、最も大きな役割を担うのが**行政庁**です。行政庁とは、行政主体の意思を決定し、それを対外的に表示する機関です。地方公共団体では、長、教育委員会をはじめとする行政委員会、建築主事などがこれに当たります。また、次に述べる権限の委任により、福祉事務所の所長のように下級の行政機関が行政庁となる場合があります。

　補助機関とは、地方公共団体の副知事をはじめとする行政庁の職務の遂行を補助する機関のことです。執行機関とは、徴収職員や警察官のように住民に対して実力を行使する法令上の権限を有する機関です。議決機関とは、議決により行政庁の意思決定に関与する機関であり、地方公共団体の議会がこれに当たります（議会は立法機関としての性格も兼ね備えています）。

　なお、自治法に執行機関という概念がありますが、この執行機関とは、議事機関である議会との関係で、法令や条例を執行する長や行政委員会のことをいい、行政法学上の執行機関の概念とは異なります。

　法令により与えられた行政機関の権限は、その権限を与えられた行政機関自身が責任をもって、これを行使しなければなりません。法令の定めがないにもかかわらず、これを放棄したり、他の行政機関に委譲することはできないと解されています。しかし、行政機関が法令により与えられた権限を全て行使することは、組織運営の観点から不経済な場合があります。この場合に行われるのが権限の委任、権限の代理、専決・代決などの権限代行です。

（2）　権限の委任

　権限の委任とは、行政機関が法律上定められた自己の権限の一部をその下級行政機関や上下関係にない他の行政機関に委任することをいいます（自治法153条ほか）。権限の委任があったときは、その委任の範囲内において、受任者の権限に属し、受任者は、自己の権限として自己の名と責任において、これを行使します。したがって、民法上の委任とは大きく異なり、権限の委任により事務を処理する場合には、代理権の付与は必要ありません。

委任関係が成立することによって委任機関と受任機関との間で当然に指揮監督関係が成立するわけではありません。しかし、市長が生活保護法19条4項に基づき同法の権限を福祉事務所長に委任する場合のように、委任機関と受任機関との間にもともと上下関係がある場合には、委任関係成立後も指揮監督権を行使できます。

　権限の委任は、法令で定められた権限の所在を変更する大変重要なものなので、法令の根拠がなければできないと解されています。また、委任機関の固有の権限（例えば長の議会招集権）や法令でその委任が禁止されている権限（地教行法25条2項）、あるいはその性格上、委任が妥当であるとは認められない権限についての委任は認められません。

　権限の委任について、特に法令上、委任の形式が指定されていない場合、一般に、委任機関たる行政機関が定立可能な規則等によって委任する旨及び委任の範囲が詳細に定められています。

【下級行政機関への委任の例】

------- 福岡市福祉事務所長事務委任規則 -------

（委任）

第1条　生活保護法（昭和25年法律第144号）第19条第4項（中国残留邦人等の円滑な帰国の促進及び永住帰国後の自立の支援に関する法律（平成6年法律第30号。以下「支援法」という。）第14条第4項（同法附則第4条第2項において準用する場合を含む。以下第12号の2及び次条第11号の2において同じ。）によりその例によることとされる場合を含む。）、児童福祉法（昭和22年法律第164号）第32条第2項、身体障害者福祉法（昭和24年法律第283号）第9条第9項及び特別児童扶養手当等の支給に関する法律（昭和39年法律第134号）第38条第2項の規定により、次に掲げる事務を福祉事務所長に委任する。ただし、重要又は異例な事項については、市長の指揮を受けなければならない。

(1)　生活保護法第24条の規定による保護の開始及び変更に関すること。

(2)　生活保護法第25条の規定による保護の開始及び変更に関すること。

(3)　生活保護法第26条の規定による保護の停止及び廃止に関すること。

＜以下略＞

図：権限委任の根拠法令

自治法上の行政機関	受任機関	根拠条文
長	補助機関たる職員、管理に属する行政庁	自治法153条1項及び2項
	行政委員会、行政委員会事務局職員等	自治法180条の2
教育委員会	教育長	地教行法25条1項。なお、教育長は、同条4項の規定により、さらに事務局の職員に権限を再委任できる。
選挙管理委員会	補助機関たる職員	自治法193条による自治法153条1項の準用
人事委員会	他の行政機関、人事委員会事務局長	地方公務員法8条3項
代表監査委員	補助機関たる職員	自治法201条の規定による同法153条1項の準用
地方公営企業管理者	企業職員	地方公営企業法13条2項
	他の地方公営企業管理者	地方公営企業法13条の2

（3）　権限の代理

　権限の委任によく似たものとして**権限の代理**があります。権限の代理とは行政機関の権限の全部又は一部を他の行政機関が代わって行使することをいいます。権限の代理には、**法定代理**と**授権代理**の二種類があります。いずれも権限の委任とは異なり、権限の所在が変更されるものではありませんし、代理機関が自らの権限として行使するわけではありません。

　このうち法定代理（自治法152条）とは、一定の法定要件事実の発生により何等の行為を要せず、長の職務の全てに法律上当然に代理関係が生じるものです。この法定代理には、代理機関が法定されている**狭義の法定代理**（自治法152条1項）と被代理機関が代理機関をあらかじめ指定しておく**指定代理**（自治法152条2項、地方公営企業法13条1項）があります。

　他方、授権代理（自治法153条1項）とは、市長の海外出張中などに一時的に行われるもので、授権代理は、代理機関が代理者であることを外部に表示して

（□□市□□市長職務代理者□□など）権限を行使し、その行使の法的効果は被代理機関に帰属します。

ところで、この授権代理には、法令の根拠が必要でしょうか。授権代理は、権限の委任のように権限そのものが代理機関の権限となるものではありません。しかも被代理機関に指揮監督権が残ると理解されています。このため、法令上の根拠なくして、授権代理を行っても法律が各行政機関の間に権限の配分を認めた趣旨に抵触しないとの考え方があります[76]。他方、法律がある行政機関に権限を与えている以上、その権限は、当該行政機関自らが行使するものであるから、授権代理にも法令上の根拠が必要であるとする考え方もあります[77]。軽微な事項を除き、後者の考え方が妥当でしょう。

（4） 専決・代決

専決とは、法令により権限を与えられた行政機関が補助機関にその決裁権限を委ねるものです。実務上常時行われるものが専決と呼ばれ、専決するものが不在の場合に行われるものが特に**代決**と呼ばれています。

専決は、いわゆる内部委任であって、権限の委任と異なり内部委任を受けた補助機関の名で対外的な法律上の行為が行われるものではありません。この意味において、委任や代理関係は存在せず、単なる事務処理手続なのです。このため、原則、専決・代決権者は、対外的に責任は負いません。ただし、自治法242条の2第1項4号に規定する**当該職員**には、この専決・代決権者も含まれ、住民訴訟制度において、地方公共団体に対する個人の賠償責任を負う立場となります[78]。

8　附属機関

（1） 附属機関の意義

自治法上の**附属機関**とは、執行機関の要請により、行政執行のために必要な調

---

[76] 塩野・行政法Ⅲ 33頁
[77] 芝池義一『行政法総論〔第4版補訂版〕』（有斐閣、2006）106頁は、法律の根拠が必要であるとする説、あるいは、重要でない権限の一部の代理を除く法律の根拠が必要であるとする説を支持する。
[78] 最2小判昭和62・4・10民集41巻3号239頁は、「当該職員」とは、「住民訴訟制度が法242条1項所定の違法な財務会計上の行為又は怠る事実を予防又は是正しもって地方財務行政の適正な運営を確保することを目的とするものと解されることからすると、当該訴訟においてその適否が問題とされている財務会計上の行為を行う権限を法令上本来的に有するものとされている者及びこれらの者から権限の委任を受けるなどして右権限を有するに至った者」であるとし、専決権（代決権）を有する職員も「当該職員」に該当するとした。

停、審査、諮問、調査等を行うことを職務とする機関の総称です。このうち、「調停」とは、第三者的立場で紛争の当事者の互譲によって紛争の妥当な解決を図ることをいいます。また、「審査」とは特定の事項について判定をなし、結論を導き出すために内容を調べることをいい、「諮問」とは特定の事項について意見を求めることをいいます。

(2)　附属機関の設置とその法形式

　附属機関の設置については、その設置根拠が法律にあるものを除くほか、条例で定めることが必要です（**附属機関設置条例主義**。自治法138条の4第3項）。これに対し、附属機関の性格を有するものであっても、通常の事務執行の延長的なもの、対住民性のあまりないもの、臨時的なものについては、要綱による設置を慣行化している地方公共団体もあります。

　この点に関し、国の行政解釈では、附属機関たる性格を有するものは、その名称のいかんを問わず、また、臨時的、あるいは、速急を要する機関であっても全て条例によらなければ設置できないとされています（行実昭和27年11月19日自行行発第139号）。ただし、長の補助機関である職員のみで構成される業務遂行に関わる検討委員会などは、例外とされています（行実昭和28年1月16日自行行発第13号）。当該活動が長の補助機関としての職務活動の一形態に過ぎないという理由からです。

　次に、裁判所の解釈はどうでしょうか。最高裁の判断はありませんが、下級審の裁判例はあります。その一つである岡山地裁判決[79]は、附属機関を置く場合は必ず法律又は条例によらなければならないとしています。

(3)　条例設置が必要な附属機関の範囲

　国の行政解釈や裁判例は、附属機関の性格を有するものについて、全て条例設置が必要であるとの解釈をとっています。

　こうした考え方に対し、長の**組織編成権**を尊重する立場から、国の行政解釈や裁判例とは異なり、条例設置が必要とされる附属機関の範囲を縮小解釈し、より二元代表制のシステムにマッチした結論を導こうという考え方もあります[80]。その場合に、条例設置が必要とされる附属機関であるか、それとも条例設置が必

---

[79]　岡山地判平20・10・30判例集未登載

要とされない附属機関であるかを判断するメルクマールが必要になります。そのメルクマールとして、臨時性のメルクマール（臨時的であれば、行政組織性がなく条例設置の必要性がない）、権利義務への影響性メルクマール（権利義務に影響を及ぼすようなものでなければ、条例設置の必要性がない）などのメルクマールが示されています[81]。

確かに、条例設置が必要な附属機関の範囲を限定的に解釈することにより、長の組織編成権をなるべく広く認めようとする考え方には、一定の合理性があります。しかし、長の組織であっても、その設置についての民主的コントロールの度合いを高めるという観点から、文理に忠実に解釈し、全ての附属機関を条例設置とする考え方の方が合理性があります。

もちろん、専門家による意見聴取会を開くことにより、専門家の意見を個別に聴取したり、行政と市民の意見交換会を開くことにより市民のニーズを把握するなどの工夫により附属機関を設置しないで、附属機関を設置するのと同様の効果を達成することも可能です。

附属機関設置に際し、重要なことは、本当に附属機関を設置する必要性があるかどうかを慎重に検討することです。附属機関の設置は、長の判断の専門性を確保するというメリットはありますが、他方、判断に時間を要するといった非効率性や、組織が肥大化するといったデメリットがあります。そして、最も大きなデメリットは、附属機関に事実上判断を丸投げしたり、執行機関自らの判断回避や思考の停止にもつながりかねないということです。担当部署自身が決断したくないからとか、外部の委員を入れておく方が判断に権威があるからといった安易な理由での附属機関の設置を考えているとすれば、再考の余地があります。

見方を変えれば、附属機関設置条例主義とは、附属機関設置の必要性について、議会においてチェックするシステムなのです。

---

(80) このような考え方に立つ裁判例も最近登場している。松江地判平25・8・5判自375号16頁は、長の組織編成権を尊重する立場に立ち、「審査、諮問又は調査のための機関」であっても、濫設置に当たらず、かつ、議会による民主統制の必要のない機関であれば、首長の合理的な組織編成権限に委ねられているとした。その上で、臨時的・一時的な機関であったり、民意を反映する実質を有するものである場合には、附属機関条例主義の合理的適用外をなすものであるとしている。
(81) 碓井光明「地方公共団体の附属機関等に関する若干の考察（下）」自治研究82巻12号（2006）24頁

第6章 地方分権改革の目的とその概要

Point 本章では、第1次地方分権改革の目的とその概要について解説します。また、住民自治を充実させる手段としての住民投票制度についても解説を加えます。

keyword 住民自治　団体自治　機関委任事務　法定受託事務
技術的助言　処理基準　職務執行命令訴訟
裁定的関与　関与法定主義　国と地方の協議の場
事務処理の特例制度　個別型住民投票制度
常設型住民投票制度　拘束型住民投票制度
諮問型住民投票制度

1 地方自治と第1次地方分権改革

　憲法92条は「地方公共団体の組織及び運営に関する事項は、地方自治の本旨に基づいて、法律でこれを定める」と規定し、地方公共団体の組織及びその運営は地方自治の本旨を実現するものでなければならないとしています。では、その本旨として実現されるべき地方自治とはどういう内容をもっているのでしょうか。これには、二つの意味内容があるとされています。一つは、地方の政治や行政がその地方の住民の自治に基づいて行われるという**住民自治**のことであり、もう一つは、地方が国から独立した団体として地域の経営を行うという**団体自治**のことです。

　住民自治と団体自治との関係についてですが、団体自治は住民自治を実現するための手段と理解することができます。このような理解に立つと、平成12年の地方分権一括法施行による第1次分権改革は、**住民自治の拡充の前提となる団体自治の拡充に重点を置いた改革**であったといえます。

図：第1次分権改革と地方自治の本旨との関係

住民自治	団体自治	
・議会権限の拡大 ・住民投票 ・パブリックコメント	・機関委任事務の廃止 ・国地方係争処理委員会の創設 ・国の関与法定主義	拡充 → 第1次分権改革
地方自治の本旨		

2　地方分権一括法の施行と機関委任事務の廃止

　平成12年にいわゆる地方分権一括法が施行されました。この法律の目的は何でしょうか。国と地方との対等関係の確立です（垂直関係から水平関係へ）。そのための手段の一つとして機関委任事務を廃止して、これを①法定受託事務、②法定自治事務、③国の本来的事務に整理分割しました。機関委任事務の廃止が第1次分権改革の最大の成果とされています。この結果、地方公共団体が行う事務は、原則、地域における事務となりました。

　ところで、機関委任事務とはどのような事務だったのでしょうか。**機関委任事務**とは、当該事務を国の事務であると決めた上で、地方公共団体の長とか、委員会などの執行機関に委任して行わしめる事務のことでした。換言すれば、国が地方公共団体の機関を国の下部機関として利用し、国の事務を行わせる仕組みであったといえます。このように機関委任事務は地方公共団体の機関が実施に当たりますが、法制度上は国の事務であったことから、事務の執行については地方公共団体の長は大臣から指揮監督を受ける立場にありました。このため、各大臣の発する通達や通知は、長にとっては指揮命令であり（国家行政組織法14条2項）、法律上、これに従わざるを得なかったのです。このことを前提に地方分権一括法施行前の旧自治法150条は「普通地方公共団体の長が国の機関として処理する行政事務については、普通地方公共団体の長は、都道府県にあっては主務大臣、市長村長にあっては、都道府県知事及び主務大臣の指揮監督を受ける」と定めていました。

図：機関委任事務のイメージ（垂直関係）

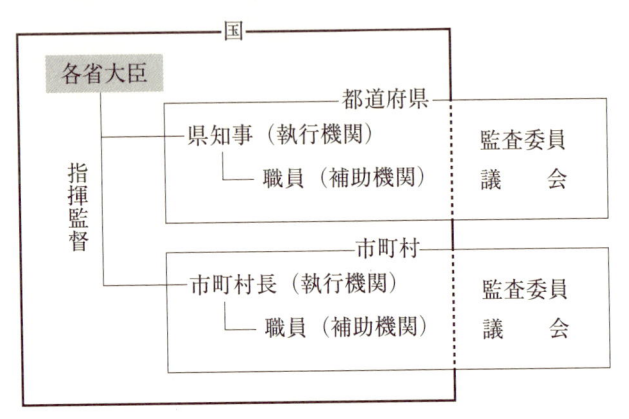

```
                 ┌─ 国 ─────────────────────────┐
                 │                              │
         ┌─ 各省大臣                            │
         │       │                              │
         │       ├─ 都道府県 ──────────┬─────── │
      指 │       │   県知事（執行機関） 監査委員 │
      揮 │       │    └ 職員（補助機関）議  会  │
      監 │       │                              │
      督 │       ├─ 市町村 ────────────┬─────── │
         │       │   市町村長（執行機関）監査委員│
         └       │    └ 職員（補助機関）議  会  │
                 └──────────────────────────────┘
```

図：法定受託事務のイメージ（水平関係）

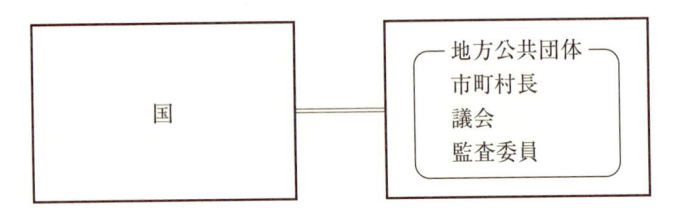

```
 ┌──────┐      ┌─ 地方公共団体
 │      │──────│   市町村長
 │  国  │      │   議会
 │      │      │   監査委員
 └──────┘      └─
```

3　機関委任事務廃止の効果──条例制定権と自主解釈権の拡大

　機関委任事務廃止の効果としては大きく分けて二つあります。一つ目は機関委任事務が廃止され、その一部は法定受託事務として地域における事務（自治法2条2項）となりました。これにより条例制定の対象事項となったのです。このため、理論上は地方公共団体の条例制定権の範囲が拡大したと言われています。ただし、国の法律は細かい部分まで規定しており、さらに政令、省令がさらに詳細な部分まで規定しているので（規律密度が高い[82]）、条例の制定が可能な余白の部分がもともと少なく、実際には、条例制定権の範囲は拡大していないとも評されました。この法令における規律密度の緩和（法令による義務付けと枠付けの見直し）は地方公共団体の自主性を尊重する意味で大きな課題となっていましたが、平成23年の第2次分権改革において、義務付け・枠付けが緩和されました。

---

(82) 法令についての形式的優劣は、憲法＞法律＞政令＞省令＞条例となる。

二つ目の重要な効果は、機関委任事務が廃止された結果、従来からあった機関委任事務に関する通達の法的性格が変化したということです。通達とは上級機関が下級機関の権限行使に対して発する指揮命令（国家行政組織法14条2項）ですから、国と地方の上下関係が崩壊すれば、その法的意味合いも変化するのは当然です。かつての通達は、現在、「**技術的助言**」（自治法245条の4）及び「**処理基準**」（自治法245条の9）として、その旨が明記されて発出されています。このうち、技術的助言にあっては、一般的標準的な事務執行におけるアドバイスにすぎませんから、各地方公共団体における生活環境や諸条件を考慮して、より住民サービスの向上や事務執行経費の節減につながるという方法があれば、法令を独自に解釈して、技術的助言とは異なるやり方を行ってもよいということになります。

　法令に定める事務が原則、地域の事務になったことで、法の趣旨目的に反しない範囲で、当該事務について地方公共団体は法令を解釈することができるようになりました。ここで注意しておかなければならないことがあります。それは、機関委任事務が廃止されたからといって、国が法令の解釈権を全て失ったということにはならないということです。国も自分の所管する事務に関する法令については当然解釈権をもっています。このため、国の解釈と地方公共団体の解釈と異なる事態が生ずることがあります。

4　法定受託事務の意義と執行の留意点

　機関委任事務の廃止に伴って新たに誕生した法定受託事務とはどのような種類の事務なのでしょうか。**法定受託事務**とは、本来国が果たすべき役割に係るものであって、国においてその適正な処理を特に確保する必要があるものとして法律又はこれに基づく政令により特に自治体にその処理が委託される事務をいいます（自治法2条9項1号）。分かりやすくいうと、事務の性質上、今後も国としてその執行に深い関心を持たざるを得ないけれども、国民の利便や事務処理の効率性などからして自治体に実施させるのが適当な事務を、自治事務と区別して法定受託事務と位置付けたわけです。この法定受託事務は、機関委任事務とは異なり、知事、市町村長といった地方公共団体の機関にではなく、国と対等関係にある地方公共団体にその実施を委託する事務なのです。なお、一般に、法定受託事務と

いう場合には、国が地方公共団体に処理を委託する第1号法定受託事務が中心になりますが、この中には、都道府県が市町村に処理を委託する第2号法定受託事務（自治法2条9項2号）もあります。

次に、法定受託事務が法定自治事務と比較してどのような点が異なるかについて、事務処理及び争訟を中心に確認しましょう。

法定受託事務の処理については、所管の各大臣が、法的拘束力のある「よるべき基準」（処理基準）を定めることができます（自治法245条の9第1項）。処理基準は、機関委任事務時代の通達を彷彿させる制度ですが、「目的を達成するために必要な最小限度のものでなければならない」と定めるなど、発出要件が限定されています（同条5項）。例えば、生活保護の実務では、この処理基準がなければ制度の運用ができないほど体系的かつ詳細なものが定められています。各大臣が技術的な助言に止まる法定自治事務とは大きく異なります。また、各大臣は、地方公共団体の法定受託事務の処理が法令の規定に違反していると認める場合などは、その違反の是正又は改善のために講ずべき措置を指示することができます（是正の指示、自治法245条の7）。さらに、各大臣は、法定受託事務の管理、執行が法令の規定等に反するなどの場合には、所定の手続を踏んで高等裁判所に違反の是正その他職務の執行を求める裁判（**職務執行命令訴訟**）を起こし、判決に従わないときは、代執行をすることができます（自治法245条の8）。

次に、争訟についてです。法定受託事務に関する処分について不服がある場合には、法律に特別の定めがある場合を除き、①都道府県知事その他の都道府県の執行機関の行った処分又は不作為については当該処分又は不作為に係る事務を規定する法令を所管する各大臣に対して、また、②市町村長その他の市町村の執行機関（教育委員会及び選挙管理委員会を除く）の行った処分又は不作為については都道府県知事に対して、さらに③市町村教育委員会の処分又は不作為については都道府県教育委員会に対して、加えて④市町村選挙管理委員会の処分又は不作為については都道府県選挙管理委員会に対して、それぞれ審査請求することになります（自治法255条の2）。このことを**裁定的関与**[83]といいます。この制度は、国又は都道府県によって法定受託事務の適正な処理を確保する目的で設けられています。これに対し法定自治事務や法定外自治事務については、法律に特別の定めがある場合を除くほかは、行政不服審査法の定めるところに従い審査請求を行

---

(83)（新）行政不服審査法（平成26年法律第68号）施行後も裁定的関与の制度は維持される。

うことになります。さらに、地方公共団体やその行政庁を当事者とする1号法定受託事務に関する訴訟が提起された場合には、権限法6条の2第1項の規定に基づき法務大臣へ報告する義務があります[84]。また、訴訟当事者となった地方公共団体は、当該訴訟の帰趨が今後の法定受託事務の遂行に大きな影響を及ぼすと考えられる場合には、同法7条1項に基づき法務大臣に対して訴訟遂行を依頼することができます。ただし、この場合でも、実務上、訴訟遂行を法務大臣に白紙委任することはできず、訴訟の遂行の主役が地方公共団体であることに変わりはありません。

　当該法令の事務が法定受託事務に該当するか否かは、自治法及び同法施行令の別表又は当該法令の規定で確認する必要があります。必ず自治法及び当該法令の両方に規定してあります。戸籍法のように当該法律に定められる事務全てが法定受託事務のものもあれば、廃棄物処理法のように法定受託事務（産業廃棄物の処理等に係る事務）と法定自治事務（一般廃棄物の処理等に係る事務）が混在している法律もあります。

表：法定受託事務か否かの確認方法

法律	自治法上の法定受託事務	自治法298条、299条が規定
	自治法以外の法定受託事務	自治法別表第1及び第2に加えて各法律に法定受託事務である旨を規定
政令	自治法施行令上の法定受託事務	自治法施行令223条、224条
	自治法施行令以外の法定受託事務	自治法施行令別表第1及び第2に加えて各政令に法定受託事務である旨を規定

5　普通地方公共団体に対する国の関与

（1）関与法定主義

　自治法245条の2は、「普通地方公共団体は、その事務の処理に関し、法律又はこれに基づく政令によらなければ、普通地方公共団体に対する国又は都道府県の関与を受け、又は要することとされることはない」と定め、普通地方公共団体に対する国又は都道府県の**関与法定主義**を明らかにしています。その行為類型と

---

(84) 権限法10条により当該報告は法定受託事務とされている。なお、法務大臣への報告は各法務局の訟務部あるいは各地方法務局の訟務部門を通じて行う。

しては、①助言又は勧告、②資料の提出の要求、③是正の要求、④同意、⑤許可、認可又は承認、⑥指示、⑦代執行、⑧協議、⑨その他一定の行政目的を実現するための具体的・個別的行為を定めています（自治法245条）。

　関与は目的を達成するために必要な最小限度のものであること、普通地方公共団体の自主性・自立性に配慮することが求められています（自治法245条の3）。

　なぜ法定主義かというと、関与のシステム作りには国会の立法による意思が必要であるということです。関与を民主的コントロールの下に置いているわけです。この関与の制度は、地方分権における国と地方との対等関係を保障するための制度と位置付けられます。この制度ができる前は、通達などにより事実上、広汎な内容での関与が行われてきました。特に機関委任事務に係る通達は法的拘束力を有し、地方公共団体の事務執行に大きな影響力を持っていました。

（2）　是正の指示と代執行

　国の地方公共団体に関する関与の手法は少なくありませんが、ここでは、法定受託事務に関する関与の手法である**是正の指示**（自治法245条の7）及び**代執行**（自治法245条の8）について、その手続の概要を解説します。

　まず、是正の指示についてです。各大臣は、都道府県の法定受託事務の処理が①法令の規定に違反している、又は②著しく適正を欠き、かつ、明らかに公益を害している場合には、当該都道府県に対し、当該法定受託事務の処理について違反の是正又は改善のため講ずべき措置に関し、必要な指示をすることができます（自治法245条の7第1項）。また、都道府県の執行機関は、市町村の法定受託事務の処理が①法令の規定に違反していると認めるとき、又は②著しく適正を欠き、かつ、明らかに公益を害していると認めるときは、当該市町村に対し、当該法定受託事務の処理について違反の是正又は改善のため講ずべき措置に関し、必要な指示をすることができます（同条2項）。さらに、各大臣は、市町村の第1号法定受託事務の処理が法令の規定に違反していると認める場合、又は著しく適正を欠き、かつ、明らかに公益を害していると認める場合において、緊急を要するときその他特に必要があると認めるときは、自ら当該市町村に対し、当該第1号法定受託事務の処理について違反の是正又は改善のため講ずべき措置に関し、必要な指示をすることができます（同条4項）。

次に代執行についてです。各大臣は、都道府県の法定受託事務の管理又は執行について、①法令に違反し、②各大臣の処分に違反し、又は③管理・執行を怠る場合おいて、代執行に手段以外の措置ではその是正を図ることが困難でそれを放置することにより著しく公益を害することがあるときには、代執行を行うことができます（自治法245条の8第8項）。手続的には、各大臣が、都道府県知事に対して、文書で勧告し（同条1項）、これに従わない場合に文書で指示を行い（同条3項）、これにも従わない場合に代執行訴訟を提起するというシステムになっています（同条3項）。なお、代執行の規定は、市町村長の法定受託事務の管理又は執行についても準用されます（同条12項）。

図：代執行の手続

```
各大臣が都道府県知事に対して勧告
        ↓
各大臣が都道府県知事に対して指示
        ↓
各大臣が高裁に対して都道府県知事を被告に訴えを提起
        ↓
高裁の判決[85]
        ↓
各大臣による代執行
```

（3）　紛争処理制度

　関与に関し、対等当事者間で紛争が起こった場合にこれを解決する仕組みが必要となります。これを解決する機関として総務省に**国地方係争処理委員会**が設置されています（自治法250条の7）。また、都道府県と市町村の間で関与について争いが生じた場合の紛争処理機関として**自治紛争処理委員**が設置されています（自治法251条）。

　委員会又は委員の審査結果又は勧告内容に不服がある場合、委員会又は委員の勧告に対する国等の行政庁の措置に不服のある場合などは、当該審査の相手方となった行政庁を被告として違法な関与の取消訴訟、又は不作為違法確認訴訟を、申立自治体の区域を管轄する高等裁判所に対して提起することができます（自治

---

[85] 最高裁へ上告しても執行停止の効力はないため、高裁の判決が出た時点で、最高裁で係属中であっても代執行は可能となる。

法251条の5)。

(4) 国と地方の協議の場に関する法律

平成23年4月、**国と地方の協議の場に関する法律**が成立し、同年5月2日から施行されました。

この法律により、従来から地方公共団体が要望していた地方自治に影響を及ぼす国の政策の企画及び立案の実施について、国と地方の協議の場が設けられることになりました。

協議の対象となる事項は、①国と地方公共団体との役割分担に関する事項、②地方行政、地方財政、地方税制その他の地方自治に関する事項、③経済財政政策、社会保障に関する政策、教育に関する政策、社会資本整備に関する政策その他の国の政策に関する事項のうち、地方自治に影響を及ぼすと考えられるもの、となっています(3条)。協議会は、国側が国務大臣、地方側がいわゆる地方六団体の代表者で構成され(2条)、内閣総理大臣が、毎年一定の回数、招集することになっています(4条)。協議の概要は、国会に報告され(7条)、協議内容のうち、協議が整ったものについては、参加議員は、その結果について尊重しなければなりません(8条)。

なお、この制度とは別に、地方六団体が、地方自治に影響を及ぼす法令その他の事項について、総務大臣を経由し内閣に意見を申し出又は国会に意見を提出することができます(自治法263条の3)。

6 条例による事務処理の特例制度と事務の委託制度

地方分権一括法により、都道府県知事の権限に属する事務(法定受託事務、法定自治事務、法定外自治事務のいずれも含む)の一部を都道府県条例の定めるところにより、市町村長に事務を行わせるという制度が定められました(**事務処理の特例**制度。自治法252条の17の2)[86]。この制度により、多くの事務が都道府県から市町村へ委譲されています。各都道府県には、知事の権限に属する事務の特例に関する条例があります。

自治法252条の17の3第1項は、条例の定めるところにより都道府県知事の権限に属する事務の一部を市町村が処理する場合においては、当該条例の定める

---

(86) この規定は都道府県知事の権限に属する事務の移譲に関するものだが、都道府県の教育委員会の事務の移譲についても地教行法55条に同様の規定がある。

ところにより市町村が処理することとされた事務について規定する法令、条例又は規則中都道府県に関する規定は、当該事務の範囲内において当該市町村に関する規定として、当該市町村に適用があるものとする旨規定しています。

　ある法令に基づく事務について事務処理を移譲する場合には、原則として、当該事務について規定している法令のみが市町村に直接に適用になるということです。したがって、当該法令に附属して、この法令を施行するための都道府県条例や知事規則があったとしても、これらがセットで適用されるわけではありません。適用があるのは事務について直接に規定している法令のみです。したがって、この場合には市町村が必要と認めれば、事務処理のために市町村条例や長の規則などを制定することになります。こうした場合にも、特例制度において法令に基づく事務のみではなく、当該法令実施条例等に基づく事務を併せて移譲する場合には、もちろんその両方の事務が移譲されます。例えば、墓地、埋葬等に関する法律に基づく事務のうち、同法10条1項の規定による墓地等の経営の許可権限を特例制度により市町村が処理することとした場合、当該許可基準を都道府県の法律実施条例で定めているときには、当該法律実施条例に基づく事務についても、併せて市町村に移譲する旨の明示の規定がない限り、市町村において新たに法律実施条例を定める必要性が生じます。なぜこのように解されるかというと、市町村の自立・自主の下で当該事務を処理することが基本だからです。

　事務処理の特例制度によって事務配分された事務について、都道府県知事は、包括的な指揮監督権や取消・停止権を有しません[87]。本制度が、住民に身近な制度についてはできる限りより住民に身近な地方公共団体である市町村が自らの判断と自主性に基づいて担任することができるようにするための制度だからです。

　この事務処理の特例制度に係る条例の制定及び改廃については、あらかじめ、市町村長と協議する必要があります（自治法252条の17の2第2項）が、この協議においては市町村の同意は必要とされません。したがって、市町村の反対があっても事務の移譲は法的には可能です。しかし、現実問題として、権限委譲後の事務執行のことを考えて同意を得ないで、事務を移譲することは考えられません。

　なお、都道府県は、事務を市町村に移譲した場合、当該事務処理に必要な経費

---

[87] 松本・逐条126頁

を措置しなければなりません（地方財政法 28 条）。

　事務処理の特例制度とは別に、地方公共団体が協議により規約を定めて、地方公共団体の事務の一部を他の地方公共団体に委託して、当該地方公共団体の長又は同種の委員会若しくは委員をして管理・執行させる**事務の委託**制度（自治法 252 条の 14）があります。特例制度との違いは、①双方の合意が必要であること、②市町村が都道府県に委託することも可能である等の点です。

7　国等による違法確認訴訟

　各大臣が是正の要求（自治法 245 条の 5 第 1 項又は第 4 項）又は是正の指示（自治法 245 条の 7 第 1 項又は第 4 項）を行った場合において、普通地方公共団体の長その他の執行機関が当該是正の要求又は指示に関する審査の申出（自治法 251 条の 3 第 1 項）をせず、かつ、当該是正の要求に応じた措置又は指示に係る措置を講じないとき等の場合には、当該是正の要求又は指示を受けた不作為に係る普通地方公共団体の行政庁を被告として、違法の確認を求めることができる訴訟制度（**国等による違法確認訴訟**）が、平成 24 年度の自治法の改正で導入されました（自治法 251 条の 7）。これは、住基ネットに未接続の地方公共団体に対し、総務大臣が是正の要求を行ったにもかかわらず、当該地方公共団体が国地方係争処理委員会に対し審査の申出をせず問題が解決しなかったなどの事案を契機として制度化されたものです。

　また、自治事務に関し、是正の指示（自治法 245 条の 5 第 2 項）を行った各大臣は、市町村長その他の市町村の執行機関が当該是正の要出に関する審査の申出（自治法 251 条の 3 第 1 項）をせず、かつ、当該是正の要求に応じた措置又は指示に係る措置を講じないとき等の場合には、自治法 245 条の 5 第 3 項の規定による要求を行った都道府県の執行機関に対し、当該是正の要求を受けた不作為に係る市町村の行政庁を被告として、不作為違法の確認を求めるよう指示をすることもできます（自治法 252 条 1 項）。

　さらに、法定受託事務に関する是正の指示（自治法 245 の 7 第 2 項）を行った都道府県の執行機関は、市町村長その他の市町村の執行機関が当該指示に関する審査の申出（自治法 251 条の 3 第 1 項）をせず、かつ、当該指示に係る措置を講じないとき等の場合には、不作為に係る市町村の行政庁を被告として、違法

の確認を求めることができます（自治法252条3項）。

8　住民投票制度

（1）住民投票制度の意義

　地方公共団体の運営について、住民の直接投票により、その方向性を決する住民投票制度は、地域住民の新たな政策形成への参画手段として注目を集めています。この住民投票制度には、原発の立地といった特定事項について問う**個別型住民投票制度**[88]と、特に対象を定めず、自治体運営の重要事項について問う**常設型住民投票制度**[89]があります。

　住民投票制度のうち、投票の結果が当該地方公共団体の団体意思、議会又は長その他の執行機関の行動を拘束するものを**拘束型住民投票制度**といい、議会又は長その他の執行機関が意思を決定する上で、住民の多数意見を知るために行われるものを**諮問型住民投票制度**といいます。法的拘束力を認めていないが投票結果について尊重義務を負わせるものもこのカテゴリーに含まれます。

　こうした住民投票制度については、地方自治特別法に係る住民投票（憲法95条）、市町村合併に係る合併協議会の設置（市町村の合併の特例に関する法律3条）などごく限られたもの以外には、法律に定めがありません。そのため、地方公共団体で住民投票制度の設計をする場合には、住民投票制度が憲法上どのように評価され、また、法律上、どのような範囲で許容されるのかについて、理解しておくことが必要になります。

（2）住民投票制度と憲法

　憲法93条は、議事機関（地方公共団体の意思を決定する機関）として議会を設置するとし、地方公共団体の統治機構においては間接民主制によることとされています。同条の規定は直接民主制のシステムである住民投票制度を許容しない趣旨なのでしょうか。

　憲法は、地方自治において住民自治を柱とし、地方自治特別法の制定について住民の直接投票により当該地方公共団体の団体意思の決定を行い（憲法95条）、議会の議員とともに長も住民の直接公選制としています（憲法93条）。このように憲法は、重要な問題について住民自身の意思決定を重視していることから、地

---

[88] 東京都の小平都市計画道路3・2・8号府中所沢線計画について住民の意思を問う住民投票条例、鳥取市庁舎整備に関する住民投票条例など。
[89] 川崎市住民投票条例、広島市住民投票条例、八潮市住民投票条例など。

方公共団体の意思決定において直接民主制のシステムの導入することを拒否するものではないと解されています。このことを前提に、自治法では、条例の制定改廃における住民の直接請求（自治法74条）や、議会にかわって直接民主制の機関である総会を設けることができる（自治法94条）などの直接民主制のシステムが定められています。

　地方公共団体は、憲法に反しなければ、どのような制度の住民投票制度を構築してもよいのでしょうか。そうではありません。住民投票の制度は多くの場合、条例で定められますが、条例は法令に反することはできません（自治法14条1項）。また、住民投票の制度を条例以外の規範で定める場合も考えられますが[90]、この場合であっても、自治法に反することはできません（自治法2条16項）。このため、自治法に定める議会や長の権限を定めた規定と抵触するような拘束型住民投票制度はできませんが、そうではない諮問型住民投票制度であれば、自治法に抵触することはありません。

　ところで、平成23年9月、総務大臣の下で大規模な公の施設に係る住民投票制度の導入が検討されました。この制度は、大規模な公の施設の設置について、条例で定めるところにより住民投票に付すことができるとするものでした。この制度案では、条例で定める大規模な公の施設の設置を議会が承認した後、住民投票を実施し、住民投票で過半数の同意がなければ、当該公の施設の設置ができないとされていました。この住民投票制度案は、住民投票の結果が地方公共団体の意思決定を拘束する拘束型住民投票制度であることから、法律で定めることが検討されました。しかし、この制度案については、なぜ、大規模な公共施設に限るのか、あるいは、なぜ拘束型にする必要があるのか等の問題点が指摘されるなど、**地方六団体**[91]との調整がつかず、法案化は見送られました。

（3）　住民投票制度と外国人

　憲法15条1項は、国民の参政権を認めています。参政権という統治参加の権利は選挙権、被選挙権及び公務就任権が主な内容ですが、住民投票制度は住民の統治参加のための手法ですから、憲法上の参政権の範疇に入ります。

---

(90) 住民投票制度は、住民の権利を制限したり、義務を課す制度ではないため、必要的条例事項ではない（自治法14条2項）。
(91) 地方六団体とは、首長の連合組織である全国知事会、全国市長会、全国町村会の三団体（執行三団体）と議長の連合組織である全国都道府県議会議長会、全国市議会議長会、全国町村議会議長会の三団体（議会三団体）の総称であり、これらの団体はいずれも自治法263条の3に定める全国的連合組織である。

外国人の参政権について、通説は、参政権が前国家的権利ではないこと、統治は国民主権の下、国民の自律的意思に基づいて行われることを理由に否定的立場をとります。では憲法上の保障はないとして、憲法は外国人に対して参政権の付与を積極的に禁止しているのでしょうか。国政の選挙権に関しては、国民主権に反するとして憲法上許容されないと考えられています。これに対し、地方レベルの選挙権に関しては、地方自治は「住民」の意思によって行われるものであることと、憲法は、15条1項の「国民」と93条2項の「住民」とを使い分けていることなどの理由から、積極的には禁止していないと解されています。

　この点について、**選挙人名簿不登録処分に対する異議の申出却下決定取消請求事件**最高裁判決[92]は、憲法93条2項にいう「住民」とは、地方公共団体の区域内に住所を有する日本国民を意味するもので、外国人に対して地方公共団体における選挙の権利を保障したものとはいえないとした上で、次のように判示し、法律をもって、地方公共団体の長、その議会の議員等に対する選挙権を付与する措置を講ずることは、憲法上禁止されているものではないとしました。

　すなわち、

　「憲法93条2項は、我が国に在留する外国人に対して地方公共団体における選挙の権利を保障したものとはいえないが、憲法第8章の地方自治に関する規定は、民主主義社会における地方自治の重要性に鑑み、住民の日常生活に密接な関連を有する公共的事務は、その地方の住民の意思に基づきその区域の地方公共団体が処理するという政治形態を憲法上の制度として保障しようとする趣旨に出たものと解されるから、我が国に在留する外国人のうちでも永住者等であってその居住する区域の地方公共団体と特段に緊密な関係を持つに至ったと認められるものについて、その意思を日常生活に密接な関連を有する地方公共団体の公共的事務の処理に反映させるべく、**法律をもって、地方公共団体の長、その議会の議員等に対する選挙権を付与する措置を講ずることは、憲法上禁止されているものではないと解するのが相当である**」。

　上記最高裁判決の趣旨を前提とすれば、統治参加の手法として、地方公共団体の長や議員の選挙権の付与について憲法の禁止することでないことはもちろん、住民投票についても憲法が禁止しているとは解することはできません。現に多くの住民投票条例では、永住外国人など一定の定住外国人については、投票権者と

---

[92] 最3小判平7・2・28民集49巻2号639頁

しています[93]。

　なお、憲法95条に基づき行われる「一の地方公共団体のみに適用される特別法」についての住民投票では、未だ、永住外国人は投票権を有しません（自治法261条、262条）。

（4）　住民投票制度と議会改革

　住民投票制度は、適切に運用されれば、代表民主制を補完するものとして、有用な手法であると評価できます。また、住民投票の実施が間接民主制を活性化し、住民の政治的関心を高めるといった効用を考えれば、間接民主制に相対立するものではなく、これを活性化する役割を果たす場合もあります。

　他方で、住民に直接に意を問う住民投票制度は、結果誘導的な宣伝広告等により、権力者による民意を自己に有利に利用するための道具として使われてきた歴史もあります。最も問題なのは、住民投票による解決は二者択一式の結論になることが多く、議会の決定のように、多様な利害を反映した柔軟な解決を困難にします。議会の持つ本来的機能が失われているという危機感が、住民投票制への期待に繋がっているようにも思えます。間接民主制を補うものとして住民投票制度を充実するという方向性は、否定されるものではありません。しかし、住民投票はどのように制度設計しても、既に示された方向性に対する表決の手段でしかありません。

　これに対して、議会の決定は住民の代表たる個々の議員が一堂に会し、自由闊達な議論を通じて合意形成を行うものです。こうした議会の機能は、住民投票では得られない機能です。多数で議論し、結果に至るという民主主義において最も重要とされる議会機能の活性化こそが、より先決の問題ではないでしょうか。昨今の議会改革に期待したいところです。

---

(93) 例えば、川崎市住民投票条例では、投票権者として、日本の国籍を有する者のほかに、日本の国籍を有しない者であって、日本国との平和条約に基づき日本の国籍を離脱した者等の出入国管理に関する特例法（平成3年法律第71号）に定める特別永住者又は出入国管理及び難民認定法（昭和26年政令第319号）別表第1若しくは別表第2に規定する在留資格をもって在留し、かつ、本邦において住民票が作成された日から引き続き3年を超えて住民基本台帳に記録されているもの（同表の永住者の在留資格をもって在留する者にあっては、3年を超えて住民基本台帳に記録されていることを要しない。）を投票権者としている。

第7章 法律による行政の原理と法政策

Point　本章では、法律による行政の原理と地方公共団体の法政策との関係について解説します。

keyword　法律の法規創造力の原則　法律の優位の原則
法律の留保の原則　侵害留保説　全部留保説
権力留保説　重要事項留保説

1　法律による行政の原理の意義

法律による行政の原理とは、行政の活動は民主的ルールである法律（以下特に断らない限り、本章では、条例も含めて「法律」という）に従わなければならないという原理で、憲法の定める権力分立の当然の帰結といえます。

この原理は、①**法律の法規創造力の原則**、②**法律の優位の原則**、③**法律の留保の原則**に分けて論じられます[94]。①は、新たな法規（国民の権利・義務に変動を及ぼす一般的規律）は、法律の専権に属するものであって、行政権は法律の授権がない限り、法規を創造することはできないとするものです。②は、行政活動は存在する法律の定めに違反して行われてはならないという原則です。③は、行政活動が行われるためには必ず法律という民主的ルールの授権がなければならないという原則です[95]。すなわち、行政活動の**根拠規範**[96]が法律で定められていることが必要であるということです。行政のどのような活動が法律に留保されているかについては、人の権利を制限し、又は義務を課す作用に限って法律の授権が必要であるとする**侵害留保説**、行政活動の全部について法律の授権が必要であ

---

(94) 宇賀・概説Ⅰ 27頁、塩野・行政法Ⅲ 68頁以下
(95) 大橋洋一『行政法①〔第2版〕』（有斐閣、2013）29頁は、法律の留保の意義に関し「市民が選出した代表からなる議会が法律を制定し、議会制定法律は市民の自己同意と同視された（これは、古くはジョン・ロックの市民契約論に見られた考え方である）。したがって、法律の授権が存在する場合とは、換言すれば市民の同意が取得されている場合であり」と明解な記述をしている。
(96) ある行政機関がどのような事務を所管するかについて定めた規範を組織規範といい、当該組織規範が存在することを前提に当該行政組織が具体的にいかなる権限を行使し、事務を執行し得るかについて定めた規範を根拠規範という。法律の留保に関連しては、組織規範、根拠規範以外に、行政手続法のようにある行政活動をある行政機関がなし得ることを前提として、その適正を図るために設ける規制規範という分類がなされる（塩野・行政法Ⅲ 72頁）。

93

るとする**全部留保説**、権力的行政活動については侵害的な作用、授益的な作用に関係なく法律の授権が必要であるとする**権力留保説**、国民の基本的人権の保障のため重要な作用を及ぼす活動については、法律の授権が必要であるとする**重要事項留保説**などがあります。実務は、侵害留保説をとります[97][98]。

侵害留保説は、**自由主義的観点**からすると優れていますが、この説では、議会による民主的コントロールを行政に対して十分に効かせることができないという問題が指摘されています。全部留保説は、権力分立の立場を厳格に貫き、自由主義的観点からも**民主主義的観点**からも賛同が得られるものですが、この説では、行政活動が極めて制限されたものになるといった問題があります。例えば、この説に立つと、国民健康保険の制度の概要について説明を求める住民に対して、説明をすることができる根拠規範がなければ、そのような簡易な行政サービスすら提供できないことになります。権力留保説には、全く同じ内容の活動であっても、法律構成の仕方次第で留保事項が異なってしまうという問題があります。例えば、同じ補助金の交付であっても、行政行為として構成される場合には法律の授権を必要としますが、私法上の贈与契約として構成される場合には、権力行為ではないため法律の授権を必要としないことになります。重要事項留保説[99]は近時有力説とされますが、何が重要事項なのかを明確にすることは困難であるとの指摘があります。

このように、どの説もグランドセオリーとはなり得ませんが、現実の法政策においては、権利を制限し、又は義務を賦課する事項を基本として、地方公共団体の基本政策の決定、住民投票などの住民の政治参加の手続など民主的コントロールの下で決定されることが望ましい事項については、根拠規範が必要であるとする考え方がよいと思います。つまり、侵害事項に加えて、重要事項も留保されているという考え方です。

---

(97) 最2小判平3・3・8民集45巻3号164頁は、町長が河川法、漁港法上の占用許可を受けないで設置されたヨット係留のための鉄杭を、根拠規範のないまま船舶航行の緊急の危険を除去するために撤去し、これに要した費用（業者への請負契約に基づく費用）を公金として支出ことは違法であるとして争われた住民訴訟において、漁港法及び行政代執行法上適法とは認められないとした。ただし、同判決は、当該措置は緊急の事態に対処するために執られた措置であり、民法720条の法意に照らしても、請負契約に基づく公金の支出についてはその違法性を肯認することはできないとしている。
(98) 最3小決昭55・9・22刑集34巻5号272頁は、自動車の一斉検問の適法性が争われた事件において、交通の安全及び交通秩序などに必要な諸活動は、相手方の任意の協力を求める形で行われ、自動車の利用者の自由を不当に制約しない限り、適法なものであるとした。
(99) 重要事項留保説を支持するものとして、阿部・解釈学Ⅰ102頁

2　法律の法規創造力の原則と法律の留保の原則

　法律の法規創造力と法律の留保の原則は紛らわしいのですが、前者は、国民の権利・義務に関することは、法律の委任がある場合を除き、行政による規範定立はできないという原則であるのに対し、後者は、行政活動の根拠規範を法律で定める必要があるかどうかを問題とするものです。

　例えば、「住民は、迷惑行為をしてはならない」という住民の義務を定める規定を行政が設けることができるかどうかは、法律の法規創造力の問題ですが、違反行為に対して行政機関が法律の根拠なしに改善命令を発することができるかどうかは、法律の留保の問題です。

　大阪市客引き行為等の適正化に関する条例10条は、「市民等は、禁止区域において客引き行為等をし、又はさせてはならない」と定めています。同条は、直接に住民に対して義務を課すものであって、行政活動の根拠規範ではありません。こうした住民の権利・義務に関する規範を行政が定立することができるかどうかは法律の法規創造力の問題です。

　これに対し、同条例11条6項は、市長が客引き行為等に対してする中止命令の発出根拠を規定しています。市長がこうした中止命令を発するために、条例で根拠規範を定める必要があるかどうかは法律の留保の問題となります。

【行政活動の根拠規範を定めた例】

------------------------ 大阪市客引き行為等の適正化に関する条例 ------------------------
　（禁止区域における指導等）
第11条　**市長**は、前条の規定に違反しているものに対し、客引き行為等をし、又はさせる行為（以下「禁止行為」という。）を中止するよう**指導することができる**。
2　市長は、前項の規定による指導を行うために必要があると認めるときは、その必要の限度において、その職員に、前条の規定に違反しているものに質問させることができる。
3　前項の規定による質問を行う職員は、その身分を証明する証明書を携帯し、前条の規定に違反しているものから請求があったときは、これを提示しなければならない。

4　市長は、第1項の規定による指導をしたにもかかわらず、当該指導を受けたものが禁止行為を中止しないときは、**当該指導を受けたものに対し、禁止行為を中止するよう勧告することができる。**

5　前項の規定による勧告は、市規則で定める事項を記載した勧告書を第1項の規定による指導を受けたものに交付して行うものとする。

6　**市長は、**第4項の規定による勧告をしたにもかかわらず、**当該勧告を受けたものが当該勧告に従わないときは、当該勧告を受けたものに対し、禁止行為を中止するよう命ずることができる。**

7　前項の規定による命令は、市規則で定める事項を記載した命令書を第4項の規定による勧告を受けたものに交付して行うものとする。

（公表）

第12条　**市長は、前条第6項の規定による命令を受けたものが正当な理由なく当該命令に従わないときは、その旨、当該命令の内容及び当該命令を受けたものの氏名又は名称その他命令に違反したものを特定するために必要な事項を公表することができる。**

2　市長は、前項の規定による公表をしようとするときは、あらかじめ当該公表をされるべきものにその理由を通知し、意見陳述の機会を与えなければならない。

　ところで、上記大阪市条例11条1項は、禁止行為の中止を求める行政指導をする上での根拠規範となっています。実務では、侵害留保の考え方がとられており、こうした行政指導については、行政活動の根拠を具体的に定める必要はないように思われます。しかし、行政指導であっても、大阪市条例11条6項に定める中止命令発出の要件となるものであり、条例にその根拠を定めることは、侵害留保の原則からしても必要であると考えられます。

　また、大阪市条例12条は、公表について定めています。公表は、単なる事実行為であって、住民の権利を制限し、又は義務を課す行為ではないとして、条例上の根拠は必要ないという考え方もあります。しかし、大阪市条例のように制裁的な意味での公表の場合には、条例に作用法的根拠を置くという実務が定着しているといってもよいでしょう。

3 　地方自治法14条2項と必要的条例事項

　自治法14条2項は、「普通地方公共団体は、義務を課し、又は権利を制限するには、法令に特別の定めがある場合を除くほか、条例によらなければならない」と規定しています[100]。この規定については、侵害留保の原則について定めたものであるとの解説がなされることがあります。確かに、行政が義務を課し、又は権利を侵害するような活動をする場合には、条例という根拠規範が必要である趣旨を定めたものと解することが可能です。しかし、同項は、侵害留保の原則だけではなく、義務を課し、又は権利を制限する事項（法規事項）については、条例という民主的ルールにより定めることが必要であり、行政機関が定立する規範によっては定めることができないという法律の法規創造力の原則も含まれると理解する方が適切であると考えられます[101]。

　自治法の規定の中には、権利制限・義務賦課事項以外にも条例事項であるとしているものがあります。例えば、普通地方公共団体の長の直近下位の内部組織の設置及びその分掌する事務（自治法158条1項）、附属機関の設置（自治法138条の4第3項）、公の施設の設置及び管理（自治法244条の2第1項）などです。これらの規定は、直接に住民の権利を制限したり、義務を課すものではありませんが、直近下位の組織や附属機関は自治体行政の運営に大きな影響を与えますし、公の施設を利用する権利関係は、住民にとって非常に重要な事項です。このような重要な事項については、民主的コントロールの下に置く必要があるとの観点から必要的条例事項とされています。

4 　権利制限事項と義務賦課事項

　権利を制限するとは、公共の安全のために土地の利用を制限する場合のように、私法上の権利に対する制限が典型です。また、良好な生活環境の保全のために、過度の風俗営業に係る宣伝行為を規制する（憲法22条に定める営業の自由を制

---

[100] この種の規定としては、「省令には、法律の委任がなければ、罰則を設け、又は義務を課し、若しくは国民の権利を制限する規定を設けることができない」（国家行政組織法12条3項）、「政令には、法律の委任がなければ、義務を課し、又は権利を制限する規定を設けることができない」（内閣法11条）がある。
[101] 松本・逐条190頁は、自治法14条2項は侵害留保を定めた規定というよりは、「単純に、義務の賦課や権利の制限を行う（権利制限・義務賦課行為）には法令に特別定めがある場合を除き、条例の根拠が必要であることを規定したものと理解することが妥当であろう」とする。

限)、安全・安心なまちづくりの観点から、人の容貌を撮影・録画する防犯カメラを設置する（憲法13条から導かれるプライバシーの権利を制限）といった憲法上の権利の制限をすることも、この権利制限に該当します。

　次に義務を課す場合ですが、受動喫煙による健康被害を防止するため、一定の場所での喫煙行為を禁止する、あるいは、まちの美化の観点から、たばこの吸い殻等のポイ捨てを禁止するといった例を挙げることができます。

　この「義務」ですが、極めて軽微な義務については、自治法14条2項でいう「義務」には、該当しないと考えるべきです。例えば、補助金交付要綱中に「申請しようとする者は、申請書を市長に提出しなければならない」という条項があった場合に、当該条項は自治法14条2項に定める「義務」ではないということです。確かに「……なければならない」との文言は、補助金の交付を申請する者に対して、一定の行為をなすことを求めています。そのため、一見、義務賦課事項のように見えます。しかし、この場合の作為義務は、自治法14条2項にいう「義務」というほどのものではないと考えるべきでしょう。この場合の「義務」は、補助金の交付申請をする者に対し、当該サービスを受領する資格があるかなど、交付の判断に必要な情報提供を求めるという軽微なものにすぎないからです。

　何が「義務」に当たるかについては、それ自体難しい議論があります。例えば罰則などの実効性確保の手段が定められていない規定は、「義務」を定めるものではないという考え方もあります。しかし、実効性確保の手段が定められていなくても、住民の意思とは無関係に、住民に対して具体的に作為又は不作為義務を課すことは、義務賦課に当たると考えるべきでしょう。

　ところで、自治法15条に定める規則は、民主的に選挙で選ばれた地方公共団体の長が制定する自主立法ですから、条例と同様に民主的ルールともいえます。この点からすると、規則でも、義務を課したり、権利を制限することができそうです。しかし、自治法はそのような法政策はとっていません。それは、規則が、独任制の行政機関である長が定めるルールであるのに対して、条例は、住民の代表により選出された多数の議員によって構成される合議制の機関である議会によって定められるルールだからです(102)。要は、条例の方が規則より民主主義的度合いが高いルールだからということです。

---

(102) 議会の意思決定は、最終的には、その構成員の多数意見によって決せられるが（多数決の原理）、その多数決に至るまでに十分な討論がなされることが前提とされている。

5 権利の創設と条例

　住民の権利を制限したり、義務を課す場合には法律又は条例の根拠が必要であることは、前述のとおりです。では、住民に対して権利を創設する場合はどうでしょうか。

　この点について、自治法には定めはありません。しかし、住民に権利を創設することは、地方公共団体が金銭給付やその他法的な義務を負うことになる重大な事項です。このことを考えれば住民に権利を創設する場合にも、民主的コントロールの観点から条例で定めるべきであるといえます[103]。もちろん、公文書公開制度にしても、補助金の交付制度にしても、権利を創設しないで、恩恵的な制度として運用する場合には、条例で定める必要はありません。ただし、権利として創設されなければ、司法によって、請求権の内容を最終的に実現してもらうことはできません。

　住民の権利を創設するには条例で定めることが必要であるとした最高裁判決があります[104]。これは、大阪府の住民が大阪府公文書公開等条例[105]に基づき、実施機関である大阪府知事に対し、昭和60年1月ないし3月に支出した大阪府知事の交際費についての公文書の閲覧及び写しの交付を請求したところ、歳出額現金出納簿、支出証明書、債権者の領収書及び請求書兼領収書を非開示としたため、その取消しを求めた事案です。その判断は次のようなものでした。

　すなわち、

　「住民等が実施機関に対して上記のような態様の部分公開[106]を権利として請求することができるか否かはまた別であって、**住民に地方公共団体の機関の保有する公文書の公開を請求する権利をどのような要件の下にどの範囲で付与するかは、専ら各地方公共団体がその条例において定めるべき事柄であり**、上記のような規定を有するにすぎない本件条例の下においては、住民等が実施機関に対して上記のような態様の部分公開を請求する権利を付与されているものとまで解する

---

[103] 国の実務者（内閣法制局）によれば、人に義務を課す規定だけではなく、人に権利を与える規定も法律事項であるとする。山本庸幸『実務立法演習』（商事法務、2007）13頁
[104] 最3小判平13・3・27民集55巻2号530頁
[105] 当時の大阪府条例では、独立した一体的な情報（例えば支出証明書）の内容をさらに細分化してその一部のみを非公開としてその余の部分の開示を請求できるという規定はなかった。
[106] 非公開事由に該当する独立した一体的な情報を更に細分化してその一部が記録されている公文書の部分のみを非公開とし、その余の部分を公開するといった態様の部分公開の方法。

ことはできないのである。これを本件のような知事の交際事務に関する情報であって交際の相手方が識別され得るものが記録されている公文書についていえば、当該情報が本件条例8条4号、5号又は9条1号に該当する場合においては、**実施機関は、当該情報のうち交際の相手方の氏名等交際の相手方を識別することができることとなる記述等の部分（以下「相手方識別部分」という。）を除いた部分を公開しなければならない義務を負うものではなく**、実施機関がその裁量判断により相手方識別部分を除いてその余の部分を公開するものとした場合はともかく、そのような部分公開が相当でないと判断して相手方識別部分をも含めて非公開決定をした場合には、裁判所は当該決定を取り消すべき理由はない」。

　地方公共団体がする住民に対する権利の創設は、それ自体が重要な事項であることや、権利義務の帰属主体は法人たる地方公共団体（自治法2条1項）であることから、地方公共団体のルールである条例でしか制定できないという理解であると思います。本書も同様の立場に立ちます。

第8章 法政策と条例

Point　法政策は、条例により規範化される場合が少なくありません。本章では、法政策の限界（＝条例制定権の限界）について解説します。

keyword　自主条例　委任条例　比例原則

1　条例の意義

　地方公共団体は、公共の福祉を実現するために、住民に対して様々な法政策を実施します。その中には、住民にとって受益的なものもあれば、自由や権利が制限されたり、義務が課されたりするものもあります。条例は、こうした政策を実施するための規範です。

　条例を法律との関係で分類すると、①法律を実施するために制定される**法律実施条例**、②法律に根拠を置かないで、地方公共団体の独自の法政策を実施するために制定される**自主条例**[107]の二つに分類されます。なお、法律実施条例のうち、法律の委任を受けて制定される条例を特に**委任条例**といいます。

　法律実施条例の例としては、介護保険法の定めるところにより制定される介護保険条例、消防組織法の定めるところにより制定される火災予防条例、屋外広告物法の定めるところにより制定される屋外公告物条例などがあります。この場合、地方公共団体は、当該法令と法律実施条例とを一体的に運用し、事務を実施することになります。また、最近の分権改革により、法定自治事務に関し、従来政省令で定められていた基準の一部について、その定立が条例に委任され、法律実施条例を制定できる範囲も拡大しました（本書第10章参照）。

---

(107) 従来、自主条例については、**上乗せ条例、裾切り条例、横出し条例**といった分類がなされてきた。上乗せ条例とは、国の法令に基づいて規制が加えられている事項について、当該法令と同一の規律目的で同一事項を規律対象として、より厳しい規制を定める条例である。例えば法令で届出制になっているものを許可制にするといった場合である。次に、裾切り条例とは、同一の目的で法令で一定基準未満又は一定の規模以下は規制対象外としているときの裾切りされた部分を規制対象とする条例である。例えば、国の法令で一定規模以上の土地取引について届出が必要とされている場合で、当該規模以下の土地取引について届出制を定める場合、あるいは河川法の適用のない普通河川について条例で河川法と同様の管理する場合などがある。横出し条例とは、法令と同一の目的の下に法令により規制が行われていない範囲対象について規律対象として規制を行う条例のことをいう。例えば、法令で二酸化窒素のみを規制対象としている場合に、条例で二酸化炭素も規制対象に加える場合などでである。

101

自主条例の例としては、情報公開条例、個人情報保護条例、路上喫煙禁止条例などがあります。

2　国法秩序と条例

　最高裁は、条例について、「憲法が特に民主主義政治組織の欠くべからざる構成として保障する地方自治の本旨に基き、直接憲法94条により法律の範囲内において制定する権能を認められた自治立法」であると定義しています[108]。自主立法としての条例は、個別法規の授権を必要としません。ただし、自主立法といえども国法秩序の一部ですから、「法律」の範囲内で（憲法94条）しか制定することはできません。この点について、自治法14条1項は、「法令」に違反しない限りにおいて制定できると定めていますが、憲法94条にいう「法律」の解釈は、自治法14条1項にいう「法令」の解釈と同義であると解されています[109]。

　後で説明するように、条例が法令に反しないか否か（法令適合性）が条例制定権の範囲を画するキーワードになります。

　また、条例の対象事項は、自治法2条2項の事務に関するものに限られます（自治法14条1項）。自治法2条2項の事務とは、普通地方公共団体は、地域における事務及びその他の事務で法律又はこれに基づく政令により処理されるものです。このうち、「地域における事務」について、自治法は具体的に規定しているわけではありませんが、地域住民の福祉増進のために行う事業全てを指していると解されます。住民票の写しの交付など法律によってその事務内容が定められている法定自治事務だけではなく、印鑑証明の事務や情報公開の事務のように法律に定められていない法定外自治事務も含まれます。他方、法令で国の事務とされているものや裁判制度を整えたり、国防軍を創設するといった事務は、その性質上、国の専権事項として処理すべき事項であり、自治法2条2項の事務ではありません。なお、法定受託事務（自治法2条9項）も、自治事務ではありませんが、自治法2条2項の事務として、条例の対象事務となります。

3　条例の法令適合性

　法令と抵触する条例は無効ですが、「抵触する」とは具体的にどのようなことなのでしょうか。

---

(108) 最大判昭29・11・24刑集8巻11号1866頁
(109) 松本・逐条153頁

まず、法令の目的と条例の目的が真っ向から対立する場合（法令の内容を条例で否定する場合）がこれに当たります。例えば、地方公務員法に定める守秘義務を条例で解除しようとするような場合です。この場合の条例は、明らかに法令に抵触します。

　次に、法令とは積極的には対立はしないけれど、その内容とは異なる事項を条例で規定する場合はどうでしょうか。

　この場合は、法令中に、条例に対する立場（スタンス）についての効力規定あるいは解釈規定があれば、それらの規定によって判断することになります。

【新しく制定する法律が既存の条例の効力を無効とする効力規定の例】

児童買春、児童ポルノに係る行為等の規制及び処罰並びに児童の保護等に関する法律

　　　附　則
　（条例との関係）
　第2条　地方公共団体の条例の規定で、この法律で規制する行為を処罰する旨を定めているものの当該行為に係る部分については、この法律の施行と同時に、その効力を失うものとする。
　2　前項の規定により条例の規定がその効力を失う場合において、当該地方公共団体が条例で別段の定めをしないときは、その失効前にした違反行為の処罰については、その失効後も、なお従前の例による。

【横出し条例を法律が容認する解釈規定の例】

―――――――――――――水質汚濁防止法―――――――――――――

　（条例との関係）
　第29条　この法律の規定は、地方公共団体が、次に掲げる事項に関し条例で必要な規制を定めることを妨げるものではない。
　（1）　排出水について、第2条第2項第2号に規定する項目によって示される水の汚染状態以外の水の汚染状態（有害物質によるものを除く。）に関する事項
　（2）　特定地下浸透水について、有害物質による汚染状態以外の水の汚染状態に関する事項
　（3）　特定事業場以外の工場又は事業場から公共用水域に排出される水につ

いて、有害物質及び第2条第2項第2号に規定する項目によって示される
　　　水の汚染状態に関する事項
　（4）特定事業場以外の工場又は事業場から地下に浸透する水について、有
　　　害物質による水の汚染状態に関する事項

　他方、法令に条例との関係について効力規定も解釈規定もない場合には、法令が明示的に又は黙示的に対象としている事項については、法令の明示的委任なしに条例を制定し得ないという**法律先占論**が基本となっていました。このことは、条例のあとに法律が制定された場合も同様です。その意味で「法律先占論」ではなく、「法律専占論」とも呼ばれます[110]。

　この法律先占論は、有名な**徳島市公安条例事件**最高裁判決[111]により修正され、この修正された法律先占論が現在の通説、実務における支配的見解となっています。

4　徳島市公安条例事件最高裁判決

（1）法令と条例との抵触関係判断の準則

　徳島市公安条例事件とは、総評の専従職員で、徳島県反戦青年委員会の幹事であったXが、昭和43年12月10日、同委員会主催のデモ行進に参加し、自ら蛇行行進をしたことが、所轄警察署が道路使用許可に付した「蛇行をするなど交通秩序を乱すおそれのある行為をしないこと」という条件に違反したとして道路交通法77条3項違反（道路使用許可条件違反）で、また、Xが参加者をして蛇行行進をするよう煽動したことが、徳島市の集団行進及び集団示威運動に関する条例3条3号（交通秩序維持義務違反）に違反するとして起訴された事件です。

　この事件では、道路や公共の広場における集会や示威運動を公安委員会の届出制とする徳島市の**集団行進及び集団示威運動に関する条例**（昭和27年市条例第3号）[112]が道路交通法に抵触するかどうかが問題になりました。

　最高裁は、条例の法令適合性の判断において、「**条例が国の法令に違反するかどうかは、両者の対象事項と規定文言を対比するのみでなく、それぞれの趣旨、目的、内容及び効果を比較し、両者の間に矛盾抵触があるかどうかによってこれを決しなければならない**」とし、条例が法令の先占領域に踏み込めば、即違法で

---

(110) 阿部・解釈学Ⅰ288頁
(111) 最大判昭50・9・10刑集29巻8号489頁。なお、一審は、徳島地判昭47・4・20判タ278号287頁、控訴審は、高松高判昭48・2・19刑集29巻8号570頁

あるとはしませんでした。この点が従来の法律先占論とは大きく異なります。条例は法令の先占領域内にあるかどうかの単純な形式的判断ではなく、法令の趣旨、目的、内容及び効果を比較して条例が法令に反していないかを決するべきであるとしたのです(113)。

その上で、次に示すように、両者の抵触関係の有無については、問題となっている法令と条例の目的及び規律対象の組合せによって、準則A、準則B及び準則Cのいずれかにより、判断すべきであるとしました。こうした組合せのうち、「規律対象は異なるが、目的は同じ場合」については、具体的な判示はありませんが、本書では、準則Aに準じて判断すべきケースであると考えます。なお、準則A、準則B及び準則Cは本書での呼称です。

---

(112) 本条例は、旧警察法の下で旧徳島市公安委員会の所管事務として制定されたものである。その後、新警察法（昭和29年法律第162号）が施行されたことにより旧徳島市公安委員会はなくなり、同委員会の事務とされていた事項は、徳島市又は徳島県が条例で定めをするまでの間、徳島県警察の機関又は職員の事務として処理されるものとされた（警察法施行令附則16項）。本件では、同項により、徳島県公安委員会へ行進の届出がなされている。
(113) 平成11年の自治法改正により、立法原則（同法2条11項、13項）、法解釈の原則（同法2条12項）定められた。
(114) このような類型について判断したものとして**高知市普通河川条例事件**最高裁判決（最3小判昭53・12・21民集32巻9号1723頁）がある。同判決は、普通地方公共団体が条例をもって普通河川に関する定めをすることは、自治法2条2項、同条3項2号、14条1項により明らかであるとしており、準則Aに準じて判断していると考えられる。
　ところが、同判決は、普通河川であっても、適用河川又は準用河川として指定することにより同法の適用又は準用の対象とする途が開かれているという特殊事情があることを理由に、河川法が適用河川等について定めるところ以上に強力な河川管理の定めをすることは、同法に違反するとした。
　なお、上記判示部分をもって、高知市普通河川条例を準則Cが適用される上乗せ条例として理解する立場、あるいは、新たな判断準則を示したものと解する立場もある。しかし、いずれであっても、河川法の規定により、これよりも厳しい規制を定める条例は一切許さないとする判断には、問題がある。河川管理が機関委任事務から法定受託事務となった現在、地域における規制の必要性が存在し、その規制内容が比例原則に反しないものであれば、河川法に反しないと解するべきであろう。
(115) 条例による規制が法律の予定するものより、多少厳しくなるからといって、「法律の規定の意図する目的と効果を阻害する場合」に該当するわけではない（宍戸常寿『憲法解釈論の応用と展開〔第2版〕』（日本評論社、2014）268頁参照）。

法令と条例との規律対象及び目的の異同	適用準則
規律対象及び目的が共に異なる場合	準則A
規律対象は同じで、目的が異なる場合	準則B
規律対象は異なるが、目的は同じ場合[114] （横出し条例、裾切り条例など）	判示なし （準則Aに準じる）
規律対象及び目的が共に同じ場合 （上乗せ条例などの重複規制条例）	準則C

―― 準則A ――
ある事項について法令中にこれを規律する明文の規定がない場合は、抵触関係は生じない（A-①）。

ただし、当該法令全体からみて、右規定の欠如が特に当該事項についていかなる規制をも施すことなく放置すべきものとする趣旨であると解されるときは、これについて規制を設ける条例の規定は、国の法令に違反する（A-②）。

―― 準則B ――
特定事項についてこれを規律する法令と条例とが併存する場合、後者が前者と別の目的に基づく規律を意図するものである場合には、抵触関係は生じない（B-①）。

ただし、その適用によって法令の規定の意図する目的と効果を阻害する場合[115]には、これについて規律を設ける条例の規定は、国の法令に違反する（B-②）。

―― 準則C ――
両者が同一の目的にでたときであっても、国の法令が必ずしもその規定によって全国的に一律に同一内容の規制を施す趣旨ではなく、それぞれの普通地方公共団体において、その地方の実情に応じて別段の規制を施すことを許容する趣旨であると解されるときには、国の法令に違反しない（C-①）。

ただし、それぞれの普通地方公共団体において、その地方の実情に応じて、別段の規制を施すことを容認しない趣旨の場合、これについて規律を設ける条例の規定は、国の法令に違反する（C-②）。

　判決は、具体的当てはめにおいて次のように述べて、道路交通法77条3項と徳島市条例3条3号の目的は重なり得るとしました。

「道路交通法は道路交通秩序の維持を目的とするのに対し、本条例は道路交通秩序の維持にとどまらず、地方公共の安寧と秩序の維持という、より広はん、かつ、総合的な目的を有するのであるから、両者はその規制の目的を全く同じくするものとはいえないのである。もっとも、地方公共の安寧と秩序の維持という概念は広いものであり、道路交通法の目的である道路交通秩序の維持をも内包するものであるから、**本条例3条3号の遵守事項が単純な交通秩序違反行為をも対象としているものとすれば、それは道路交通法77条3項による警察署長の道路使用許可条件と部分的には共通する点がありうる**」。

さらに、次のように述べて、道路交通法77条3項[116]と徳島市条例3条3号[117]が同一事項を規律対象としているとしました。
「これを道路交通法77条及びこれに基づく徳島県道路交通施行細則と本条例についてみると、徳島市内の道路における集団行進等について、道路交通秩序維持のための行為規制を施している部分に関する限りは、**両者の規律が併存競合していることは、これを否定することができない**」。

---

[116] 道路交通法（当時）
第77条　次の各号のいずれかに該当する者は、それぞれ当該各号に掲げる行為について当該行為に係る場所を管轄する警察署長（以下、この節において「所轄警察署長」という。）の許可（当該行為に係る場所が同一の公安委員会の管理に属する2以上の警察署長の管轄にわたるときは、そのいずれかの所轄警察署長の許可。以下この節において同じ。）を受けなければならない。
〈中略〉
　(4)　前各号に掲げるもののほか、道路において祭礼行事をし、又はロケーションをする等一般交通に著しい影響を及ぼすような通行の形態若しくは方法により道路を使用する行為又は道路に人が集まり一般交通に著しい影響を及ぼすような行為で、公安委員会が、その土地の道路又は交通の状況により、道路における危険を防止し、その他交通の安全と円滑を図るため必要と認めて定めたものをしようとする者
〈中略〉
3　第1項の規定による許可をする場合において、必要があると認めるときは、所轄警察署長は、当該許可に係る行為が前項第1号に該当する場合を除き、当該許可に道路における危険を防止し、その他交通の安全と円滑を図るため必要な条件を付することができる。
[117] 集団行進及び集団示威運動に関する条例
　（遵守事項）
第3条　集団行進又は集団示威運動を行うとする者は、集団行進又は集団示威運動の秩序を保ち、公共の安寧を保持するため、次の事項を守らなければならない。
〈中略〉
　(3)　交通秩序を維持すること。

以上のように、道路交通法77条3項と徳島市条例3条3号との関係について、目的及び規律対象も重なるとした上で、次のように述べて、道路交通法77条は地方の実情に応じて、別段の規制を施すことを容認するタイプの法律であると判断しています（C－①）。

　「道路交通法77条1項4号は、同号に定める通行の形態又は方法による道路の特別使用行為等を警察署長の許可によって個別的に解除されるべき一般的禁止事項とするかどうかにつき、各公安委員会が当該普通地方公共団体における道路又は交通の状況に応じてその裁量により決定するところにゆだね、これを全国的に一律に定めることを避けているのであって、このような態度から推すときは、**右規定は、その対象となる道路の特別使用行為等につき、各普通地方公共団体が、条例により地方公共の安寧と秩序の維持のための規制を施すにあたり、その一環として、これらの行為に対し、道路交通法による規制とは別個に、交通秩序の維持の見地から一定の規制を施すこと自体を排斥する趣旨まで含むものとは考えられ**」ない。

（2）　重複規制条例の「特別の意義・効果・合理性」

　判決は、上乗せ条例などの重複条例の場合、両者の内容に矛盾抵触関係がない場合（法律が「別段の規制を施すことを許容する趣旨」）であっても、**条例における重複規制がそれ自体としての特別の意義と効果を有し、かつ、その合理性が肯定される**という要件を満たすことが必要であるとしています。

　「特別の意義・効果とその合理性」が肯定されるか否かの判断に当たっては、条例の立法事実[118]の顕出を行って、条例の目的の特別の意義及びその合理性を判断することが必要です。本判決は、次のように述べてこれを肯定しています。

　「集団行動は、通常、一般大衆又は当局に訴えようとする政治、経済、労働問題、世界観等に関する思想、主張等の表現を含むものであり、表現の自由として憲法上保障されるべき要素を有するのであるが、他面、それは、単なる言論、出版等によるものと異なり、多数人の身体的行動を伴うものであって、多数人の集合体の力、つまり潜在する一種の物理的力によって支持されていることを特徴とし、したがって、それが秩序正しく平穏に行われない場合にこれを放置するときは、地域住民又は滞在者の利益を害するばかりでなく、地域の平穏を

---

[118] 立法目的及び立法目的を達成する手段の合理性や必要性を支える社会的、経済的、文化的一般事実をいう。

108

さえ害するに至るおそれがある……このような社会行動のもつ特殊な性格にかんがみ、道路交通秩序の維持を含む地方公共の安寧と秩序の維持のための特別の、かつ、総体的な規制措置を定めたものであって、道路交通法77条及びこれに基づく**徳島県道路交通法施行細則**[119]による規制とその目的及び対象において一部共通するものがあるにせよ、これとは別個に、それ自体として独自の目的と意義を有し、それなりにその合理性を肯定することができるものである」。

（3） 重複規制条例と手段の選択基準

　判決は、条例で選択される手段の適法要件として、**法律の定める手段を排除する趣旨のものではないこと及び法の趣旨を妨げるようなものではないことが必要**であるとしています。

　この点に関し、判決は、「本条例は集団行進等に対し許可をとらず届出制をとっているが、それはもとより**道路交通法上の許可の必要を排除する趣旨ではなく**……、道路交通法に基づいて禁止される行為を特に禁止から解除する等の**同法の規定の趣旨を妨げるようなものを含んでおらず、これと矛盾抵触する点はみあたらない**」とし、条例の定める届出手法は道交法の定める許可手法と矛盾抵触しないとしました。

（4） 重複規制条例における罰則

　最高裁は、罰則を定めるに当たっては、**法律が条例で特別の罰則を定める趣旨を含んでいないこと及びその罰則に合理性があることが必要**であるとしています。法律より厳しい罰則を定めることを一律に禁止しているわけではなく、厳しい罰則を設ける場合には、その合理性が必要であるとしているのです。「罰則に合理性がある」とは、罰則の内容が、罪刑法定主義の内容に反していないという

---

(119) 道路交通法施行細則（当時）
　　（道路の使用の許可）
第11条　法第77条第1項第4号の規定による署長の許可を受けなければならない行為は、次の各号に掲げるとおりとする。ただし、次の各号の1に該当する場合であつても公職選挙法の定めるところにより選挙運動又は選挙における政治活動として行われるものを除く。
　＜中略＞
　(3) 道路において、祭礼行事、記念行事、式典、競技会、集団行進（遠足、旅行若しくは見学の隊列又は通常の婚礼及び葬儀による行列を除く。)、踊り、仮装行列、パレードその他これらに類する催物をすること。

意味です（本書第16章参照）。

この点に関し、最高裁は、次のように判示し、条例の罰則は適法であるとしています。

「本条例5条は、3条の規定に違反する集団行進等の主催者、指導者又はせん動者に対して1年以下の懲役若しくは禁錮又は5万円以下の罰金を科するものとしているのであって、これを道路交通法119条1項13号において同法77条3項により警察署長が付した許可条件に違反した者に対して3月以下の懲役又は3万円以下の罰金を科するものとしているのと対比するときは、同じ道路交通秩序維持のための禁止違反に対する法定刑に相違があり、道路交通法所定の刑種以外の刑又はより重い懲役や罰金の刑をもって処罰されることとなっているから、この点において本条例は同法に違反するものではないかという疑問が出されるかもしれない。しかしながら、道路交通法の右罰則は、同法77条所定の規制の実効性を担保するために、一般的に同条の定める道路の特別使用行為等についてどの程度に違反が生ずる可能性があるか、また、その違反が道路交通の安全をどの程度に侵害する危険があるか等を考慮して定められたものであるのに対し、本条例の右罰則は、集団行進等という特殊な性格の行動が帯有するさまざまな地方公共の安寧と秩序の侵害の可能性及び予想される侵害の性質、程度等を総体的に考慮し、殊に道路における交通の安全との関係では、集団行進等が、単に交通安全を侵害するばかりでなく、場合によっては、地域の平穏を乱すおそれすらあることをも考慮して、その内容を定めたものと考えられる。そうすると、**右罰則が法定刑として道路交通法には定めのない禁錮刑をも規定し、また懲役や罰金の刑の上限を同法より重く定めていても、それ自体としては合理性を有するものということができる。そして、前述のとおり条例によって集団行進等について別個の規制を行うことを容認しているものと解される道路交通法が、右条例においてその規制を実効あらしめるための合理的な特別の罰則を定めることを否定する趣旨を含んでいるとは考えられない**」[120]。

（5）まとめ

徳島市公安条例事件最高裁判決を前提に法令と条例との抵触関係の判断手法に

---

[120] 本判決は、道路交通法の罪と徳島市公安条例の罪について、観念的競合としている。

ついてまとめると、①規律対象事項及び規律目的のいずれもが法令と重ならない条例については準則Ａにより、また、②規律対象事項は重なるが、規律目的は法令と重ならない条例については準則Ｂにより、さらに最後に③規律対象事項及び規律目的がともに法令と重なる条例については準則Ｃにより判断することになります[121]。なお、規律対象事項は重ならないが、規律目的が法令と重なる場合については、具体的判示はありません。しかし、法令の関心がない事項について規定するものなので、準則Ａに準じて判断することになるでしょう。

このうち、③のタイプの条例（重複規制条例）については、クリアすべき要件として、❶当該条例の目的が特別の意義を有し、かつ、合理性があることが必要とされ、❷当該目的を達成するための手段については、法令の手段に抵触せず、法令の趣旨目的にも反しないことが求められ、さらに、❸法令よりも重い刑罰を科す場合には、法令が罰則を科すことを禁止していないこと、及び罰則の合理性を有していること（罪刑法定主義に反しないこと）という要件が追加的に求められることになります。

以上述べた法令と条例との抵触関係についての判断プロセスを整理すると、次のようになります。

---

(121) 条例の憲法適合性については、目的と手段の二つの要素により判断するが、法令との抵触関係については、目的及び規律対象事項の異同によって判断するものであって、司法判断の基準が異なる。男女の性交渉の場所となる可能性のある休憩・遊興施設のうち具体的にどのような施設を規制するのかは規律対象事項の問題だが、規律対象に対してどの様な態様（建築規制、営業規制、立地規制）により行うかは、手段の問題である。

【Step 1】（※以下、○＝抵触なし ／ ×＝抵触）

```
        ┌──────────────┐
        │  規制対象法令  │
        └──────────────┘
         あり │  │ なし
              │  └─→ 原則○。ただし、法秩序が放置すべき趣旨の場合は× 準則A
              ↓
```

【Step 2】

```
        ┌──────────────┐
        │   規制目的    │
        └──────────────┘
       同一目的 │  │ 別目的
                │  └─→ 原則○。ただし、法令の目的及び効果を阻害する場合は× 準則B
                ↓
```

【Step 3】

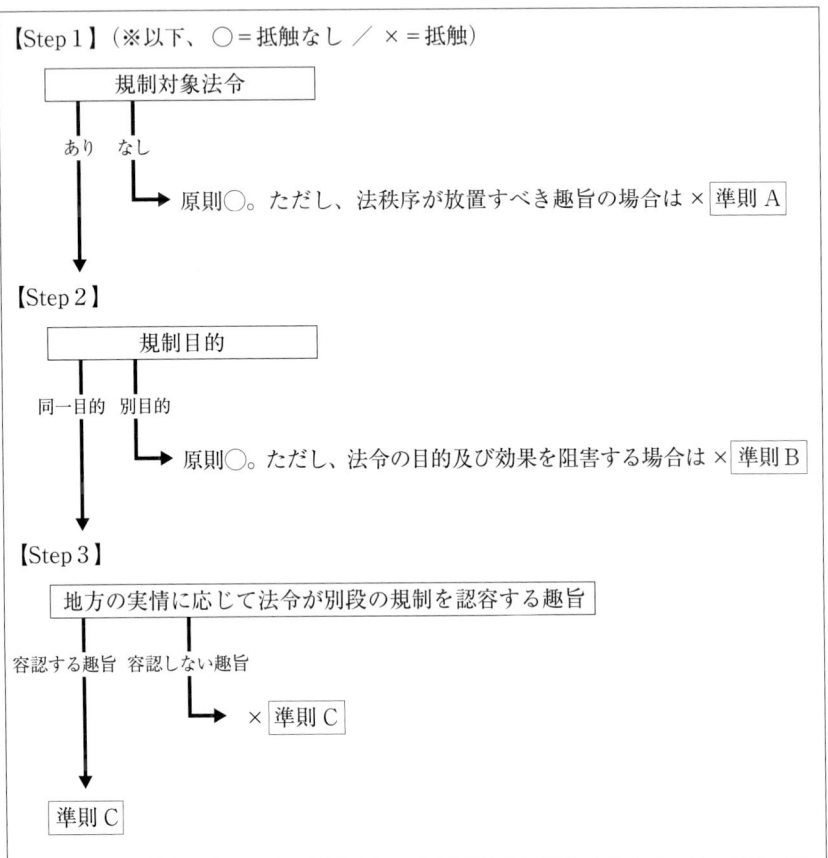

```
   ┌──────────────────────────────────────────┐
   │ 地方の実情に応じて法令が別段の規制を認容する趣旨 │
   └──────────────────────────────────────────┘
   容認する趣旨 │  │ 容認しない趣旨
                │  └─→ × 準則C
                ↓
              準則C
```

「容認する趣旨」であっても、制定される条例が法令に適合するためには、目的、手段、罰則の各内容について次のような要件を満たすことが必要です。

条例の内容	条例の満たすべき要件
目　的	特別の意義・効果及びその合理性を有すること。
手　段	法令の手段に抵触せず、法令の趣旨、目的を妨げないこと。
罰　則	法令が罰則を定めることを許容し、法令より重く罰することについて合理性があること。

【Step 1】が争点になった例
■福岡県青少年保護育成条例事件[122]

「児童に淫行をさせる行為」を処罰の対象とする児童福祉法 34 条 1 項 6 号及び同法 60 条 1 項が「18 歳未満の青少年との合意に基づく淫行」を処罰しない趣旨を含まず、こうした淫行を罰する青少年保護育成条例は、違法ではないとされた例

【Step 2】が争点になった例
■紀伊長島町水道水源保護条例事件[123]

水源保護条例は、住民に安全な水道水を確保する目的で作られたものであり、廃棄物処理法は、産業廃棄物の排出を抑制し、産業廃棄物の適正な処理によって、生活環境の改善を図ることを目的とするものであり、双方の趣旨・目的が異なるとして、条例が同法に違反しないとされた例

【Step 3】が争点になった例
■東郷町ラブホテル規制条例事件[124]

風営法は、それが規制の最大限であって、条例による上乗せ規制、横出し規制を一切許さない趣旨であるとまではいえず、かえって、地域の実情に応じた風俗営業への規制を行うことにより、良好な生活環境、教育環境の維持、発展を図ることが地方公共団体の本来的な責務であると考えられることに照らせば、条例が、風営法の規制の対象外となっている性的好奇心を高める設備等を有しないラブホテル等をも規制の対象としているからといって、風営法の趣旨に反するとまではいえないとされた例

設問7　風営法と条例による重複規制

　A 県 B 市内の複数の風俗営業者（キャバレー）は、営業所周辺を含む市内中心部において拡声器付き宣伝車両を使って、青少年の健全育成の観点から好ましくない宣伝行為を頻繁に行っている。
(1) A 県は、風営法 21 条に基づく委任条例でこうした宣伝行為を罰則付き

---

[122] 最大判昭 60・10・23 刑集 39 巻 6 号 413 頁
[123] 名古屋高判平 12・2・29 判タ 1061 号 178 頁
[124] 名古屋地判平 17・5・26 判タ 1275 号 144 頁

で規制することは可能か。
(2) B市は、自主条例でこうした宣伝行為を罰則付きで規制することは、風営法に抵触しないか。

◆風営法
(目的)
第1条　この法律は、善良の風俗と清浄な風俗環境を保持し、及び少年の健全な育成に障害を及ぼす行為を防止するため、風俗営業及び性風俗関連特殊営業等について、営業時間、営業区域等を制限し、及び年少者をこれらの営業所に立ち入らせること等を規制するとともに、風俗営業の健全化に資するため、その業務の適正化を促進する等の措置を講ずることを目的とする。
(広告及び宣伝の規制)
第16条　風俗営業者は、その営業につき、営業所周辺における清浄な風俗環境を害するおそれのある方法で広告又は宣伝をしてはならない。
(条例への委任)
第21条　第12条から第19条まで及び前条第1項に定めるもののほか、都道府県は、条例により、風俗営業者の行為について、善良の風俗若しくは清浄な風俗環境を害し、又は少年の健全な育成に障害を及ぼす行為を防止するため必要な制限を定めることができる。

【設問解説】
(1) 法律実施条例の対象
　本設問は、岡山市安全・安心まちづくり条例[125]を参考にしたものです。風営法21条は、「第12条から第19条まで及び前条第1項に定めるもののほか、都道府県は、条例により、風俗営業者の行為について、善良の風俗若しくは清浄

---

[125] 岡山市安全・安心まちづくり条例
(風俗営業に係る路上宣伝行為の禁止)
第19条　風俗営業等の規制及び業務の適正化等に関する法律(昭和23年法律第122号)第2条第1項各号に定める営業を行う者(以下「風俗営業者」という。)又はその代理人、使用人その他の従業者は、市内において第17条第2項第2号に定める路上宣伝行為をし、又は他人をしてこれを行わせてはならない。
(路上宣伝行為に関する措置)
第20条　市長は、前条の規定に違反する者に対し、当該路上宣伝行為を中止することを命じ、又は当該行為が中止されることを確保するために必要な事項を命ずることができる。
2　市長は、前条に規定する者が第17条第2項第2号に定める路上宣伝行為をした場合において、その者が更に反復して当該路上宣伝行為をするおそれがあると認めるときは、その者に対して1年を超えない範囲で期間を定めて当該路上宣伝行為の禁止又はそれが行われることを防止するために必要な事項を命ずることができる。
3　市長は、前項の命令を発した場合には、速やかに当該風俗営業者の営業所を管轄する都道府県公安委員会に対し、その旨を通報するものとする。

な風俗環境を害し、又は少年の健全な育成に障害を及ぼす行為を防止するため必要な制限を定めることができる」と定めています。

具体的にいうと、①営業所の構造及び設備に関する技術上の基準への適合（12条）、②営業時間の制限（13条）、③照度の規制（14条）、④営業所周辺における騒音及び振動の規制（15条）、⑤営業所周辺における広告及び宣伝の規制（16条）、⑥料金の表示義務（17条）、⑦年少者の立入禁止の表示義務（18条）、⑧接客従業者に対する拘束的行為の規制（18条の2）、⑨遊技料金等の規制（19条）、⑩著しく客の射幸心をそそるおそれがある遊技機の規制（20条1項）以外の規制項目について、新たに、都道府県の委任条例で定めることを認めています。したがって、①から⑩までの規制項目についての上乗せ規制は風営法21条に基づく委任条例の範囲外となります。

(2) 風営法と市町村条例の自主条例

風営法には、市町村の条例に委任する根拠はないため、市町村の自主条例において、風営法よりも厳しい規制を行うことができるかが争点になります。条例は法令に反して制定することができないので（自治法14条1項）、設問のような市町村の自主条例が風営法に反しないかどうかについて検討する必要があります。こうした自主条例と法令との抵触関係については、前述の徳島市公安条例事件最高裁判決により定立された準則により判断します。

当該準則の内容を単純化すると、次のようになります。すなわち、法令が規律していない事項について規制する場合には、法令と目的が異なるとき、あるいは、法令と目的が同じとき（**横出し条例**）、いずれの場合であっても原則として、法令との抵触関係は生じません。また、法令の規制対象事項について重ねて規制する場合でも、法令と目的が異なるときは、原則、抵触関係が生じません。しかし、法令と目的が同じとき（**上乗せ条例**）は、「当該法令が全国的に一律に同一内容の規制を施す趣旨ではなく、それぞれの普通地方公共団体において、その地方の実情に応じて、別段の規制を施すことを容認する趣旨」の場合に限って、法令に抵触しないとするものです。

(3) 東郷町ラブホテル規制条例事件判決

分権一括法施行後の風営法と条例との関係について判断したものとして、前掲**東郷町ラブホテル規制条例事件**（名古屋地判平17・5・26判タ1275号144頁）があります。同判決は、風営法が条例による上乗せ規制、横出し規制を一切許さない趣旨であるとまではいえないとした上で、風営法と同目的で同法の規制

対象であるラブホテル及び疑似ラブホテルを規制対象とする同条例は風営法に反しないとしました（控訴審である名古屋高判平 18・5・18 もほぼ同様の判断）。

(4) 風営法 16 条の目的及び規律対象

徳島市公安条例事件最高裁判決をもとに市町村の自主条例による規制の法令適合性を検討する場合、規律（規制）対象事項及びその目的について、風営法の関係条項とどの点で重なるのかを確認する必要があります。設問における関係条項は風営法 16 条の規定です。同条は、「風俗営業者は、その営業につき、営業所周辺における清浄な風俗環境を害するおそれのある方法で広告又は宣伝をしてはならない」と定めています。よって、同条は「**清浄な風俗環境の保全**」を目的とし、その目的達成のために、「**営業所周辺**」で行われる同目的を害するような方法による広告又は宣伝を規律（規制）対象としていると解されます。

風営法 16 条の目的及び規律対象を上記のように解した場合、設問の自主条例と風営法との関係は、次のように整理することができます。

自主条例の目的	自主条例の規律対象行為	自主条例と風営法との関係
善良な風俗と清浄な風俗環境の保持（＝風営法 16 条の規制目的）	営業所周辺における広告・宣伝行為	自主条例の規律対象及び目的が風営法 16 条と重なる。
	営業所周辺以外の場所における広告・宣伝行為	自主条例の規律対象は、風営法 16 条の対象とは異なる。ただし、目的は重なる。
青少年の健全育成など風営法 16 条の規制目的以外の目的	営業所周辺における広告・宣伝行為	自主条例の規律対象は風営法 16 条と重なるが、目的は風営法 16 条と異なる。
	営業所周辺以外の場所における広告・宣伝行為	自主条例と風営法 16 条とは、規律対象及び目的が共に異なる。

(5) 設問に対する解答

A 県の委任条例により風営法 16 条で既に規制対象となっている事項について重ねて規制することはできません。

B 市が設問のような自主条例を現実に立案する場合、「善良な風俗と清浄な風俗環境の保持」と「青少年の健全育成」という目的は、理論上は、上記の表のように分けて考えることもできますが、一部重なる部分もあります。また、「営業所周辺」の規制と「営業所周辺以外」の規制を区分することも困難です。結局のところ、法律の目的と重なりながら、市内全域における広告・宣伝行為を

規制するといった**上乗せ条例と横出し条例とが融合したタイプ**の条例を立案せざるを得ません。この場合、徳島市公安条例事件最高裁判決、東郷町ラブホテル規制条例事件名古屋地裁判決を前提とする限り、目的と規制対象に関し、いかなる組合せとなった場合でも、原則風営法16条との抵触することなく、B市は自主条例を制定できる可能性があります。

ところで、風営法に基づく委任条例と市町村条例との関係ですが、一般の都道府県条例と市町村条例についての関係（形式的効力は同じ）には立ちません。委任条例は、あくまで法令の一部だからです。この場合、委任条例と市町村の自主条例との関係は、法令と条例との関係としてその抵触の有無が判断されることに注意して下さい。

なお、A県は委任条例ではなく、B市と同様に自主条例による規制を行うことも不可能ではありません。

5　比例原則と法政策の立案

（1）　比例原則の意義

行政活動においても、一般法理（条理）が適用されます。一般法理には、**信義則、権利濫用禁止の原則、比例原則**、平等原則などがあります。このうち、法政策において特に重要な法理が比例原則です。この比例原則とは、住民の自由を制限する公権力の発動の手法や態様は、除去されるべき障害の大きさに比例しなければならず、不必要、あるいは過剰な規制を禁ずるというものです[126]。

この比例原則については、法の一般法理、行政法上の一般原理あるいは、憲法13条に根拠を有する憲法上の原理であるとする考え方がありますが、本書では、憲法13条に根拠を有する原理であると解します。このように解すると、比例原則違反は、憲法適合性について問題を生じさせることになります。

比例原則は、行政機関の行う権利や自由を制限したり、義務を課すなどの不利益処分に際して、当該処分の適法性審査の基準として用いられるなど行政活動に対する裁量統制機能の役割を担っています。例えば、「飲酒運転をしたことのみを理由とする懲戒免職処分が、過剰で、裁量を逸脱した違法な処分か否か」の判断基準として用いられるわけです。

本書では、比例原則の裁量統制機能に加え、次に解説する**飯盛町旅館建築規制**

---

[126] 比例原則の内容については、論者によってその内容が異なるが、塩野・行政法Ⅰ 84頁では、警察違反の状態を排除するために必要な場合でなければならないという必要性の原則と目的と手段が比例していなければならないという過剰規制の禁止からなるとする。

条例事件福岡高裁判決に見られるように、立法裁量の統制基準としても働くことに注目します。比例原則は、法政策立案における行政手法の選択指針としても重要な役割を果たしているのです。

（2） 飯盛町旅館建築規制条例事件福岡高裁判決

　条例の違法性の判断に比例原則を用いた有名な事件があります。この事件は、住民の善良な風俗を保持する目的で制定された飯盛町旅館建築の規制に関する条例に基づき、町長がした建築不同意処分の違法性が争われたものです。

　長崎地裁判決[127]は、町長が敗訴しました。これに対し、控訴審の福岡高裁判決[128]は、「地方公共団体が当該地方の行政需要に応じてその善良な風俗を保持し、あるいは地域的の生活環境を保護しようとすることは、本来的な地方自治事務に属すると考えられるので、このような地域特性に対する配慮を重視すれば、旅館業法が旅館業を規制するうえで公衆衛生の見地及び善良の風俗の保持のため定めている規定は、全国一律に施されるべき最高限度の規制を定めたもので、各地方公共団体が条例により旅館業より強度の規制をすることを排斥する趣旨までを含んでいると直ちに解することは困難である」として、条例による、旅館業法への上乗せ規制（同一目的、同一規律対象）も法解釈上可能であると判示しました。

　さらに、同判決は、「旅館業法が旅館業に対する規制を前記の程度に止めたのは、職業選択の自由、職業活動の自由を保障した憲法22条の規定を考慮したものと解されるから、**条例により旅館業法よりも強度の規制を行うには、それに相応する合理性、すなわち、これを行う必要性が存在し、かつ、規制手段が右必要性に比例した相当なものであることがいずれも肯定されなければならず、もし、これが肯定されない場合には、当該条例の規制は、比例の原則に反し、旅館業法の趣旨に背馳するものとして違法、無効になるというべきである**」としました。上乗せ規制条例の限界を画する基準として比例原則を用いたわけです。

　判決は、条例を上記判断基準に当てはめ、条例に定める同意制度及び同意条件による営業規制は町長の裁量いかんによって、町内全域に旅館業を目的とする建築物を建築することが不可能となる結果を招来する非常に強力な規制であって、比例原則に反し、旅館業法に違反すると判断しました。

---

　(127)　長崎地判昭55・9・19行集31巻9号1920頁は、「旅館業法は、同法と同一目的の下に、市町村が条例をもって同法が定めているより高次の営業規制を行うことを許さない趣旨であると解される」として、飯盛町条例は旅館条例に反し無効であるとした。
　(128)　福岡高判昭58・3・7行集34巻3号394頁

なお、この事件は、条例と法令との抵触関係をはじめとする重要な論点を含んでいますが、この高裁判決後に町が条例を廃止したため、最高裁は、これらの論点について具体的判断を示すことなく、条例廃止により訴えの利益は失われたとして、訴えを却下しました[129]。

（3）比例原則と手段選択

徳島市公安条例事件最高裁判決では、重複規制（同一目的、同一規律対象）の場合、当該条例の目的達成のための手段は、法令の手段に抵触せず、法令の趣旨目的を妨げないことが必要であるとしました。

本判決は、特に、職業選択の自由といった憲法上の主要な権利を制限する手法を用いる場合、単に法令の手段に積極的に抵触しないというだけではなく、条例の目的達成のために比例原則に反しない相当な手段であることも要求したのです。この点に関し本書では、憲法上の権利を制限する場合、その手段は、目的を達成するために必要最小限の規制手段を選択すべきであるという立場に立っています。このような考えで立案する限り、特に比例原則を意識しなくてもより高い次元で憲法適合性を確保することができると考えます。

6　財産権の制限と条例

憲法29条2項は、「財産権の内容は、公共の福祉に適合するように、法律でこれを定める」と規定しています。有名な**奈良県ため池条例事件**の高裁判決[130]は、「法律」には条例を含まないと解し、条例による財産権の規制を明示的に否定しました[131]。これに対し、最高裁判決[132]は、「ため池の破損、決かいの原因となるため池の堤とうの使用行為は、憲法でも、民法でも適法な財産権の行使として保障されていないものであって、憲法、民法の保障する財産権の行使の埒外にあるものというべく、従って、これらの行為を条例をもって禁止、処罰しても憲法および法律に抵触またはこれを逸脱するものとはいえない」から、条例は違法で

---

(129) 最1小判昭60・6・6判自19号60頁
(130) 大阪高判昭36・7・13判時276号33頁
(131) 同判決は、「かように私有財産権の内容に規制を加えるには、それが公共のためとはいえ、法律によらなければならないことは、憲法第29条第2項に明定されているとおりであり、又条例は法律の範囲内においてすなわち法令に違反しない限りにおいて制定されなければならないことは、憲法第94条地方自治法第14条第1項の規定によって明らかであるから、右のように私有地である池堤地に対する個人の権利に規制を加えることは単なる条例のよくしうるところではないといわなければならない」としている。
(132) 最大判昭38・6・26刑集17巻5号521頁

はないと判断しました。

　上記最高裁は、条例で財産権の内容を規制できることを明確に肯定したわけではありませんが、否定したわけでもありません。今日では、条例が公選議員からなる議会で制定される民主主義的性格を持つルールであることや、条例で精神的自由の制限が認められるのに、財産権の制限が認められないのはおかしいといった理由から、立法実務では、条例によって財産権を制限する法政策は少なくありません。

7　地方団体の課税権と条例

　地方税法3条1項は「地方団体は、その地方税の税目、課税客体、課税標準、税率その他賦課徴収について定をするには、当該地方団体の条例によらなければならない」と定めています。このことから、実務では、地方税の課税主体は地方団体であるが、その課税権は、地方団体に固有のものではなく、国から付与されたものと解されています。その理由として、国と地方団体との事務配分及び国民の租税負担の見地から、国税と地方税を総合的に考慮して国と地方との間の適正な税源の分配を図って租税体系を組み立てる必要があること、さらに、各地方団体の住民の租税負担の均衡を図り、あわせて地方団体間における地方税の課税権の調整が必要であるからと説明されます[133]。

　これに対し、学説は、「地方団体の課税権は、地方自治の不可欠の要素であり、地方団体の自治権の一環として憲法によって直接に地方団体に与えられている」と考えます[134]。このように解した場合、地方団体ごとに税制がまちまちになり、住民の負担が甚だしく不均衡になる危険性があります。これを防ぐため地方団体の課税権に対して統一的な準則や枠を設ける準則法（枠法）が、地方税法であるとします。裁判例では、実務の立場をとるものもありますが[135]、学説と同様の立場をとるものもあります[136]。憲法92条に定める地方自治の本旨からすると、自主課税権は憲法により直接保障されたものであるとする学説の立場が適切といえるでしょう。

---

(133) 地方税務研究会編『地方税法総則逐条解説』（地方財務協会、2012）18頁
(134) 金子宏『租税法〔第19版〕』（弘文堂、2014）89頁
(135) 東京地判平2・12・20判時1375号59頁は、「地方公共団体の課税権は、直接には法律の規定によって、右の地方公共団体の自治権の保障の趣旨に沿い付与されるものであって、地方公共団体にそれを超える意味での固有の課税権があるわけではない」とする。
(136) 東京高判平22・2・25判時2074号32頁は、「地方税法の解釈適用に当たって、憲法が、地方公共団体に課税権を保障し、地方税法の内容が地方自治の本旨にかなうように要請していることを考慮すべきである」とする。

8　議員による法政策の立案

　最近、地方議会は、長をはじめとする執行機関の監視、監査の役割だけではなく、議会の活性化を図り、住民の代表として地域の課題解決にも積極的役割も果たすべきであるとの考えから、議員提案の条例も増えてきました。

　議員は議案の提出権を持ち（自治法112条）、また、議会の委員会もその部門に属する当該地方公共団体の事務に関するものにつき議案提出権を持っています（自治法109条6項）。

　ところで、条例は原則、議会側、長側双方に提出権があります。しかし、その例外もあります。例えば、常任委員会、議会運営委員会、特別委員会の設置条例（自治法109条1項、9項）及び市町村の議会事務局設置条例（自治法138条2項）については、議会のみに提案権があると解されています。これに対し、都道府県の支庁、地方事務所又は市町村の支所、出張所の設置に関する条例（自治法155条1項）、局部の設置条例（自治法158条1項）などは、長のみに提案権があると解されています。

　なお、予算を調製し、提案する権限は長に専属していますが（自治法149条1号、2号）、議員は予算を伴う条例案についても提案をすることが可能であると解されています。

　議員により法政策を立案をする場合、当該法政策を執行する組織及び当該予算については、前記の通り、長の専権事項となっているため、これらについては定めることはできません。そのため、多くの議員提案の条例では、目的達成のための具体的手法が定められるものは少なく、いわゆる基本条例が多くなっています[137]。議会側が提案する条例についてはこのような制限はありますが、提案に当たって執行機関と十分な協議をすることにより、こうした問題を解決することができます[138]。

　市町村長部局の担当が多岐にわたり部局間の調整がつかないため、立案が進まないような場合、あるいは、再三の議会からの要求にもかかわらず、政策が立案されない場合などは、議員提案が優位な場面といえます。

　議員提案の条例の立案に当たっては、これを補佐する議会事務局職員の法務能

---

(137)　例えば、岡山県がん対策推進条例など。
(138)　このように、執行部と協議を重ねながら議員により立案された条例として、倉敷市空き家等の適正管理に関する条例（平成24年市条例第78号）がある。

力の向上が必要です^(139)。そのためには、議会事務局職員に対する立案研修、法務経験職員の議会事務局への出向などが有効であると考えられます。地方公共団体の中には、法務担当者を議会事務局職員と併任させている自治体もあります。

　議員による条例立案の場合には、いつ条例を施行するかという問題があります。執行部と十分な協議をすることが必要です。条例施行日について、議会と執行部の間で十分な合意ができていない場合、「施行日は規則で定める」など、施行期日を長に白紙委任することがあります。この場合、提案者の意図とは異なり、施行が遅れ、あるいは最悪の場合施行されないこともあります。このような場合に備えて、「この条例は、公布の日から起算して6月を超えない範囲において、規則で定める日から施行する」といったように、施行期日の裁量の制約も検討すべきです。

---

(139) 最近は、議員向けの条例立案指南書も少なくないが、比較的詳しいものとして、加藤幸雄＝平松弘光『議員条例集覧　新規政策条例編』（公人社、2011）がある。

第9章 都道府県条例と市町村条例

Point 都道府県条例で既に規制対象となっている事項について、さらに市町村条例で重複規制を行うことができるでしょうか。本章では、明文の規定がない都道府県条例と市町村条例との関係について解説します。

keyword 競合関係　抵触関係　最小限規制　最大限規制　標準規制　適用除外規定

1 問題の所在

　ごみのポイ捨て行為の規制など、都道府県条例と市町村条例で同一行為を規律対象としている場合は少なくありません。都道府県条例と市町村条例との関係については、法律と条例との関係のように優劣関係を定める明確な規定(憲法94条、自治法14条1項)はありません。

　確かに、自治法2条16項後段は「市町村及び特別区は、当該都道府県の条例に違反してその事務を処理してはならない」との規定はありますが、同項は、条例間の優先関係について一般的なルールを定めたものであるとは解されていません。このため、都道府県条例と市町村条例で同一事項を規律対象とした場合いずれの条例が適用されるかについては明確にされておらず、地方公共団体の法政策上、重要な論点となっています。

　法令により事務区分が明確であれば、各区分に従って都道府県条例又は市町村条例が制定されます。この場合、同一事務に係る事項を両条例で規律対象とすることはあまり考えられません。例えば、市町村の設置する公の施設の管理に関する事項は自治法244条の2の規定により、当該市町村の所管事務とされているので都道府県の条例で定めることはできないわけです。しかし、法定外の自治事務については、都道府県と市町村で事務の所管が競合する場合が少なくありません。

　都道府県と市町村の事務区分について、①**広域事務**(複数の市町村にまたがる広域的事務)、②**市町村連絡調整事務**(市町村間の調整、連絡が必要とされる事務)、

③**補完事務**（規模又は性質において一般の市町村が処理することが適当でない事務）を都道府県の事務とし（自治法2条5項）、それ以外を市町村の事務としています（自治法2条3項、4項）。しかし、自治法2条5項の規定は、区分の具体性に欠けるため、**共管的事務領域**が生じ、条例間に**競合関係**が生じ得る場合があるのです。

2　条例間の抵触関係の調整

　原則的に、両条例に優劣関係はありませんから、両条例間で同一事項を規律対象とした場合、両条例は独立して適用され、執行されるのが原則です[140]。例えば、災害に対する見舞金の給付を行う事業が都道府県条例と市町村条例の両者に定められていても、両条例は独立して適用され、執行されます。

　ところが、競合関係にある条例に関しては、一方の条例を適用、執行することが、他方の条例と矛盾し、又は趣旨を損なう関係（以下「**抵触関係**」という）が生じる場合もあります。

　このように条例間に抵触関係が生じた場合には、いずれの条例が優先的に適用されるのでしょうか。①住民により近い地方公共団体である市町村の条例が優先される、②両条例がいずれも適用される、あるいは、③都道府県条例が優先的に適用される、といった場合分けが考えられます。①は、基礎自治体である市町村のルールを尊重するという考え方に基づくものですが、実定法上の根拠を見いだすことは困難です。また、②のように両条例の効力の平等を認めると抵触関係は解消されません。③は、都道府県が市町村の区域を含む広域的団体であり区域内の政策で適正配置する調整機能も有していることを考えると、条例間に抵触関係が生じた場合に限り、当該抵触部分を都道府県条例との関係において無効とし、都道府県条例の優先適用を認めるとするもので、合理性があります。

　③の場合、「市町村及び特別区は、当該都道府県の条例に違反してその事務を処理してはならない」（自治法2条16項後段）との規定及び「前項の規定に反して行った地方公共団体の行為は、これを無効とする」（同条17項）との規定を準用することにより、実定法上の根拠を見いだすことができます。そのため、実務

---

(140) 都道府県条例と市町村条例とは、原則、法形式上優劣関係はない。このため、両者の間には「特別法優先の原則」、「後法優先の原則」といった解釈原則により、適用関係が明確になるようにも思われる。しかし、これらの解釈原則は、同一立法者により定立された法規間の優先関係を明らかにするものであり、都道府県条例と市町村条例のように立法者が異なる場合、これらの解釈原則は適用されない。

は③の考え方をとっています[141]。都道府県条例の優先的適用の範囲についての違いはあるものの、学説でも実務と基本的に立場を同じくするものが多いといえます[142][143]。

なお、自治法2条16項後段・17項は、両条例が競合関係にある全ての場合に適用されるのではなく、**両条例が競合関係にあり、かつ、抵触関係にある場合に限って、準用されるもの**であることに注意が必要です。

3 条例間の抵触関係の発見

都道府県条例と市町村条例が抵触関係にあるかどうかについては、どのような基準で判断すればよいのでしょうか。抵触関係にあるということは、一方の条例を適用することが、他方の条例の規定の趣旨に反するということです。例えば、ある義務違反の行為に対して、都道府県条例で刑罰の対象にしているにもかかわらず、市町村条例では当該行為を刑罰の対象としないことを定めているような場合が考えられます。また、このように積極的に抵触する場合だけではなく、都道府県条例で定めた規制内容を市町村条例で上乗せする場合にも抵触関係が生じる可能性があります。例えば、都道府県条例で特定の義務違反の行為に対し、10万円以下の罰金刑しか科さない趣旨の場合に、市町村条例で同一の義務違反の行為に対して、30万円以下の罰金刑を定めるような場合です。

こうした両条例の抵触関係の有無を考える上では、都道府県条例が市町村条例に対して、どのようなスタンスをとっているのかを都道府県条例の解釈により発見することが必要です。もちろん、都道府県条例において明文規定があれば、それに従うのは当然です。しかし、そうでない場合は、都道府県条例の趣旨を解釈し、そのスタンスを発見しなければなりません。では、都道府県条例の市町村条例に対するスタンスには、どのような趣旨のものが考えられるのでしょうか。

都道府県条例の市町村条例に対するスタンスとしては、大きく分けると、**最小限規制**、**最大限規制**及び**標準規制**のいずれかの趣旨であると考えられます。このうち、最小限規制のスタンスとは、都道府県条例が当該都道府県の区域全部に適用される最小限度の規制を定めたものであって、市町村条例が競合して規制の度

---

[141] 松本・逐条69頁
[142] 宇賀・自治法205頁は、自治法2条16項後段・17項を根拠に「都道府県条例と市町村条例が抵触する場合には、前者が優先することになろう」とする。
[143] 北村・自治体環境法41頁は、「地方自治法2条16項〜17項によれば、市町村条例は都道府県条例に違反してはならず、違反した条例は無効になる」とする。

合いを強化するなどの上乗せ規制を許容するものです。都道府県は区域内における最小限の規制を確保することができ、市町村は立法事実に応じたより厳しい規制による対応をすることができます。次に、最大限規制のスタンスとは、都道府県条例を当該都道府県の区域全部に適用される最大限度の規制と捉え、市町村が競合して規制の度合いを強化したり、規制度合いを緩めるなどの上乗せ規制や規制の緩和をいずれも許容しないとするものです。都道府県は区域内における事務の統一的、平等的執行を確保することはできますが、市町村は立法事実に応じた対応はできません。最後に、標準規制のスタンスとは、都道府県条例が当該都道府県の区域全部に適用される標準規制として定めたものであって、市町村条例が競合して規制を強化したり、規制を緩和したりすることを許容するスタンスです。基礎自治体である市町村の自主立法権を最も尊重するスタンスといえます。

表：各スタンスの特徴

スタンス	内容	上乗せ規制	規制の緩和	主なメリット	主なデメリット
最小限規制	都道府県条例が当該都道府県の区域全部に適用される最低限度の規制を定めたものであって、市町村条例が競合して、規制の度合いを強化するなどの上乗せ規制を許容するもの	可	不可	都道府県は、最小限度の規制を確保でき、市町村は、立法事実に応じて規制の上乗せができる。	・緩和については、市町村は、立法事実に応じた政策を展開できない。 ・近隣市町村に負の影響を与える可能性がある。
最大限規制	都道府県条例が当該都道府県の区域全部に適用される最大限度の規制であって市町村が競合して、規制度合いを強化したり、規制度合いを緩めるなどの上乗せ規制や規制の緩和を許容しないもの	不可	不可	・都道府県の区域における事務の統一的、平等的執行を確保することができる。 ・ある市町村における負の影響が同じ都道府県内の市町村に及ぶ可能性はない。	都道府県内統一規制となり、市町村の権限で、立法事実に応じた政策が、全く展開できない。
標準規制	都道府県条例が当該都道府県の区域全部に適用される標準規制として定めたものであって、市町村条例が競合して、規制を強化したり、規制を緩和したりすることを許容するもの	可	可	市町村は、都道府県の規制内容とは関係なく、立法事実に応じた政策を展開できる。	・都道府県条例の内容が市町村条例により上書きされてしまうという問題がある。 ・近隣市町村に負の影響を及ぼす可能性がある。

4　共管事務と法政策の立案

　都道府県と市町村は、特定の政策分野を除くと、両者が共に地域の経営主体として高い独立性を有していることや首長の政治的思惑などもあり、同様の政策が重複することも少なくありません。

　しかし、二重行政の弊害を排し、効率的な行政を執行するためには、都道府県と市町村は競合する可能性のある施策については、事務を有効かつ効果的に執行するために、双方が事前に十分な検討をする機会を持つべきです。

　ただ、どうしても重複して規制する必要がある場合には、都道府県条例中に市町村条例に対するスタンスを明確にする解釈規定を定める、あるいは、都道府県条例中に市町村条例の**適用除外規定**を定めるといった立法措置をとることが望ましいといえます。

　適用除外規定を定めた場合には当該除外区域には、都道府県条例を適用することはできません。適用除外規定を設けない場合には、両者の条例が抵触しない限り、いずれの条例も適用、執行が可能です。この際、市町村が市町村条例に基づく事務を執行しないときでも都道府県条例を適用し、対処することが可能です。

　なお、市町村条例と都道府県条例との間に法形式上、原則として優劣関係はないので、市町村条例中に都道府県条例の適用除外規定を設けることも理論上可能です。しかしながら、市町村条例に定められた除外規定が都道府県条例の趣旨に抵触する場合、自治法2条16項後段、17項の規定の準用により、当該市町村条例に定められた都道府県条例を適用しない旨の適用除外規定は無効となります。よって、適用関係を明確にするための適用除外規定は、市町村条例ではなく都道府県条例に置く必要があります。

　次の北海道条例は、解釈規定により最小限規制のスタンスをとることを明らかにしています（同条例10条）。

------- 北海道スパイクタイヤ対策条例 -------

（スパイクタイヤの使用規制）

第6条　自動車（道路交通法（昭和35年法律第105号）第39条第1項の政令で定める自動車その他規則で定める自動車を除く。以下この条及び第9条において同じ。）を運行し、又は運行させる者は、スパイクタイヤを装着した自動車を路面にセメント・コンクリート舗装又はアスファルト・コンクリート舗装が施されている道路（規則で定める道路の部分を除く。）において別表の地域区分の欄に掲げる地域ごとに、同表のスパイクタイヤ使用規制期間の欄に掲げる期間には運行し、又は運行させてはならず、同表のスパイクタイヤ使用抑制期間の欄に掲げる期間には運行しないように、又は運行させないように努めなければならない。

2　前項の規定は、スパイクタイヤ粉じんの発生の防止に関する法律（平成2年法律第55号）第5条第1項の規定により環境大臣が指定地域として指定した地域については、適用しない。

（市町村の条例との関係）

第10条　第6条の規定は、市町村が、当該地域の自然的、社会的条件から判断して、同条の規定による規制によっては、住民の健康を保護し、又は生活環境を保全することが十分でないと認めるときは、当該地域におけるスパイクタイヤを装着した自動車の道路における運行に関し、条例で、必要な規制を定めることを妨げるものではない。

次の熊本県条例は、解釈規定により標準規制のスタンスをとることを明らかにしています（同条例55条）。

------- 熊本県野生動植物の多様性の保全に関する条例 -------

（市町村条例との関係）

第55条　この条例の規定は、市町村が、その地域の実情に応じて、野生動植物の保護に関し、**条例で必要な規制を定めることを妨げるものではない。**

次の広島県条例は、原則、標準規制のスタンスをとるとしていますが（同条例25条1項）、暴力団事務所の開設又は運営に係る規制については、最小限規制のスタンスをとることを明らかにしています（2項）。

------------ 広島県暴力団排除条例 ------------
（市町の条例との関係）
第25条　この条例の規定は、市町が、地域の実情に応じて暴力団の排除を推進するため、**条例で必要な規制を定めることを妨げるものではない**。
2　前項の規定にかかわらず、**市町は、条例で、前条による暴力団事務所の開設又は運営に係る規制を緩和することができない**。

次の岡山県条例及び大阪市条例は、適用除外規定を定めた例です。

------------ 岡山県快適な環境の確保に関する条例 ------------
（市町村条例との調整）
第25条　知事は、市町村が制定した条例による施策の実施等により、当該市町村がこの条例の目的の全部又は一部を達成することができると認めるときは、**当該市町村の区域について、この条例の規定**（当該目的に係る部分に限る。）**を適用しないこととすることができる**。
2　前項の規定によりこの条例の規定を適用しないこととする市町村の区域及びこの条例の規定のうち当該市町村の区域において適用しないこととする規定については、規則で定める。

------------ 大阪府建築基準法施行条例 ------------
（市町村が条例を定める場合の適用除外）
第79条　市町村が法第39条、第40条、第43条第2項、第56条の2第1項又は第106条の規定に基づき制定する条例に規定する事項がこの条例に規定する事項と同一の事項である場合にあっては、知事が規則で定めるところにより市町村を指定してこの条例の当該同一の事項に係る規定は、**当該市町村の区域において適用しないこととする**。

設問8　都道府県条例と市町村条例の抵触

> 学校等の教育施設から200メートル以下の区域での暴力団事務所の設置を禁止するA県暴力団排除条例が制定されました。このののち、学校等の教育施設から500メートル以下の区域での設置を禁止するB市暴力団排除条例が制定された。
> B市の区域では、いずれの条例が適用されるか。
> なお、A県の条例には、B市の区域を適用除外とする規定はない。

【設問解説】

　都道府県条例に適用除外規定がある場合や市町村条例に対する明確な解釈規定があれば、それに従うのは当然です。しかし、そうでない場合には、都道府県条例の市町村条例に対するスタンスにより抵触関係の有無が決せられることになります。A県の規制が、最小限規制であると解すると、規制が重なる区域には両条例が適用され、上乗せ規制の部分にはB市の条例が適用されることになります。また、最大限規制であると解すると、規制が重なる領域には両条例が適用され、上乗せ規制の部分には自治法2項16項後段、17項の規定によりB市の条例はA県の条例との関係で無効となり、適用されません。さらに、標準規制であると解する場合には、結果的に最小限規制と同様の適用関係になります。

　設問のような規制的な性格を有する都道府県条例は、立法事実の濃淡のある区域全部に適用されるという性格からして、また、都道府県は基礎自治体である市町村の事務執行を補助し、ミニマムサービス提供の役目を担うことからして、最小限規制と解されることが一般的です。したがって、設問のような市町村条例が制定された場合、B市の区域内では、200メートル規制以下の範囲では両条例が適用され、200メートルを超え500メートル以下の範囲ではB市の条例のみが適用されると解されます[144]。

　ところで、最小限規制と解した場合、B市の区域内では、そもそもA県の条例は適用されないのではないかとの疑問が生じます。確かに、そのように解した方が適用関係は明確です。しかし、両条例間に優劣はありませんから、抵触関係にない限り両条例がともに適用されます。このため、仮にA県の条例とB

---

[144] 暴力団排除事務における都道府県条例と市町村条例との関係について論じるものとして、宇那木正寛「暴力団排除事務をめぐる都道府県条例と市町村条例の関係（1）（2）」自治研究88巻1号、2号（2012）、同「暴力団排除事務をめぐる都道府県条例と市町村条例との関係－岡山県条例及び岡山市条例との関係を例に」自治実務セミナー51巻7号（2012）参照

市の条例の双方に罰則が定められている場合、A県の条例による罪とB市の条例による罪の2罪が成立するよう思えます。ただ、両条例の要件をともに充足する犯罪行為があった場合には、法条競合として一罪が成立すると考えられます[145]。これに対し、A県の条例で違反事実に対する公表が定められ、B市の条例で罰則が定められた場合には、A県が公表することも可能であり、犯罪も成立することになります。

　市町村条例で都道府県条例と規律対象が重なる事項について定める場合には、両条例の抵触関係の有無を確認するため、立案に際し、自治法245条の4第3項の規定に基づき都道府県条例の市町村条例に対するスタンスを照会しておくことが大切といえそうです。

　なお、同じ構成要件の犯罪において、市町村条例で都道府県条例よりも厳しい罰則を科す場合には、当該厳しい罰則を科すことについての立法事実の存在が必要になることはいうまでもありません。

(1) 最小限規制と解した場合の適用関係　　○：適用　×：非適用

区域	県条例	市条例	理　由
200 m以下	○	○	両条例は抵触関係にないため、いずれも適用される。
200 m超〜500 m以下	×	○	県条例は規制範囲外で適用されない。県条例の上乗せ規制となる市条例は、県条例には抵触しないため適用される。
500 m超〜	×	×	両条例とも規制範囲外である。

---

(145) 法条競合とは、1個の構成要件に該当する事実、すなわち1個の法益侵害が惹起されたに過ぎない単純一罪のうち、1個の法益侵害事実に対して、数個の刑罰法規が適用可能であるようにみえるが、それらの罰条相互の関係からひとつの罰条のみが適用可能であり、一罪しか成立しないことをいう。法条競合の種類としては、一般的に択一関係、特別関係、補充関係、吸収関係の四つが挙げられる。択一関係とは、解釈上、二つの刑罰法規が排他的関係にあり、いずれか一方のみが適用されることをいい、特別関係とは、一般法と特別法の関係に立つ複数の刑罰法規のうち、特別法が適用されることをいい、補充関係とは、基本法規と補充法規が競合する場合に、基本法規が優先的に適用されることをいい、吸収関係とは、複数の刑罰法規に該当する事実があるが、そのうちの一つの刑罰法規が他の法規を吸収する形で評価される場合をいう。本設問の場合では、刑法上、都道府県条例の罪と市町村条例の罪は吸収関係に立つと考えられる（両条が罰条で競合する場合、いずれかの一罪が成立)。なお、罪数については、裁判実務の観点から論じられた香城敏麿『刑法と行政刑法』（信山社、2005) 129頁以下が参考になる。

(2) 最大限規制と解した場合の適用関係　○：適用　×：非適用

区域	県条例	市条例	理　由
200 m以下	○	○	両条例は抵触関係にないため、いずれも適用される。
200 m超〜500 m以下	×	×	県条例は規制範囲外で適用されない。県条例の上乗せ規制となる市条例は、県条例に抵触し適用されない。
500 m超〜	×	×	両条例とも規制範囲外であるため適用されない。

(3) 標準規制と解した場合の適用関係　○：適用　×：非適用

区域	県条例	市条例	理　由
200 m以下	○	○	両条例は抵触関係にないため、いずれも適用される。
200 m超〜500 m以下	×	○	県条例は規制範囲外で適用されない。市条例は県条例とは抵触しないため、適用される。
500 m超〜	×	×	両条例とも規制範囲外であるため適用されない。

第10章 法律実施条例

Point　本章では、法律実施条例の意義と将来の展望について解説します。

keyword　法律実施条例　委任条例　義務付け・枠付け
　　　　　従うべき基準　標準　参酌基準

1　法律実施条例の意義

　法律実施条例とは、当該法律と一体となって法律を実施するために制定される条例です。法律実施条例のうち法律の具体的な委任を受けて制定されるものを特に**委任条例**と呼ぶことがあります。

　条例には、法律との関係で整理すると法律実施条例以外に自主条例と呼ばれるカテゴリーの条例があります。自主条例とは、法令に根拠を置かず、地方公共団体がその政策的判断に基づき制定するもので、当該自主条例のみで政策が完結します。

【条例への具体的委任を定めた法律】

------------------------ 都市計画法 ------------------------

（開発許可の基準）
第33条　都道府県知事は、開発許可の申請があった場合において、当該申請に係る開発行為が、次に掲げる基準（第4項及び第5項の条例が定められているときは、当該条例で定める制限を含む。）に適合しており、かつ、その申請の手続がこの法律又はこの法律に基づく命令の規定に違反していないと認めるときは、開発許可をしなければならない。
＜以下、各号略＞
2　前項各号に規定する基準を適用するについて必要な技術的細目は、政令で定める。
3　地方公共団体は、その地方の自然的条件の特殊性又は公共施設の整備、建築物の建築その他の土地利用の現状及び将来の見通しを勘案し、前項の政令で定める技術的細目のみによっては環境の保全、災害の防止及び利便の増進

> を図ることが困難であると認められ、又は当該技術的細目によらなくとも環境の保全、災害の防止及び利便の増進上支障がないと認められる場合においては、**政令で定める基準に従い、条例で、**当該技術的細目において定められた制限を**強化し、又は緩和することができる。**

---- 大気汚染防止法 ----

> 第4条　都道府県は、当該都道府県の区域のうちに、その自然的、社会的条件から判断して、ばいじん又は有害物質に係る前条第1項又は第3項の排出基準によっては、人の健康を保護し、又は生活環境を保全することが十分でないと認められる区域があるときは、その区域におけるばい煙発生施設において発生するこれらの物質について、**政令で定めるところにより、条例で、**同条第1項の排出基準にかえて適用すべき同項の排出基準で定める許容限度よりきびしい許容限度を定める排出基準を定めることができる。

2　法律に委任の根拠を持たない法律実施条例

　次に、許可処分や不利益処分の要件などの重要事項に関して、法律実施条例を制定できる範囲について解説します。条例への委任規定が明確に存する場合には、法律及びその委任を受けた政令の範囲内において法律実施条例を定めることができます。これが原則です。

　他方、具体的委任の根拠がない場合はどうでしょうか。全く制定することができないのでしょうか。そうではありません。例えば、当該法律を実施するために重要かつ不可欠な事項が定められていない場合です。この場合には、事務を執行する権限を法令上与えられた地方公共団体が、法律の趣旨に反しない限りにおいて、条例で許可や不利益処分といった法律の実施に不可欠な事項を補充できると解されています[146]。そのように解さなければ、法律を現実に執行できないからです。

　こうした具体例として、墓地、埋葬等に関する法律を挙げることができます。同法10条は「墓地、納骨堂又は火葬場を経営しようとする者は、都道府県知事の許可を受けなければならない」としています。しかし、当該許可基準について

---

(146) 北村・分権改革150頁

法令で定めたものもなければ、これを委任することを定める規定もありません。このため、許可権限を持つ地方公共団体において許可要件を定める法律実施条例を制定しています。同法は法律の実施に不可欠な事項を条例に委任するという点で、分権的な法律といえなくもありませんが、もともとの制度設計に問題のあった法律ともいえます。

【墓地、埋葬等に関する法律及び同法実施条例】

---------- 墓地、埋葬等に関する法律 ----------

第10条　墓地、納骨堂又は火葬場を経営しようとする者は、都道府県知事の許可を受けなければならない。

---------- 岡山市墓地等の経営の許可等に関する条例 ----------

（趣旨）

第1条　この条例は、墓地、埋葬等に関する法律（昭和23年法律第48号。以下「法」という。）第10条の規定による墓地、納骨堂又は火葬場（以下「墓地等」という。）の経営の許可等の基準その他墓地等の経営に関し、必要な事項を定めるものとする。

（許可の基準）

第6条　市長は、法第10条第1項の許可の申請があった場合において、当該申請が第2条の2及び第2条の3の規定による手続を経たものであるとともに、当該申請に係る墓地等の設置が次の各号のいずれかに該当し、かつ、当該墓地等が次条から第13条までに規定する基準に適合していると認めるときでなければ、同項の許可をしてはならない。

(1)　地方公共団体が墓地等を設置しようとするとき。

(2)　宗教法人（岡山県内に事務所を有するものに限る。）が自己の所有地に墓地等を設置しようとする場合であって、付近に墓地等の需要を充足することができる墓地等がない等相当の事由があると認められるとき。

(3)　設置しようとする墓地の区域の面積が規則で定める面積を超えない小規模なものであって、付近に利用することができる墓地がなく、当該墓地の設置につき規則で定める特別の事由があると認められるとき。

許可申請書にどのような書類を添付するとか、申請書をどこに提出するとかいった法律の執行に必要な軽微な事項は法律を実施する上で当然必要であって、法律もそのような軽微な事項について別に定められることは想定していると考えられています。そのため、具体的な委任規定がなくても、法律を実施するために必要な軽微な事項について条例で定めることができるのは当然です。ただ、こうした規定は本書第7章で解説した、法律による行政の原理からすると条例で定める必要は特にありません。そのため、例えば、墓地経営の許可申請書の様式などは、各実施機関の規則で定めればよいのです[147]。

なお、義務を課す事項であっても法律の趣旨・目的に適ったものであり、かつ、軽微な事項については具体的な委任の有無を問わず法律実施条例で定めることができます。例えば、岡山市クリーニング業法施行条例4条は「営業者は、クリーニング所にクリーニング師を置いたときは、当該クリーニング師に係るクリーニング師免許証を当該クリーニング所内の見やすい場所に掲示しなければならない」とし、免許証掲示義務を規定しています。同条は法律の具体的委任の根拠に基づいて制定されたものではなく、法律の実施のために必要な付随的事項として制定されたものです。

【法令の具体的委任に基づかず義務を定めた法律実施条例の例】

---------- 岡山市クリーニング業法施行条例 ----------

（趣旨）
第1条 この条例は、クリーニング業法（昭和25年法律第207号。以下「法」という。）の施行に関し必要な事項を定めるものとする。

（クリーニング師免許証の掲示）
第4条 営業者は、クリーニング所にクリーニング師を置いたときは、当該クリーニング師に係るクリーニング師免許証を当該クリーニング所内の見やすい場所に掲示しなければならない。

---

[147] 墓地等の経営の許可等に関する規則（平成12年京都府規則第11号）のように許可基準を規則で定めている場合もあるが、許可基準自体も権利を制限し、又は義務を課す事項を構成する重要な要素であるから、侵害留保の原則により条例で定めるべきであろう（自治法14条2項）。

3　分権改革後の法律実施条例をめぐる地方公共団体のチャレンジ

　地方分権一括法施行により機関委任事務は廃止され、法定自治事務及び法定受託事務という地域の事務となりました。自治法2条11項、12項及び13項では立法原則、解釈原則が定められ、特に法定自治事務に関しては、地域の実情に応じてアレンジされることも、法律がもともと予定しているものであるとの解釈が強く主張されるようになりました。こうした解釈のもとでは、標準装備のまま実施したのでは法律の目的が達し得ないといった地域の状況がある場合、たとえ、法律の具体的委任がなくても法律実施条例を定めることができるということになります。

　こうした状況の下で、法律の具体的委任の規定がないにもかかわらず、条例で許可要件を追加した横須賀市条例が登場しました。法令に明確な規定のない限り、法律に根拠を有する事務に関し、条例で許可要件を追加することはできないというのが一般的な考え方です。

　しかし、横須賀市は、中核市として宅地造成等規制法に基づく許可権限を有し、事務を執行していましたが、同市では急傾斜地が多いという地理条件から許可件数も多く、許可を受けて工事を開始したものの途中で資金繰りができずに工事を途中で投げ出す業者が多いという事情があったようです。そこで、横須賀市は、平成18年、宅地造成に関する工事の許可の基準及び手続に関する条例を制定し、同条例において宅地造成等規制法及び同法施行令が規定する工事許可の技術的基準に加え造成主の資力基準等独自の許可基準を追加したのです。

　横須賀市は、宅地造成等規制法に基づく事務が法定自治事務であり、自治法2条13項にあるように地域特性に応じた対応ができると解し、規定したものだといわれています[148]。

---

(148) 北村喜宣「横出しストーリー－横須賀宅地造成工事許可基準手続条例－」同『自治力の達人』（慈学社、2008）38頁

> - - - 宅地造成に関する工事の許可の基準及び手続きに関する条例（横須賀市） - - -
> （目的）
> 第1条　この条例は、宅地造成等規制法（昭和36年法律第191号。以下「法」という。）に基づく宅地造成に関する工事の許可の基準及び手続きその他必要な事項を定めることにより、宅地造成に伴う災害の防止を図り、もって市民の生命及び財産の保護に資することを目的とする。
> （工事の許可基準）
> 第4条　法第8条第1項の規定に基づく宅地造成に関する工事（法第12条第1項の規定により工事の計画を変更しようとするときは、変更後の工事。以下「工事」という。）（令第3条第4号に規定するものを除く。以下この条において同じ。）は、法、令及び省令に定めがあるもののほか、**次に掲げる基準に適合しなければならない。**
> 　(1)　造成主が工事を完成するための必要な資力を備えていること。
> ＜以下略＞

　さらに、明確な法令上の委任はないが、条例で不利益処分要件を追加した神戸市条例の例があります。法文に明確な規定のない限り、法律に根拠を有する事務に関し、条例を制定して不利益処分要件を追加することはできないというのが一般的な考え方です。

　しかし、神戸市は、平成18年、廃棄物の適正処理、再利用及び環境美化に関する条例の一部を改正し、廃棄物処理法のもとで一般廃棄物処理業の許可を受けた業者に対して、不利益処分ができる要件を条例で追加しました。

　不利益処分ができる場合の要件は既に廃棄物処理法7条の3各号に定められていますが、こうした法定要件に加えて、業務に係る車両により道路交通法に違反して事故を起こした場合などに事業停止の不利益処分を行えるように処分事由を条例で追加したものです。

　道路交通法違反自体は、廃棄物処理法の目的（生活環境の保全・公衆衛生の向上）とは一見、関係ないように思われますが、車両を用いてそのサービスを提供する一廃棄物処理業者の業務執行体制に対する信頼を確保する上で、道路交通法に違反する業者であるかどうかは、許可維持のための重要な要素であると考えた

からといわれています[149]。

------ 神戸市廃棄物の適正処理、再利用及び環境美化に関する条例 ------
（目的）
第1条　この条例は、廃棄物の発生を抑制し、及び再利用等を促進することにより、並びに廃棄物の処理及び清掃に関する法律（昭和45年法律第137号。以下「法」という。）の規定に基づき必要な事項を定めることにより廃棄物の減量を推進するとともに、廃棄物の適正な処理及び環境の美化を推進することにより、市民の健康で快適な生活を確保することを目的とする。
（事業の停止）
第15条の2　市長は、法第7条第1項又は第6項の許可を受けた者（以下「一般廃棄物処理業者」という。）が法第7条の3各号又は次の各号のいずれかに該当するときは、期間を定めてその事業の全部又は一部の停止を命ずることができる。
(1)　その業務に係る車両の交通により人の死傷又は物の損壊をしたときその他道路交通法（昭和35年法律第105号）の規定に違反したとき。
＜以下略＞

4　法律実施条例の将来的展望

　地方分権改革理念の下では、法律による規律密度を下げ、必要最小限のナショナルルール（法律）と豊かなローカルルール（条例）へと移行していくことが望まれます。特に、法定自治事務については、法定受託事務とは異なり「国は、地方公共団体が地域の特性に応じて当該事務を処理することができるよう特に配慮しなければならない」（自治法2項13項）とされており、これからの国の法政策に関しては同項の趣旨が生かされることを期待したいものです。
　条例制定権の拡大をめぐる理論には、自主条例の制定権を拡充する方向性と並んで法律実施条例の制定範囲を拡充する方向性もあります。自主条例の場合、法律の委任の範囲という制約はなく自由度は高いのですが、法政策全体の制度設計を全て条例で行う必要があります。他方、法律実施条例では、法律の制約を受けるものの、法律という国権の最高機関が定立した権威のある法資源や法律でなけ

---

(149) 北村喜宣「不利益処分要件の横出し条例」同『自治力の達人』（慈学社、2008）44頁

れば定めることのできないシステム[150]を利用できるというメリットがあります。

5　法律実施条例と分権改革

　平成23年4月28日の参議院本会議で第174回国会提出の地方自治法の一部を改正する法律（平成23年法律第35号）、地域の自主性及び自立性を高めるための改革の推進を図るための関係法律の整備に関する法律（平成23年法律第37号、提出時：地域主権改革の推進を図るための関係法律の整備に関する法律案）、国と地方の協議の場に関する法律（平成23年法律第38号）の地域主権改革三法が成立し、施行されました。このうち関係法律整備法により、関係法律に規定する**義務付け**[151]・**枠付け**[152]が見直されました。

　見直されたといっても全くの自由になったわけではなく、「**従うべき基準**」、「**標準**」、「**参酌すべき基準**」という三つの新たな枠組みに変更されたのです。このうち、「従うべき基準」とは、必ず従わなければならない基準であり、基準の範囲内でしか条例を定めることはできません。「標準」とは、「標準」とすることが求められる基準としながらも、これと異なる基準を定めることに合理的理由がある場合に、地域の実情に応じ、「標準」と異なる内容を定めることができるとするものです。「参酌すべき基準」は、地域の実情に応じて、異なる内容を定めることを原則許容するものです。

　かつては政省令で定められていたことが、条例で定められるようになったに過ぎないという否定的評価もあります。また、今回の義務付け・枠付けの見直しは、法令の上書権を包括的に認めるものではありませんでした。さらに、政省令と同様のものを定めるのであれば、条例制定の事務が増えただけであるといった批判の声も聞かれました。

　このような批判はありますが、自治事務である以上、過去において政省令で定められていた法律実施に必要な基準は、本来であれば条例で定めるべきものであったといえますし、また、基準を定めるのに地方公共団体が関与できる幅が広がったことは確かです。さらに、条例による基準定立の過程において、地域の実情を再考する機会になれば、これを、他の法政策の立案に活かすこともできるで

---

[150] 例えば、空屋等対策の推進に関する特別措置法（平成26年法律第127号）14条10項には、行政代執行法1条の解釈から条例で定めることができないと解されている略式代執行の制度が規定されている。
[151] 一定の課題に対処するため、自治体に一定の活動を義務付けること。
[152] 自治体の活動について判断基準等の枠付けを行うこと。

しょう。この改革は、地方公共団体が地域経営の主体としての役割をより積極的に担うためのチャンスとして肯定的に評価すべきです。

図：平成23年法律第37号による老人福祉法の改正例

---- 改正前 ----

（施設の基準）
第17条　厚生労働大臣は、養護老人ホーム及び特別養護老人ホームの設備及び運営について、基準を定めなければならない。
2　養護老人ホーム及び特別養護老人ホームの設置者は、前項の基準を遵守しなければならない。

⬇

---- 改正後 ----

（施設の基準）
第17条　都道府県は、養護老人ホーム及び特別養護老人ホームの設備及び運営について、条例で基準を定めなければならない。
2　都道府県が前項の条例を定めるに当たっては、第1号から第3号までに掲げる事項については厚生労働省令で定める**基準に従い**定めるものとし、第4号に掲げる事項については厚生労働省令で定める**基準を標準**として定めるものとし、その他の事項については厚生労働省令で定める**基準を参酌**するものとする。
　（1）　養護老人ホーム及び特別養護老人ホームに配置する職員及びその員数
　（2）　養護老人ホーム及び特別養護老人ホームに係る居室の床面積
　（3）　養護老人ホーム及び特別養護老人ホームの運営に関する事項であって、入所する老人の適切な処遇及び安全の確保並びに秘密の保持に密接に関連するものとして厚生労働省令で定めるもの
　（4）　養護老人ホームの入所定員

第11章 行政による規範定立

Point 規範（＝ルール）を定めるのは立法府だけではありません。行政機関もその役割を担っています。こうした規範には法規命令と行政規則があります。本章では、行政手続法制の整備により重要性を増しつつある行政規則を中心に、地方公共団体の機関が定立する規則、規程の意義及びその法的性質についても解説を加えます。

keyword 法規命令　行政規則　執行命令　委任命令　行政規則の法規化現象　必要的規則事項　財務事項規則専管主義

1 行政機関の定立する規範の種類

　三権分立の下では、法律を制定するのが国会で（憲法41条）、制定された法律の実施が行政機関の役割ということになります。しかし、刻々と変化する社会状況や高度化する専門技術的な内容に対応するためには、法政策の細部にわたる内容を国会で定めるのではなく、行政機関にその内容の一部の制定を委ねた方が適切な場合があります。こうした現実的要請から行政機関も法律の目的を実現し、あるいは、適切かつ効率的な執行をするためのルールを定めること（＝規範を定立すること）が憲法上許容されています（憲法73条6号）。

　行政機関が定める代表的な規範としては、法律を実施するために内閣が定める**政令**（憲法73条6号、内閣法11条）、各大臣が法律若しくは政令を施行するため、又は法律若しくは政令の特別の委任に基づいて定める**省令**（国家行政組織法12条1項）、内閣総理大臣が、法律若しくは政令を施行するため、又は法律若しくは政令の特別の委任に基づいて定める**内閣府令**（内閣府設置法7条3項）などがあります。こうした政令や省令あるいは内閣府令などのように、国民の権利・義務に直接影響を与える規範を総称して**法規命令**といいます。

　他方、法規命令以外にも広く行政機関の事務執行のために用いられる通知、通達、基準、要綱などの名称が付された内部規範があります。このような内部規範を**行政規則**といいます。行政規則は、理論上は行政機関の内部ルールにすぎず、

国民の権利義務に直接、影響を与えるものではないと理解されてきました[153]。

図：国内の法令秩序

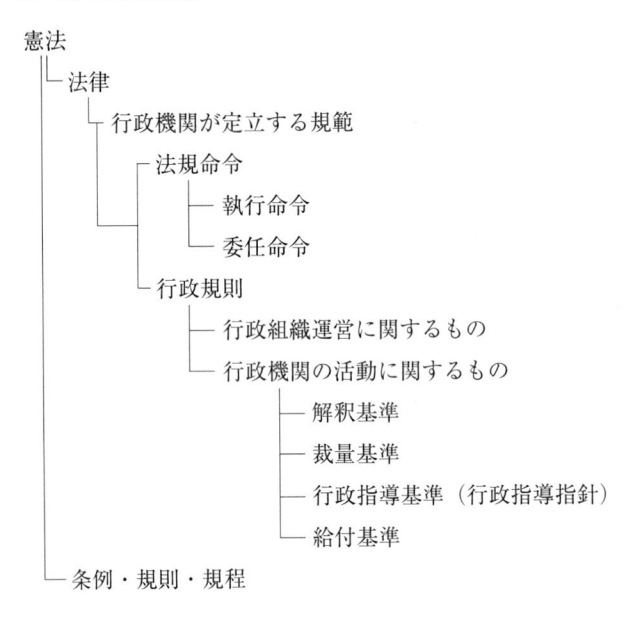

```
憲法
 ├ 法律
 │  ├ 行政機関が定立する規範
 │  │  ├ 法規命令
 │  │  │  ├ 執行命令
 │  │  │  └ 委任命令
 │  │  └ 行政規則
 │  │     ├ 行政組織運営に関するもの
 │  │     └ 行政機関の活動に関するもの
 │  │        ├ 解釈基準
 │  │        ├ 裁量基準
 │  │        ├ 行政指導基準（行政指導指針）
 │  │        └ 給付基準
 └ 条例・規則・規程
```

2　法規命令の意義

　法規命令は、法律との関係で整理すると**執行命令**及び**委任命令**に分類されます。執行命令は、許可申請手続の具体的手順とか申請書の提出先その他法律を実施するために必要な手続的・細目的事項を定める命令をいいます。この執行命令は、法律にその委任の根拠がなくても構いません。憲法に直接の根拠があるからです（憲法73条6号）。ただし、最近の立法例では、個別の法律に執行命令を定めることができる旨の包括的な委任規定を置くものも少なくありません（行政機関の保有する情報の公開に関する法律26条、景観法99条、都市再生特別措置法127条など）。

---

(153) 最3小判昭43・12・24民集22巻13号3147頁は通達に関し、「原則として、法規の性質をもつものではなく、上級行政機関が関係下級行政機関および職員に対してその職務権限の行使を指揮し、職務に関して命令するために発するものであり、このような通達は右機関および職員に対する行政組織内部における命令にすぎないから、これらのものがその通達に拘束されることはあっても、一般の国民は直接これに拘束されるものではな」いとする。

【執行命令の根拠の例】

------- 建築基準法 -------

（国土交通省令への委任）
第93条の3　この法律に定めるもののほか、この法律の規定に基づく許可その他の処分に関する手続その他この法律の実施のため必要な事項は、**国土交通省令で定める。**

　他方、委任命令とは、本来は法律で定めるべき内容を行政機関が定めるものなので、執行命令と異なり、法律に個別具体的な委任の根拠となる規定が必要であると解されています[154]。

　委任命令は政令で、執行命令は省令というイメージがあるかも知れませんが、必ずしもそうではありません。省令は、形式的効力において政令には劣りますが「法律若しくは政令を施行する」だけではなく「法律若しくは政令の特別の委任」に基づいて委任命令の内容を定めることができます（国家行政組織法12条1項）。実際には、委任命令の中でも特に専門性や技術性が高いもの、即応的対応が必要な事項については省令への委任される場合が多いといえるでしょう。政令と省令の守備範囲については、厳密な区分があるわけではなく、立法慣行によるものといえます。

　条例とその委任を受けた規則との関係についても同様のことがいえます。執行命令の性格を有する規則を定めるには、条例にその根拠を置く必要はありません。自治法15条に基づき長が条例の執行に必要な手続を定めればよいのです。ただ、立法慣行として、「この条例の施行に関し必要な事項は、規則で定める」という包括的な委任の根拠を置いている場合が少なくありません。他方、委任命令と同様の性格を有する規則の制定については、委任事項について個別具体的な定めが条例にあることが必要です。

---

(154) 最大判昭27・12・24刑集6巻11号1346頁は、憲法73条6号について、罰則を設けることは、特にその法律に具体的な委任がある場合を除き、現行の憲法下においては法律をもって規定すべき事項であるとしている。同判決は罰則の委任に関する判断であるが、罰則に限らず、法律をもって規定すべき事項（例えば、権利制限、義務賦課事項など）を政令に委任する場合にも妥当する。罰則の定めを委任する場合には、罪刑法定主義の見地から特に明確な委任の根拠が必要となる。

【委任命令の根拠の例】

------------------------------ 建築基準法 ------------------------------
（面積、高さ及び階数の算定）
第92条　建築物の敷地面積、建築面積、延べ面積、床面積及び高さ、建築物の軒、天井及び床の高さ、建築物の階数並びに工作物の築造面積の算定方法は、**政令で定める。**

3　行政規則の意義

　行政規則には、行政機関が法律を執行するに当たり、法律の文言上複数の解釈があり得る場合に、事務の執行の統一性を図るために制定される**解釈基準**[155]、行政機関が裁量権を適切に行使し、不透明あるいは不平等な行政機関の法執行を防止するために設けられる**裁量基準**、行政指導の透明化を図るために定められる**行政指導基準**（行政指導指針）、補助金の交付や融資をするに当たり、適切かつ平等に執行するために定められる**給付基準**などがあります[156]。

　行政規則は、原則として、行政機関自身を拘束する内部規範にしかすぎません。とはいえ、行政機関が裁量基準を作っておきながら、特定の者に対してこれを適用しなかった場合には、平等原則違反が問われる可能性もあります[157]。行政規則も市民社会との関係を有する限りにおいて、司法審査の場面で法律や条例と同様に裁判規範として扱われる場合があるのです。こうした状況は、**行政規則の法規化現象**と呼ばれています[158]。平成6年に施行された行政手続法や行政手続法の趣旨に基づいて制定されている行政手続条例は、こうした流れを加速しているといえます。

---

(155) 最3小判昭43・12・24民集22巻13号3147頁は解釈通達に関し、「行政機関が通達の趣旨に反する処分をした場合においても、そのことを理由として、その処分の効力が左右されるものではない」し、「裁判所がこれらの通達に拘束されることのない」としている。
(156) 行政規則の制定については、議会の議決を経る必要はないが、実務上、重要な行政規則については、行政の説明責任を果たす観点からその制定・改廃に当たっては、議会（常任委員会）への報告・説明を行うという扱いがなされている。特に、予算執行の領域においては、民主的コントロールの要請が強く働くため、補助金交付要綱等において定める補助金執行の具体的内容等（補助対象、補助率、補助金額等）について、詳しい報告・説明がなされるのが通例である。なお、予算を伴う条例など新たに予算を伴うこととなるものであるときは、長は、必要な予算上の措置が適確に講ぜられる見込みが得られるまでの間は、これを議会に提出してはならない（自治法222条1項）。また、規則など執行機関が定立する規範については、必要な予算上の措置が適確に講ぜられることとなるまでの間、これを制定し、又は改正してはならない（同条2項）。
(157) 宇賀・概説Ⅰ 292頁

住民との関連性では、行政指導の基準を定めた行政規則について、その規定の仕方に注意が必要です。例えば、現実に行政指導指針を定めたものの中に、「□□は、……□□しなければならない」というように住民や事業者に義務を課すような文言になっています。例えば、岡山市葬祭場の建築等に関する指導要綱5条は、文言からすると事業者に義務を課すものと解釈できるような規定になっています。事業者に義務を課すのであれば自治法14条2項の規定に基づき、条例でしか定められないはずです。このような規定の仕方であると、事業者が行政指導指針ではなく、法的な義務を定めたものであると誤って理解する可能性があります[159]。これに対し、大阪府が定める病院等の開設等に関する指導指針3条は「知事は……申請をしようとする者に対して……事前に協議を行うよう指導する」としており、行政指導指針の定め方としては適切といえます。

【行政指導指針の例①】

────────── 岡山市葬祭場の建築等に関する指導要綱 ──────────

（目的）
第1条　この告示は、葬祭場の建築等及び管理運営に関し、必要な指導内容を定め、関係者が相互の立場を尊重し、誠意を持って協力するよう努めることにより、紛争を未然に防止し、良好な市街地の環境保全及び形成に資することを目的とする。

（事業主の責務）
第3条　事業主は、葬祭場の建築等及び管理運営に当たって、良好な市街地の環境保全及び形成に十分配慮するよう**努めなければならない**。

（周辺関係住民等の責務）
第4条　**周辺関係住民等は**、事業主から葬祭場の計画内容等について説明の申出があった場合は、これに応じるよう**努めなければならない**。

（事前協議）
第5条　**事業主が葬祭場の建築等をしようとするときは**、次条の規定による標識の設置を行う前に、事前協議書（様式第1号）に次に掲げる書類を添付して市長に提出し、当該建築等の計画の概要及びこの告示に定める事項につい

---

(158) 行政規則のうち、行政手続法、行政手続条例により定められた審査基準、処分基準、行政指導指針など対外的効果を有するものについては、制定後、地方公共団体のホームページに掲載するなど住民が当該情報にアクセスしやすいような配慮が必要である。
(159) 行政指導指針を定めたものであっても、義務的文言で規定しないと、「相手方に強くいえない」あるいは「迫力がない」として、あえて「〜しなければならない」といった規定の仕方をする場合が少なくない。

て協議しなければならない。
(1) 葬祭場建築計画概要書（様式第2号）
(2) 付近見取図（近傍に駐車場を設ける場合は、その位置図を含む。）
(3) 配置図（駐車場位置図を含む。）
(4) 各階平面図
(5) 立面図（二面以上）
(6) その他市長が必要と認める書類

【行政指導指針の例②】

------ 病院等の開設等に関する指導指針（大阪府告示） ------

(趣旨)
第1条　この指針は、医療法（昭和23年法律第205号。以下「法」という。）に定めるもののほか、法第30条の3第2項第1号に規定する区域における既存の病床数が、大阪府保健医療計画で定める当該区域における基準病床数（以下「基準病床数」という。）を下回っている区域（以下「病床不足区域」という。）において、病院又は診療所（以下「病院等」という。）の開設等をしようとする者に対し、良質かつ適正な医療を効率的に提供するため、知事が行う行政指導の内容となる事項を定めるものとする。

(事前協議)
第3条　知事は、病床不足区域において病院等の開設等の許可の申請をしようとする者に対し、当該病院等の開設等をすることにより、当該病床不足区域における病床数が基準病床数を超えないように、**事前に協議を行うよう指導する**。ただし、次の各号のいずれかに該当する場合は、この限りでない。
＜以下、各号略＞

第4条　知事は、事前協議（前条の協議をいう。以下同じ。）をしようとする者（法人の場合にあっては、当該法人の代表者又は法第10条第1項の規定により当該法人が開設する病院等を管理させられる者を含む。）に対し、次に掲げる要件を満たすよう指導する。

ところで、行政規則の題名についてはその内容にかかわらず、□□要綱という名称を付すのが一般的でした。**要綱**[160]とは、規範の種類を指すものではなく、行政規則全般の呼称にすぎないものであり、□□要綱という題名だけでは、当該行政規則が、どのような法的性格の内容を定めるものなのか明確ではありません。そこで、特に行政手続法、行政手続条例に基づいて定める指針については、題名から当該行政規則の法的性格が明確になるように、その内容に応じて、□□審査基準、□□処分基準、□□指導指針という呼称を付すことが適切です。

4　告示の意義

　告示とは、行政機関が行う指定、決定等公権的事項を公式に広く一般に知らしめる公示のための行為形式です。国の場合には、国家行政組織法14条1項が「各省大臣、各委員会、各庁の長官は、その機関の所掌事務について、公示を必要とする場合においては、告示を発することができる」と規定し、その発出根拠が定められています。これに対して、地方公共団体においては、発出根拠となる一般的規定はありませんが、実務では、当然に発出できると考えられています。

　告示は、①法律、条例に基づいて行政機関の意思決定を公示するもの、②条例、規則の委任を受けて地方公共団体の法規範の一部を構成する委任命令として定められるもの、③行政機関の指針等を示す行政規則の性格を有するものがあります。

　①の例としては、**一般処分**[161]としてなされる位置指定道路、いわゆる2項道路の公告[162]（建築基準法42条1項5号、同条2項、建築基準法施行規則10条）、道路認定の公示（道路法9条）などがあります。②の例としては、岡山市開発行為の許可基準等に関する条例の運用基準を定める告示などがあります。③の例としては、先に例として挙げた、病院等の開設等に関する指導指針について定めた大阪府の告示などがあります。行政規則の内容は、かつては内部的な規範であるとして、訓令等で定められることが多かったのですが、行政手続法、行政手続条例施行後、対外的にも重要な意味を持つことから告示として公表されることが多くなっています。

---

(160) 要綱の委任を受けて定める詳細事項の題名については、□□要領という呼称が実務上使われている。
(161) 不特定の者を対象とする行政行為のこと。
(162) 法令上、「公告」することが求められている場合であっても、告示としての性格を有するものについては、告示でなされている。

【法規の委任命令としての告示】

------- 岡山市開発行為の許可基準等に関する条例の運用基準 -------

（趣旨）

第1条　この告示は、岡山市開発行為の許可基準等に関する条例（平成13年市条例第44号。以下「条例」という。）第7条の規定に基づき、この条例の運用に関し必要な事項を定めることを目的とする。

（許容する土地の区域）

第3条　条例第3条第1項第9号において、市長が公益的見地から一体的な土地利用が望ましいとして決定する土地の区域の判断基準は、次のとおりとする。

＜以下、各号略＞

　なお、告示に似たものとして公告があります。公告とは、文書をもって行政機関が決定した事項を一般人に知らしめるという点で公示の一種であり、告示と異なるところはありません。ただ、実務的には、法的効果を発生させるような事項についての公示は告示で行い、それ以外の公示は公告で行うというように区別がなされています[163]。

5　訓令の意義

　訓令は、行政規則の一種であって、上級機関の有する指揮監督権に基づいて上級機関が下級機関に対して発する命令です。住民の権利義務に関する法規範の性格を有するものではなく、行政規則としての性格を有するものです。

　国の場合には、国家行政組織法14条2項において、「各省大臣、各委員会及び各庁の長官は、その機関の所掌事務について、命令又は示達をするため、所管の諸機関及び職員に対し、訓令又は通達を発することができる」と規定し、その発出の根拠が定められています。これに対し、地方公共団体の行政機関については、訓令を発出する根拠となる一般的根拠はありませんが、当然に発出することができると考えられています。

　具体的には、事務決裁規程のように内部委任（専決・代決）に関する事項、文書取扱規程のように内部事務執行手続にかかわる事項、内部横断な組織の設置に関する事項など、行政組織の内部的運営に関する事項が訓令対象事項とされています。

---

(163) 例えば、道路法9条は、地方公共団体が新たな路線を認定する場合、路線名、起点、終点、重要な経過地その他必要な事項を公示しなければならない旨定めているが、この公示は、実務上、告示形式により行われている。

6 規　　則

（1）　規則の意義

　規則は、住民から選挙された地方公共団体の長が、その権限に属する事務に関し、制定することができる自主立法のひとつで、条例と同様に民主的基盤を持つ規範です。ただし、条例と同じく国法秩序の一部を形成するものですから、法令に違反して制定することはできません（自治法 15 条 1 項）。

　一方、首長以外の執行機関も、法律の定めるところにより、規則（規程）を定めることができます。ただ、条例又は長が定める規則に反しては制定できません（自治法 138 条の 4 第 2 項）。例えば、教育委員会規則は、地教行法 14 条を根拠として制定されています。さらに、地方公共団体には水道事業や病院事業といった地方公営企業があります。この地方公営企業の長である管理者は、条例、規則、長以外の執行機関の規則に反しない限りにおいて、業務に関し、管理規程を制定することができます（地方公営企業法 10 条）。こうした長以外の執行機関の定める規則（規程）と長の定める規則の違いは、前者が一般の行政機関が定立する規範であるのに対して、後者は、民主主義的過程を経て選ばれた機関が定立する規範であるという点です[164]。

　各規則（規程）の形式的効力については、**長の規則＞長以外の執行機関の規則＞地方公営企業の管理者の規程**ということになります。

（2）　規則の規律対象事項

　長の規則の規律対象事項は、①法令で規則で定めなければならないとされている事項、②条例の委任を受けて規則という規範形式で定めることが指定されている事項、③権限の委任など権限の所在に関する事項、④組織編成に係る事項などがあります。

　このうち、①及び②は**必要的規則事項**であって必ず規則で定める必要があります。①の具体例としては、長の職務の代理をあらかじめ指定する規則（自治法 152 条 3 項）、賠償責任を有する職員の範囲を定める規則（自治法 243 条の 2 第 1 項）、会計管理者の権限に属する事務を処理させるための必要な組織を設けるための規則（自治法 171 条 5 項）などがあります。また、②の具体例としては、

---

[164] 地方公共団体の長の規則についての研究として、平岡久「地方公共団体の長の規則に関する若干の考察」同『行政法解釈の諸問題』（勁草書房、2007）51 頁がある。

公の施設の設置条例で規則委任を受けた事項を定める規則などがあります。
　これに対し、③の権限の委任については、法令上定められた権限の所在を対外的に移譲するもので大変重要なものです。このため、長が自治法153条1項などに基づいて権限の委任を行う場合には、立法慣行上、長の規則により、権限を委任する旨及び委任の内容が定められています。具体的には、福祉事務所長委任規則、区長事務委任規則など長の権限を下級機関に委任する事項を定める規則がこれに当たります。④については、直近下位の組織を除き[165]、規範形式を指定する法令はありません。しかし、課相当の組織は行政の組織運営において大きな役割を果たすことから、その設置及び事務の内容を定める場合には、行政規則ではなく長の規則で定められています。具体例としては、各課の分掌事務等を定めた事務分掌規則があります。
　なお、区長会議、担当者会議、検討チームといった職員のみを構成員とする事務執行グループの設置は、単に補助機関たる職員の内部的集まりであり、行政組織として独立して機能するわけではないので、これらは訓令として定められる場合がほとんどです。もちろん、この場合であっても、規則で定めることも可能です。

（3）　規則の限界

　規則は条例と同じく民主的基盤を持つ規範ですが、自治法上「義務を課し、又は権利を制限する」事項は条例の専管事項となっています。同じ民主的基盤をもったルールにもかかわらずこのような法政策がとられているのは、長は**独任制の機関**であるのに対して、議会は**合議制の機関**であって討論により意思決定を行うという民主的要素がより強い機関だからです。
　また、「義務を課し、又は権利を制限する」事項ではありませんが、総合出先事務所の位置、名称及び所管区域（自治法155条2項）、直近下位の内部組織（自治法158条1項）、公の施設の設置及び管理に関する事項（自治法244条の2第1項）などは、民主的コントロールの下に置く必要があることから条例で定めることとされています。
　必要的条例事項でも必要的規則事項でもない事項については、諸説ありますが、一応、どちらでも制定できると考えられます。しかし、日本国憲法において二元代表制が取り入れられている趣旨からすると、全てを条例で定めるという考えに

---

(165) 長の直近下位の組織については、条例事項となっている（自治法158条1項）。

は賛成できません。条例と規則あるいは要綱との適切な役割分担（**規範選択**）を考えることが必要です。

（4）　条例事項の規則への委任

　条例で定めることが法定されている事項は、条例に直接規定することが原則です。しかし、技術的、細目的事項を条例に直接規定すると、行政機関の柔軟な対応ができず、かえって条例の効果的実施を妨げる場合があります。議会と長という二元代表制が取り入れられている趣旨を十分念頭において、条例と規則との適切な規範選択により法政策を立案することが必要です。

　ただ、条例で直接規定すべき内容を規則に委任する場合には、なぜ、規則に委任する必要性があるのかについて、議会や住民に対して説明できるようにしておくことが肝要です。

　なお、条例の実施に際し、申請書の様式等の手続的細目を定める場合には、「この条例の施行に関し必要な事項は、規則で定める」といった包括的委任の規定を条例に置く必要は特にありません。条例に定める事務が長の担任事務であれば、当該条例ではなく自治法15条1項を直接の根拠として規則を制定できるからです。

【長の担任事務】

------- 自治法 -------

　第149条　普通地方公共団体の長は、概ね左に掲げる事務を担任する。
　（1）　普通地方公共団体の議会の議決を経べき事件につきその議案を提出すること。
　（2）　予算を調製し、及びこれを執行すること。
　（3）　地方税を賦課徴収し、分担金、使用料、加入金又は手数料を徴収し、及び過料を科すること。
　（4）　決算を普通地方公共団体の議会の認定に付すること。
　（5）　会計を監督すること。
　（6）　財産を取得し、管理し、及び処分すること。
　（7）　公の施設を設置し、管理し、及び廃止すること。
　（8）　証書及び公文書類を保管すること。
　（9）　前各号に定めるものを除く外、当該普通地方公共団体の事務を執行すること。

(5) 財務事項と規則

　自治法施行令173条の2は「この政令及びこれに基づく総務省令に規定するものを除くほか、普通地方公共団体の財務に関し必要な事項は、規則でこれを定める」としています。この規定から、補助金に関する事項を含め、財務に関する事項は全て規則で定める必要があるかどうかが問題になります。

　自治法施行令160条の2第2号ハ、161条1項17号、162条6号、163条8号、164条5号の規定は、各条項に規定される財務事項を規則で定めることを明確に求めています。よって、当該財務事項は当然に必要的規則事項となります。

　これに対し、具体的に規則で定めることを求められていない財務事項については、どうでしょうか。こうした事項については、必ず規則で定めなければならない（**財務事項規則専管主義**）とは解されていません。本書では、自治法施行令173条の2は、財務事項規則専管主義を定めたものではなく、規則で定めることを推奨するに止まる趣旨の規定であると考えます[166]。自治法施行令により具体的に規則で定めることが明記されていない財務事項については、慣行上、訓令や告示で定められていることが少なくありません。

設問9　財務事項と規則

　補助金等の支給制度の運用は規則で定めるべきか。

【設問解説】
(1) 問題の所在
　地方公共団体には、特定の事業を推奨し、その促進を図ったり、より充実した社会保障や公的扶助を目的として、公的な助成を行う制度があります。補助金制度や給付金制度と呼ばれるものがこれに当たります。公的資金を行政目的を達成するための手段とする制度は、条例によるものもありますが、多くは、規則や要綱で運用されています。設問は、公的資金による補助金や給付金（以下「補助金等」という）の支給制度の設計と規範選択について問うものです。
(2) 規則と支給制度
　補助金等の支給は、予算の執行という首長の事務（自治法149条2号）とされているので、支給制度の運用については規則で定めることができます。
　ところで、地方公共団体では、会計規則、契約規則、補助金交付規則といっ

---

(166) 碓井光明『要説自治体財政・財務法〔改訂版〕』（学陽書房、1999）174頁は、自治法施行令173条の2の規定は、財務事項規則専管主義を定めたものと解すべきではないとしている。

た地方公共団体の金銭の出納や契約に関するルールが規則で定められています。補助金等の支給制度は、予算の執行に関わることで、財務に関する事項なので、自治法施行令173条の2からすると、必要的規則事項のように考えられます。しかし、この規定は、財務に関する事項は規則で定めることを推奨する程度の趣旨であると考えられるべきであり、この規定の存在は、条例や要綱による制度設計の障害にはなりません。実際、どこの自治体でも、条例や要綱で定められた支給制度も少なくありません。

(3) 要綱と支給制度

行政機関が定める主に行政組織内で用いられる事務処理等の基準である要綱は、講学上、行政規則と呼ばれ、住民の権利義務に直接関係のない内部規範として位置付けられてきました。

要綱の中には、行政指導基準や補助金等の支給基準のように間接的に対外的関係について定めたものも少なくありません。このように要綱も、規則と並び重要な規範の一つとしてその役割を担っています。このため、最近、多くの地方公共団体で、要綱行政の透明化という観点から要綱が公表されています。支給制度に関する事項は条例や規則の専管事項とは考えられていませんから、補助金等の支給のシステムを予算執行の執行基準として要綱で定めることも可能です。

(4) 条例と支給制度

条例と規則は、それぞれ専管事項と呼ばれる独自の守備範囲もあれば、共通の守備範囲もあります。補助金等の支給制度については、条例、規則、要綱、いずれでも制度設計が可能です。

では、条例で支給システムを定める場合と規則や要綱で支給システムを定める場合には、どのような違いがあるのでしょうか。

規則や要綱で支給制度を定める場合には、予算措置と一体なので（自治法222条）、当初の予算に係る支給は問題ないとしても、次年度以降、あるいは当該年度において予算が不足した場合に予算が議会で認められるかについての保障はありません。このため、規則や要綱で定められる支給制度には、「予算の範囲内で支給する」という文言があるのが一般的です。一方、条例で支給制度を定めた場合には、議会もこの条例の内容に拘束されます。そのため、条例制定後は、議会は支給のために必要とされる予算について否決することは難しく、その結果、支給のための予算は将来にわたって確実に確保されます。さらに、

条例は、議会の過半数の賛成がなければ、改廃できませんから、条例という規範形式を選択することで、補助金給付の法政策を持続的制度として運用することができるわけです。

(5) 設問の解答

規則、要綱、条例は、法的に見るとそれぞれ異なった特徴をもつ規範です。したがって、支給制度の運用に関しては、その目的に適合する規範選択が必要です。この規範選択に関しては、明確な基準があるわけではありませんが、当該制度を持続性のある制度にするか否かという点が判断の大きなメルクマールとなります。

例えば、社会的弱者に対する生活支援を目的とするなど生存権の保障に関わるもの（社会保障領域）であれば、持続的、かつ、権利的な制度として運用することが必要であると考えられます。この場合には、長の判断だけで政策を変更できない条例という規範選択がよいでしょう。

他方で、地域経済の活性化を目的として、比較的短期の予定で、特定の事業を推奨したり、その促進を図るようなもの（社会経済領域）であれば、費用対効果を随時見直したり、直近の社会経済事情を見極めながら柔軟に対応する必要があります。この場合には、規則や要綱を選択することが適切であるといえます。

最後に、規則で定める場合と要綱で定める場合の違いですが、両者の法的性格は異なるものの、現実の支給制度の運用という点では、両者に違いはほとんどないといえます。

設問10　必要的条例事項と規則への委任

> 公の施設の開館日及び閉館時間を規則で定めることはできるか。

【設問解説】

(1) 公の施設の意義

地方公共団体は、住民の福祉を増進する目的で、図書館、スポーツ施設、病院、公園などの施設を設置し、住民の利用に供しています。このような施設を公の施設といいます。公の施設の設置及びその管理に関する事項は、条例で定めることが必要です（自治法244条の2第1項）。

公の施設の設置及び管理に関する条例が施行されることによって、住民には当該公の施設を利用する権利が生じ、これを行使することができます。権利が行使された場合には、正当な理由がない限り、利用を拒否することはできません（自治法244条2項）。利用拒否の正当な理由として、①利用が他者と競合する場合、②目的外利用の場合、③使用料不払いの場合、④他の利用者の適正な利用権の行使を阻害するような場合、⑤当該施設の利用が人の生命、財産を侵害するような場合、⑥その他公序良俗に反するような場合が想定されます。
(2) 公の施設における設置、管理事項とその規定形式

　条例で定めることが求められている設置に関する事項とは、①設置する旨、②その名称、③位置等がこれに当たります。「設置に関する事項」については、地方公共団体のほとんど全ての条例に直接、規定されています。

　他方、「管理に関する事項」とは、①利用の許可手続、②許可基準（利用拒否事由）、③許可の取消し、④行為の制限、⑤開館時間及び閉館時間、⑥使用料の額及びその徴収方法（減免を含む）、⑦指定管理に関する事項などがこれに当たります。このうち、使用料に関する事項及び指定管理に関する事項については、自治法228条1項及び244条の2第3項にも条例で定めることが規定されています。

　「管理に関する事項」のうち、設問の開館日及び開館時間については、管理に関する事項の中でも特に重要な事項であると思われますが、地方公共団体の間で規定方式に特色があります。大きく分けると、条例に直接規定しているもの（タイプ①）と規則で規定しているものがあります。このうち、規則で規定しているものは、さらに、「開館日及び開館時間は、規則で定める」といった規則への具体的委任の根拠を条例に置くもの（タイプ②）と、「この条例の施行に必要な事項は、規則で別に定める」といった包括的委任根拠しか条例にないもの（タイプ③）があります。

(3) 設置、管理が条例事項とされている理由

　住民の権利を制限し、義務を課す事項（権利制限・義務賦課事項）については、条例事項とされています（自治法14条2項）。しかし、公の施設の設置条例において、設置及び管理に関する事項が条例事項とされているのは、権利制限・義務賦課事項と解されるからではありません。

　いつ、どのような時間帯であれば、公の施設を利用できるのかといった利用権の具体的内容は住民にとって重要な事項であるため、この内容を決定するに

当たって民主的コントロールの下に置かれることが求められているからです。なお、公の施設の利用に係る不服申立てについては、議会に諮問して、これを決定しなければならないとしています（自治法244条の4第4項）。こうした慎重な判断が審査庁に求められているのは、公の施設の利用権が自治法上重要な権利として位置付けられているからです。

(4) 条例事項の規則への委任

　一般的に、法律で条例事項とされている内容を規則に委任することができるかどうかについて考えてみましょう。この問題を考えるに当たっては、法律と委任命令（政令、省令）との関係を確認する必要があります。

　委任命令とは、本来、法律によることも可能であるが、情勢変化に対する即応性、専門性への対応の観点から、法律の具体的委任に基づいて行政機関が政令や省令といった規範形式で定められるものです。このように委任命令は、法律をより効果的に、かつ、効率的に執行するために、その制定が憲法上容認されています（憲法73条6号）。とはいえ、法律の具体的内容について行政機関が立法機関に代わって定めるものですから、形式的には、法律に個別具体的な委任の根拠があることが前提です。また、実質的には、委任命令に委ねる合理的理由があることが必要です。こうした法律と委任命令との関係において必要とされる形式的要件と実質的要件は、条例と受任する規則との関係についても当てはまるのです。

　さて、開館日及び開館時間という「管理」に関する事項について条例に直接規定しているタイプ①は、委任の是非を議論する必要はそもそもありません。このようなタイプの立法慣習が見受けられるのは、札幌市、東京都、横須賀市、川崎市、京都市、大阪市などの公の施設の設置及び管理に関する条例です。最も自治法に忠実なスタイルといえます。

　次に、条例中に「開館日及び開館時間は、規則で定める」といった委任の具体的根拠が条例にあるタイプ②です。横浜市などの条例にこのスタイルをみることができます。この場合には、委任すべき内容が明確にされ、形式的に問題はありません。ただ、開館日及び開館時間については、法律で条例事項とされているものを規則にわざわざ委任するわけですから、規則に委任しなければならない合理的な理由があることが前提になります。

　最後に、具体的な委任の根拠となる規定を条例に設けることなく「この条例の施行に必要な事項は、規則で定める」といった包括的委任規定を根拠に、開

館日及び開館時間を規則で規定するタイプ③です。このタイプは、具体的委任の根拠規定を欠いており、形式論として議論のあるところです。

(5) 設問の解答

　以上のように、開館日及び開館時間については、自治法上、管理事項として条例で定めることが求められていますが、その内容を規則に委任することは不可能ではありません。

　開館日や開館時間についての定めを規則に委任することによって、より効率的に、あるいは、柔軟に運営することが可能となり、ひいては住民の福祉の向上につながるといった合理的理由が見いだせるのであれば、積極的にそうした対応も望まれるところです。ただし、この場合においても、条例中に具体的委任の根拠となる規定が必要です。

　なお、教育委員会所管の公の施設は教育委員会がその管理等の事務を執行することから、その委任先は教育委員会規則とすべきであり、長の規則に委任することは適切ではありません。

第12章 立法事実

Point　公共の福祉の観点から住民の自由や財産権の行使を規制することがあります。この場合、そのような規制をすることの合理性を支える事実が必要になります。そうした事実を立法事実といいます。本章では、立法事実の意義とその役割について解説します。

keyword　立法事実　司法事実　立法事実論

1　ブランダイス式上告趣意書と立法事実

　20世紀の初頭、洗濯業に雇用された女性の労働時間を1日10時間に制限するオレゴン州法が合衆国憲法の保障する契約の自由に反するとして訴訟が提起されました。この訴訟において、オレゴン州の代理人で後に最高裁判事となったブランダイス（Louis D.Brandeis）は、100頁を超える上告趣意書（brief）を提出しました。この上告趣意書の大部分は、州法の合理性を主張するため、長時間労働が女性労働者に与える健康上の悪影響についての様々な研究や調査データで占められていました。結果的に、ブランダイスの工夫を凝らした上告趣意書が功を奏し勝訴しました。契約の自由が重視され、様々な経済社会的規制立法が違憲とされていた20世紀初頭のアメリカにおいては、インパクトを持つ勝訴判決となりました（Muller v.Oregon、208U.S.412(1908)）。

　ところで、通常、訴訟において各当事者が裁判で主張する「事実」とは、不法行為が問題となっている事件を例にとれば、何月何日に相手方の運転する車にはねられ負傷し、治療費の支出を余儀なくされたといった特定の当事者にかかわる具体的事実です。これに対し、ブランダイスの上告趣意書で裁判所に提出された事実は、女性の長時間労働の及ぼす影響を示すための一般的事実、すなわち、州法の合理性を支える社会事実であり、前者の事実とは異なります。こうした一般的事実はのちに、**立法事実**（legislative facts）と命名され、特定の当事者にかかわる具体的事実は、**司法事実**（adjudicative facts）として区別されるようになりました。そして、**立法事実論**（＝訴訟において立法事実を論じること）は、

アメリカの憲法訴訟において、大きな役割を果たすようになったのです。

2　日本における立法事実論

日本では、1959年から、ハーバード・ロー・スクールで共に研究を行った時国康夫判事、芦部信喜教授らを中心に立法事実論が論じられるようになりました。

このうち、芦部教授は、立法事実について「法律の立法目的および立法目的を達成する手段（規制手段）の合理性を裏付け支える社会的・経済的・文化的な一般事実」と定義しました[167]。その上で、「憲法訴訟において立法事実のもつもっとも重要な面は、この立法目的達成手段の合理性に関するものだといっても過言ではない」とし、立法目的達成のための手段についての立法事実の重要性を強調しています[168]。

また、時国判事は、立法事実を立法府が立法の資料として収集認定する一般的事実であるとし、ある法律の禁止規定の憲法上の効力が争われている場合、裁判所はその法律立法の必要性を裏付ける立法事実が何であるかをまず検討すべきであるとしました[169]。

それまでも、法律の合理性を支える事実については、判決で言及されることもないわけではありませんでした。しかし、芦部教授らの研究により、立法事実論は、憲法訴訟における裁判法理の一つとして位置付けられるようになったとされます。

3　最高裁判決と立法事実論

こうした中で、立法事実論を積極的に展開し、違憲と判断する最高裁判決も登場するようになりました。そのひとつが、有名な**薬局適正配置事件**最高裁違憲判決[170]です。

この事件では、旧薬事法6条2項に定める薬局設置の距離制限規定（具体的距離は都道府県条例へ委任）が、憲法22条1項に定める営業活動の自由に反するか否かが問題になりました。

この訴訟において、行政側は、「薬局等の偏在→競争激化→一部薬局等の経営

---

(167) 芦部・憲法383頁
(168) 芦部信喜『憲法訴訟の理論』（有斐閣、1973）183頁
(169) 時国康夫「憲法事実－特に憲法事実たる立法事実について－」曹時15巻5号（1963）24頁
(170) 最大判昭50・4・30民集29巻4号572頁

の不安定→不良薬品供給の危険性」という因果関係（立法事実）があるから、距離制限が必要であると主張しました。この主張に対し、最高裁は、行政側の主張は、「単なる観念上の想定」にすぎず確実な根拠に基づく合理的な判断とは認めがたいとしたのです。つまり、距離制限を定めた規定の合理性を裏付ける事実（立法事実）は存在しないとしたのです。

4 立法事実の変化

（1）国籍取得差別事件最高裁判決

憲法訴訟では、立法当時の事実（過去の事実）ではなく、裁判時に当該法律の合理性を支える事実があることが必要です。したがって、立法時において合憲だったものが、係争時に立法事実を失っているとして違憲であるとされる場合があります。

この例として**国籍取得差別事件**最高裁判決[171]があります。旧国籍法3条1項は、母が外国人で日本人の父による胎児認知（民法783条1項）を受けていない子が国籍取得をする場合、子の出生後の父の認知に加え、父母の婚姻（準正）を求めていました。出生時に母が日本国民であった子あるいは胎児認知をされた子が準正を要件としないで国籍を取得できることと比較し、不合理な差別に当たるかどうかが争われました。

最高裁は、国籍取得に当たって、日本国民との法律上の親子関係の存在に加え我が国との密接な結び付きの指標となる一定の要件を設けて、これらを満たす場合に限り出生後における日本国籍の取得を認めることとした立法目的には合理性があるとしました。

しかし、①家族生活や親子関係に関する意識が多様化してきたこと、②諸外国においては、非嫡出子に対する法的な差別的取扱いを解消する方向にあること、③多くの国で準正要件を必要としない旨の法改正がなされていること等の理由により、準正要件が立法目的を達成する上で、合理的な手段とは言えなくなったと判断したのです。

（2）非嫡出子相続分不平等事件最高裁決定

立法事実の変化をめぐっては、民法900条4号に定める非嫡出子と嫡出子と

---

(171) 最大判平20・6・4民集62巻6号1367頁

の相続格差についての**非嫡出子相続分不平等事件**最高裁違憲決定[172]も重要です。最高裁は、①相続財産は嫡出の子孫に承継させたいとする気風があったこと、②法律婚を正当な婚姻とし、これを尊重し保護していたこと、③嫡出でない子には相続分を認めないなど嫡出子と嫡出でない子の相続分に差異を設けていた当時の諸外国の立法例の存在があったことなどから、民法が相続格差を定めた当時の区別の合理性を支える立法事実が存在していたことについては否定しませんでした。

しかし、昭和22年民法改正時から現在に至るまでの間の社会の動向、家族形態の多様化やこれに伴う国民の意識の変化、諸外国の立法のすう勢、我が国が批准した条約の内容とこれに基づき設置された委員会からの指摘、嫡出子と嫡出でない子の区別に関わる法制等の変化等を総合的に考察すると、家族という共同体の中における個人の尊重がより明確に認識されてきたことは明らかであるから、父母が婚姻関係になかったという子にとっては自ら選択ないし修正する余地のない事柄を理由としてその子に不利益を及ぼすことは許されないと判示しました。

5　法解釈と立法事実

このように立法事実が問題とされてきたのは、**憲法訴訟**[173]における領域が中心でした。しかし、立法事実は、何も憲法訴訟においてのみ問題とされてきたわけではありません。裁判所は、判決をなす上で具体的事実を認定し、当該認定した事実を法律に適用することによって、判決をします。この過程は、適用される法規範を大前提として、具体的事実を小前提とし、法規範に具体的事実を当てはめて結論を出すものです。この際、法規範は必要な解釈をして適用されることが少なくないのですが、この解釈過程で考慮されるのが立法事実です。

特に文理解釈のみでは、紛争解決が困難な事件については、立法事実を顕出した上での解釈がなされることがあります。このような例として原子爆弾被爆者に対する援護に関する法律（被爆者援護法）に基づき広島市長がした被爆者健康手帳の交付却下に対する取消訴訟判決があります[174]。同判決は、「被爆者援護法1条3号の規定は、原爆医療法2条3号の規定をそのまま引き継ぐ形で設けられたものである」から「原爆医療法制定の背景、制定に至る経緯、制定当時の科学的知見といった立法事実を踏まえた上で、同法2条3号のあるべき解釈」について

---

(172) 最大決平25・9・4民集67巻6号1320頁
(173) 行政訴訟、民事訴訟、刑事訴訟の手続において主要な争点が憲法上の問題である訴訟をいう。
(174) 広島地判平成21・3・25裁判所ウェブサイト

検討し、「被爆者援護法1条3号の解釈のあり方について判断する」としています。被爆者援護法1条3号の規定の合理的解釈を導くために、立法事実の検討が行われているわけです。

6 法令適合性の判断と立法事実

　立法事実は、条例が法令に抵触しないかどうかを判断する上でも重要な役割を果たしています。徳島市公安条例事件最高裁判決[175]は、条例が国の法令に違反するかどうかは、両者の対象事項と規定文言を対比するのみでなく、それぞれの趣旨、目的、内容及び効果を比較し、両者の間に矛盾抵触があるかどうかによってこれを決することが原則であるとしました。

　上記判決は、いわゆる上乗せ条例について、国の法令が必ずしもその規定によって全国的に一律に同一内容の規制を施す趣旨ではなく、それぞれの普通地方公共団体において、その「地方の実情」に応じて、別段の規制を施すことを容認する趣旨であると解される場合、国の法令と条例との間には矛盾抵触はないと判示したものです。このうち、特に法令との抵触関係を検討する上で重要な判断要素となる「地方の実情」の有無については、立法事実を確認することが必要です。

　いわゆるラブホテルを規制する町の条例と旅館業法との抵触関係が争われた**飯盛町旅館建築規制条例事件**控訴審判決[176]は、条例で旅館業法よりも強度の規制を行うには、規制の必要性が存在し、かつ、規制手段がその必要性に比例した相当なものであることがいずれも肯定されなければならないにもかかわらず、このような極めて強度の規制を行うべき必要性や相当性を裏付けるべき資料（立法事実）を顕出できないとし、飯盛町条例を旅館業法に抵触する違法な条例と判断したのです。

7 立法実務と立法事実

　立法事実は立法実務においてどのような位置付けがなされているのでしょうか。山本庸幸『実務立法演習』（商事法務、2007）は、法律案の立案に当たって留意すべき原則として、①立法事実を整理すること、②立法方針をしっかり立てること、③法律事項を抽出して組み立てること、④既存の法令表現を使うこと、⑤確立された立法の慣行に従うこと、を挙げています（同書3頁）。さらに、同

---

(175) 最大判昭和50・9・10刑集29巻8号489頁
(176) 福岡高判昭和58・3・7行集34巻3号394頁

書は、法律の立案について、法律をもって解決すべき何らかの社会的課題に答えるものでなければならないとし、そのためには、立法事実を明らかにすることが先決であるとしています（同書4頁）。また、大島稔彦『立法学－理論と実務－』（第一法規、2013）は、立法作業の第一段階が立法事実の認識であり、立法事実となる一般的事実、すなわち社会的、経済的、政治的又は科学的な事実及びこれらの事実の関連事実も含めて収集し、整理し、確定するという作業を通じて、政策を形成していくものである、としています（同書65頁）。このように立法事実の確認が、法政策立案において最も基本となる重要事項として位置付けられています。

8　目的達成における手段の合理性

　地方公共団体は、地域の課題を解決するために法政策を立案します。政策とは公共の課題を解決するための活動方針であって、目的と手段の体系からなるものです（本書第1章参照）。手段は、目的を達成するために合理的なものであることが必要です。すなわち、手段は、目的を促進するものであり、かつ、過剰なものであってはいけません。目的を促進しない手段や過剰な手段は、不必要な規制につながるからです。また、行政資源の無駄使いにもつながります。

　こうした手段の合理性についても、これを支える立法事実が存在することが必要です。中には、そのような立法事実が容易に見いだし難い法政策も少なくありません。例えば、松江市きれいなまちづくり条例があります。同条例は、市、市民等、事業者、所有者等が協働してまちの美化を図り、国際文化観光都市にふさわしいきれいなまちづくりを推進することを目的とする（1条）とし、当該目的を達成する手段のひとつとして、「何人も、喫煙制限区域の公共の場所において、吸い殻入れがそばに設置されていないときは、喫煙してはならない」（13条）としています。同条例は、きれいなまちづくりを推進するという目的のために路上喫煙禁止という手段をとっていますが、最近は、喫煙マナーも向上しているため、路上喫煙する人→吸い殻のポイ捨て→まちの美観を損ねる、という図式は成り立たないのではないかと思われます。まちの美化を目指すのであれば、路上喫煙行為を禁止しなくても吸い殻のポイ捨てを禁止すれば十分であると考えられるからです。

まちの美化のために路上喫煙を禁止するのであれば、当該手段の合理性を支える立法事実（公共の場所で喫煙をしている人の多くが、たばこの吸い殻をポイ捨てしているとの統計など）を明らかにする資料が必要であるといえます。

【手段の合理性が明確でない例】

------------------------ 松江市きれいなまちづくり条例 ------------------------

（目的）
第1条　この条例は、市、市民等、事業者、所有者等が協働してまちの美化を図り、国際文化観光都市にふさわしい**きれいなまちづくり**を推進することを目的とする。

（喫煙制限区域の指定）
第12条　市長は、推進地域において、特に喫煙を制限する必要があると認められる区域を喫煙制限区域として指定することができる。

（喫煙制限区域における喫煙の制限）
第13条　何人も、喫煙制限区域の公共の場所において、吸い殻入れがそばに設置されていないときは、喫煙してはならない。

これに対し、京都市路上喫煙等の禁止等に関する条例は、路上喫煙等の禁止等により、路上喫煙等による身体及び財産への被害の防止並びに健康への影響の抑制を図り、もって市民及び観光旅行者その他の滞在者の安心かつ安全で健康な生活の確保に寄与することを目的とする（1条）とし、当該目的を達成する手段として、路上喫煙等禁止区域における路上喫煙等の禁止（6条）を定めています[177]。

路上喫煙等による身体及び財産への被害の防止並びに健康への影響の抑制という目的を達し得るためには、特に詳細な立法事実を顕出するまでもなく、路上喫煙行為そのものを禁止することに合理性があるといえます。

---

[177] タバコ規制の詳細な研究として、田中謙『タバコ規制をめぐる法と政策』（日本評論社、2014）がある。

【手段の合理性が認められる例】

------- 京都市路上喫煙等の禁止等に関する条例 -------
（目的）
第1条　この条例は、路上喫煙等の禁止等により、**路上喫煙等による身体及び財産への被害の防止並びに健康への影響の抑制を図り、**もって市民及び観光旅行者その他の滞在者（以下「市民等」という。）の安心かつ安全で健康な生活の確保に寄与することを目的とする。
（路上喫煙等禁止区域の指定）
第5条　市長は、市民等の身体及び財産への被害を防止し、並びに市民等の健康への影響を抑制するため特に路上喫煙等を禁止する必要があると認められる区域を路上喫煙等禁止区域として指定することができる。
（路上喫煙等禁止区域における路上喫煙等の禁止）
第6条　何人も、路上喫煙等禁止区域において**路上喫煙等をしてはならない。**

9　法政策の立案と立法事実

　法は、その地域、その時代の価値観の現れです。したがって、時代とともに、価値観も変化します。過去の立法事実を前提に立案することは許されませんし、また、すでに施行されている条例であっても、立法事実の変化に応じて条例を見直すことも当然必要になります。特に、社会状況に左右されやすい政策を定める法政策については、見直し規定を置き、立法者自身に見直しの義務を課すことも考えられます。

　また、新たな価値観に基づく法政策を立案する際には、解釈上の疑義が生じた場合に備えて、明確な方向性を提示できるように、目的規定を丁寧に書くことはもちろんですが、前文を置き、立法の背景を明らかにする方法もあります。

　これまでの地方公共団体における法政策立案の実務では、立法事実はあまり強く意識されていなかったように思います。しかし、本章で説明したように、法政策の立案過程において立法事実を強く意識することはとても重要です。特に人の権利を制限し、義務を課すといった規制的手法を法政策に盛り込む場合には、立法目的を支える立法事実はもちろんのこと、目的を達成するための手段の合理性を支える立法事実についても十分な検討が必要です。

第13章 基本的行政手法

Point　法政策立案の契機は、政策課題の発見です。政策課題の発見とは、「現在の状態」と「実現したい姿」のギャップを把握することです。本章及び次章では、課題に対処するための主要な行政手法について概説します。
　本章では、規制的手法を中心とした基本的な行政手法について解説します。

keyword　行政手法　規制的手法　義務設定手法　許可手法　届出手法　啓発的手法　補助金手法　経済的ディスインセンティブを与える手法

1　法政策と行政手法

（1）行政手法の意義

　法政策は、目的と手段によって構成されます。このうち、手段は、行政が目的を達成するために必要なツールです。こうした行政のツールを**行政手法**といいます。行政手法には、権力主体のみにその行使が許される規制的手法をはじめ、啓発的手法、補助金手法、経済的ディスインセンティブを与える手法など非権力主体でも可能な非規制的手法もあります。

　行政手法の選択に当たっては、**インフォームド（周知）コスト、モニタリング（監視）コスト**も検討する必要があります。いくら強力で効果的な手法であっても、その制度の存在が認知されなければ義務履行を期待することはできません。義務違反について監視が十分でなければ、絵に描いた餅になってしまいます。

（2）規制的手法

　規制的手法とは、人の自由や権利を規制することにより政策課題に対処しようとする権力的手法です。

　規制的手法には、①直接に作為義務又は不作為義務を設定する**義務設定手法**、②原則禁止とし、特定の場合に禁止を解除する**許可手法**、③特定の事項について届出義務を課す**届出手法**があります。

規制的手法は、その実効性を確保するために、本書第15章及び第16章で解説する行政手法の実効性確保制度と組み合わせることが一般的です。また、規制的手法により設定された義務内容を強制的に実現するための制度としては、本書第17章で説明する代執行制度を中心とする行政上の義務を強制的に実現する制度があります。

図：法政策の目的達成のための手段の体系

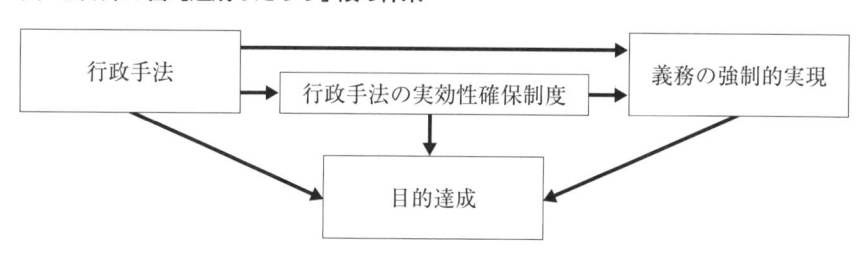

```
┌─────────┐ ────────────────────────→ ┌───────────────┐
│ 行政手法 │ → ┌─────────────────────┐     │ 義務の強制的実現 │
└─────────┘   │ 行政手法の実効性確保制度 │     └───────────────┘
      \       └─────────────────────┘           /
       \                ↓                      /
        \         ┌──────────┐                /
         ────→   │ 目的達成  │   ←────────────
                  └──────────┘
```

（3）　義務設定手法
ア　不作為義務の設定

　人の特定の活動を禁止するといった**不作為義務を課す手法**は、最も強力なものです。また、強力な効果に期待して多用される古典的手法です。

　不作為義務を設定する手法は、特定の行為を全面的に禁止するもの、あるいは、特定の行為のうちその一部について、時間、場所、行為の態様を限定して禁止するものなどがあります。

　次の例は、廃棄物を捨てること、落書きをすることといった、特定の個人の行為を全面的に禁止している例です。

【特定の行為を全面的に禁止している例】

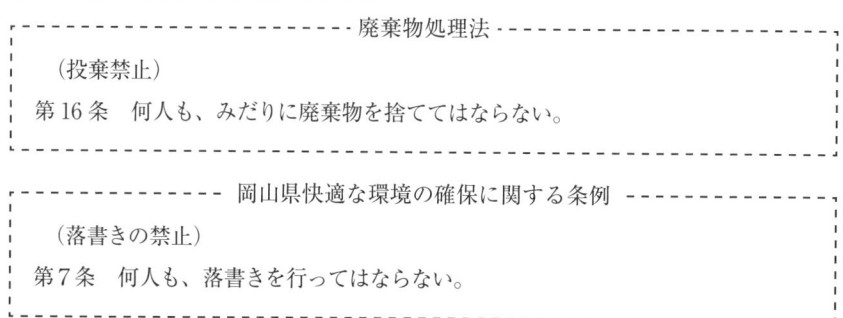

```
------------------------廃棄物処理法------------------------
　（投棄禁止）
　第16条　何人も、みだりに廃棄物を捨ててはならない。
```

```
------------岡山県快適な環境の確保に関する条例------------
　（落書きの禁止）
　第7条　何人も、落書きを行ってはならない。
```

また、次の例は、店舗型性風俗特殊営業（風営法2条6項）について、特定の施設から一定の距離の区域内及び条例で定める特定の区域内を指定してその営業を禁止している例です。

【特定の行為の一部を限定して禁止している例】

------------------------------ 風営法 ------------------------------

（店舗型性風俗特殊営業の禁止区域等）

第28条　店舗型性風俗特殊営業は、一団地の官公庁施設（官公庁施設の建設等に関する法律（昭和26年法律第181号）第2条第4項に規定するものをいう。）、学校（学校教育法（昭和22年法律第26号）第1条に規定するものをいう。）、図書館（図書館法（昭和25年法律第118号）第2条第1項に規定するものをいう。）若しくは児童福祉施設（児童福祉法第7条第1項に規定するものをいう。）又はその他の施設でその周辺における善良の風俗若しくは清浄な風俗環境を害する行為若しくは少年の健全な育成に障害を及ぼす行為を防止する必要のあるものとして都道府県の条例で定めるものの**敷地**（これらの用に供するものと決定した土地を含む。）**の周囲200メートルの区域内においては、これを営んではならない。**

2　前項に定めるもののほか、都道府県は、善良の風俗若しくは清浄な風俗環境を害する行為又は少年の健全な育成に障害を及ぼす行為を防止するため必要があるときは、条例により、地域を定めて、店舗型性風俗特殊営業を営むことを禁止することができる。

　イ　作為義務の設定

　作為義務を課す手法とは、人に特定の活動を義務付けるものです。この手法には設備の設置義務を課すもの、営業方法について義務を課すもの、特定の計画策定義務を課すものなど多様な義務内容があります。

【設備の設置義務を課している例】

------- 岡山市火災予防条例 -------

（住宅用防災機器）

第30条の2　住宅（法第9条の2第1項に規定する住宅をいう。以下この章において同じ。）の関係者（住宅の所有者、管理者又は占有者をいう。）は、次条及び第30条の4に定める基準に従って、次の各号のいずれかの**住宅用防災機器を設置し、及び維持しなければならない。**

(1)　住宅用防災警報器（令第5条の6第1号に規定する住宅用防災警報器をいう。以下この章において同じ。）

(2)　住宅用防災報知設備（令第5条の6第2号に規定する住宅用防災報知設備をいう。以下この章において同じ。）

【営業の手法について義務を課している例】

------- 風営法 -------

（照度の規制）

第14条　**風俗営業者は、**国家公安委員会規則で定めるところにより計った営業所内の照度を、風俗営業の種別に応じて国家公安委員会規則で定める数値以下として**その営業を営んではならない。**

（騒音及び振動の規制）

第15条　**風俗営業者は、**営業所周辺において、政令で定めるところにより、都道府県の条例で定める数値以上の騒音又は振動（人声その他その営業活動に伴う騒音又は振動に限る。）が生じないように、**その営業を営まなければならない。**

（広告及び宣伝の規制）

第16条　**風俗営業者は、**その営業につき、営業所周辺における清浄な風俗環境を害するおそれのある方法で**広告又は宣伝をしてはならない。**

（料金の表示）

第17条　**風俗営業者は、**国家公安委員会規則で定めるところにより、その営業に係る料金で国家公安委員会規則で定める種類のものを、営業所において客に見やすいように**表示しなければならない。**

------- 岡山県青少年健全育成条例 -------

（有害図書の区分陳列等）

第10条の2　図書を取り扱う業者は、有害図書を陳列するときは、青少年が容易に閲覧することができないよう知事が別に定める方法により当該有害図書を、他の図書と明確に区分し、かつ、店内の容易に監視することができる場所にまとめて**陳列しなければならない**。

【地方公共団体の機関に計画策定義務を課している例】

------- 岡山市男女共同参画社会の形成の促進に関する条例 -------

（基本計画）

第9条　**市長**は、男女共同参画社会の形成の促進に関する施策を総合的かつ計画的に推進するため、男女共同参画社会の形成の促進に関する基本的な**計画**（以下「基本計画という。）を**策定するものとする**。

【一般事業者に計画策定義務を課している例】

------- 京都市地球温暖化対策条例 -------

（事業者排出量削減計画書の提出等）

第27条　計画期間（特定年度（平成23年度及び同年度から起算して3年度又は3の倍数を経過したごとの年度をいう。）以降の3年間をいう。以下同じ。）のいずれかの年度において**特定事業者に該当することとなった事業者**は、温室効果ガスの排出の量を計画的に削減するため、当該計画期間（特定事業者に該当することとなった年度前の年度を除く。第30条及び第31条において同じ。）について、事業者排出量削減指針に基づき、事業活動に伴う温室効果ガスの排出の量の削減に係る計画書（以下「事業者排出量削減計画書」という。）を作成し、特定事業者に該当することとなった年度の別に定める日までに**市長に提出しなければならない**。

2　事業者排出量削減計画書には、次に掲げる事項を記載しなければならない。

(1)　特定事業者の氏名及び住所（法人にあっては、名称及び代表者名並びに主たる事務所の所在地）

<以下、各号略>

3　第1項の規定により事業者排出量削減計画書を提出した**特定事業者**（以下「計

画書提出特定事業者」という。)は、前項各号に掲げる事項に変更が生じたときは、別に定める届出書に、変更後の事業者排出量削減計画書を添えて、**速やかに市長に提出しなければならない。**

4　市長は、第1項の規定による事業者排出量削減計画書の提出及び前項の規定による届出に係る変更後の事業者排出量削減計画書の提出があったときは、速やかに、その旨及びその内容を公表しなければならない。

（4）　許可手法

許可手法とは、特定の基準に合致する場合に作為義務や不作為義務を解除する手法です。特定の場合に義務を解除することから義務設定の手法より自由や権利に対する規制度合いは緩やかですが、許可手法を運用するには、人的資源が必要になります。

許可手法は、許可対象により事業許可、施設許可及び個別行為許可などに分類することができます。

【事業許可を定めた例】

医薬品、医療機器等の品質、有効性及び安全性の確保等に関する法律

（開設の許可）

第4条　薬局は、その所在地の都道府県知事（その所在地が保健所を設置する市又は特別区の区域にある場合においては、市長又は区長。次項、第7条第3項及び第10条（第38条第1項において準用する場合を含む。）において同じ。）の許可を受けなければ、開設してはならない。

【施設許可を定めている例】

廃棄物処理法

（産業廃棄物処理施設）

第15条　産業廃棄物処理施設（廃プラスチック類処理施設、産業廃棄物の最終処分場その他の産業廃棄物の処理施設で政令で定めるものをいう。以下同じ。）を設置しようとする者は、当該産業廃棄物処理施設を設置しようとする地を管轄する都道府県知事の許可を受けなければならない。

【個別行為許可を定めている例】

------- 岡山市環境保全条例 -------

（貴重野生生物保護区における行為の制限）

第29条の12　貴重野生生物保護区内においては、市長の許可を受けずに、次に掲げる行為（第8号から第12号までに掲げる行為については、市長が指定する区域内及びその区域ごとに指定する期間内においてするものに限る。）を行ってはならない。ただし、非常災害のために必要な応急措置として行う行為及び通常の管理行為又は軽易な行為として規則で定めるものについては、この限りでない。

(1)　建築物その他の工作物を新築し、改築し、又は増築すること。

(2)　宅地を造成し、土地を開墾し、その他土地の形質を変更すること。

(3)　鉱物を掘採し、又は土石を採取すること。

＜以下、各号略＞

　許可手法で重要な点は、どのような許可要件を定めるかです。許可要件の内容によって、許可手法の規制の強さの度合いが全く異なってきます。

　事業許可手法においては人的許可要件が、施設許可手法においては施設の物的構造要件がそれぞれ定められるのが一般的ですが、次の旅館業法のように、人的要件及び物的要件がともに許可要件として定められている例もあります。

【許可要件として人的要件及び物的要件を定めている例】

------- 旅館業法 -------

第3条　旅館業を経営しようとする者は、都道府県知事（保健所を設置する市又は特別区にあっては、市長又は区長。以下同じ。）の**許可を受けなければならない**。ただし、ホテル営業、旅館営業又は簡易宿所営業の許可を受けた者が、当該施設において下宿営業を経営しようとする場合は、この限りでない。

2　都道府県知事は、前項の許可の申請があった場合において、**その申請に係る施設の構造設備が政令で定める基準に適合しないと認めるとき、当該施設の設置場所が公衆衛生上不適当であると認めるとき、又は申請者が次の各号の一に該当するときは、同項の許可を与えないことができる。**

(1)　この法律又はこの法律に基く処分に違反して刑に処せられ、その執行を終

り、又は執行を受けることがなくなった日から起算して3年を経過していない者
(2) 第8条の規定により許可を取り消され、取消の日から起算して3年を経過していない者
(3) 法人であって、その業務を行う役員のうちに前2号の一に該当する者があるもの

許可手法を構築するためには、おおむね次の規定が必要になります。

条例に定めるべき事項	内　容
許可事項	「～しようとする者は、知事（市長）の許可を受けなければならない」
許可申請手続	「～次に掲げる事項を記載した申請書及び規則で定める書類を知事（市長）に提出しなければならない」
許可基準	「知事（市長）は、次の各号に掲げる条件を満すものでなければ許可してはならない」
許可条件	「知事（市長）は、前項の許可に必要な条件を付すことができる」。
許可の有効期間	「～許可は、5年ごとにその更新を受けなければ、その期間の経過によって、その効力を失う」
許可事項の変更	「～の許可を受けた者は、許可に係る事項の変更をしようとするときは、規則で定めるところにより、知事（市長）の変更の許可を受けなければならない」
許可の承継	「～の許可を受けた者の相続人その他の一般承継人は、被承継人が有していた当該許可に基づく地位を承継する」
許可の取消し	「知事（市長）は、次の各号のいずれかに該当するときは、許可を受けた者の許可を取り消すことができる」

設問11　許可手法と損失補償

> 貴重野生生物を保護するため、条例で保護区域を定め、当該保護区域内における竹木の伐採、土地の区画形質の変更、建築物又は工作物の設置、貴重野生生物個体への接近行為などを許可制とする場合、憲法29条3項に定める損失補償は必要か。

【設問解説】
(1) 損失補償とその根拠

損失補償とは、例えば、適法な公権力の行使により、私人の特定の財産を公共のために用いる場合、公平の理念に基づき、特別の犠牲として当該損失を補塡するものです。違法な公権力の行使によって生じた損害を賠償する国家賠償とは、異なります。

損失補償は、国家賠償とは異なり、一般法があるわけではありません。例えば、土地収用法68条、文化財保護法45条など個別の法律に規定があるのみです。個別の規定が法律にない場合、憲法29条3項を直接の根拠として請求できるというのが通説です。同項を根拠に損失補償を認めた最高裁判決はありませんが、その可能性を示した判決として**河川附近地制限令事件**最高裁判決[178]があります。現実の実務では、個別法に直接の根拠がなくても損失補償は行われています。ただ、実務上行われる損失補償は多様であって、**憲法上の損失補償か政策上の損失補償か明確でないものも少なくありません**。

(2) 財産権の制限と損失補償

憲法29条3項は、「私有財産は、正当な補償の下に、これを公共のために用いることができる」と定めています。このうち、「公共のために用いる」とは、例えば受益者が限定されない道路建設のような場合に限らず、受益者が特定の者に限られるような公営住宅の建設のために取得する場合も含まれます。さらに、延焼防止又は人命救助のために緊急性があるとして消防対象物以外の建物等を処分する場合（消防法29条3項）のように、公共のために財産権を処分する場合も含めて理解されています。

財産が強制的に収用される場合が「公共のために用いる」に該当することはもちろんですが、取得まではいかないけれども、財産権の行使について規制される場合も「公共のために用いる」に該当すると解されています。この場合、どの程度の規制に至れば補償の対象とすべきなのでしょうか。規制には、軽微

---

(178) 最大判昭43・11・27刑集22巻12号1402頁

なものから、財産権の行使がほぼ全て規制され剥奪に等しいものまであります。補償の要否について、最高裁は確固たる基準を定立しているわけではありません。実務においてもグランド・セオリーが確立されているわけでもありません。また、学説も、全ての事案に適用可能な統一的判断基準を提示するには至っていません。

　これらのうち、有力説[179]は、まず、「財産権の剥奪又は当該財産権の本来の効用の発揮を妨げることとなるような侵害については、権利者の側にこれを受忍すべき理由がある場合でない限り、当然に補償を要する」とします（A）。財産権の直接の剥奪はもとより、土地の利用を一切許さないといった規制は、財産権の剥奪に等しい規制であり、原則、損失補償が必要になるということです。

　他方、剥奪までの程度に至らない財産権行使の規制については、「当該財産権の存在が社会的共同生活の調和を保つために必要とされる制限である場合には、財産権に内在する社会的拘束の表れとして補償を要しない」（B-a）とし、「他の特定の公益目的のために、当該財産権の本来の社会的効用とは無関係に、偶然に課せられる制限であるとき」は、補償を要する（B-b）としています。

　すなわち、この基準によれば、災害、危険防止の観点からなされる土地利用の規制は、他者の生命財産を守り、社会的共同生活の調和を保っていくものとして、補償は必要とされません（内在的制約）。これに対して、文化財保護や自然保護のための制限については、当該財産が社会に対して負わなければならない本来の役割とは無関係なので損失補償を認めます。

　なお、取得される財産の経済的価値が極めて小さい若しくはない場合には、補償の対象とはなりません。例えば、食品衛生法28条1項による無償収去の場合、延焼のおそれがある消防対象物等に対する処分する場合（消防法29条2項）[180]がその例です。また、家畜伝染病予防法17条に定める患畜の殺処分[181]、消防法29条1項に定める火災が発生せんとし、又は発生した消防対象物の処分、建築基準法違反の違法建築物の除却のように、当該財産自体が危険な場合（財産の側に規制を受ける原因の存する場合）に処分したときは、損失補償の対象にはなりません。

(3) 設問に対する解答

　条例は、保護指定区域内の土地における竹木の伐採、土地の区画形質の変更、

---

(179) 今村成和『損失補償制度の研究』（有斐閣、1968）31頁
(180) 塩野・行政法Ⅱ62頁は、処分しなくても最終的には延焼してしまうものであり、経済的価値はないとする。
(181) 家畜伝染病予防法17条の2に規定する患畜以外の家畜の殺処分については、当該家畜自体が危険なわけではないので損失補償が必要とされている（同法60条の2）。

建築物又は工作物の設置、貴重野生生物個体への接近などの行為を許可制とするものです。よって、財産権の剥奪又はこれに等しいものとはいえず、Aのケースには該当しません。しかし、貴重野生動物の保護を目的とするものですから、社会共同生活との調和といった目的とは異なる他の公益のために課せられる制約としてB-bのケースに該当します。したがって、原則、有力説に従う限り、損失補償が必要とされる場合といえます。ただし、設問のような現状凍結型の場合には、規制区域に指定されたことをもって直ちに補償の対象とするのではなく、自然公園法64条に定めるように、区域内の土地への建築が不許可になった場合に補償の必要性が生じるといえます（**不許可補償**）。

なお、貴重野生動物への接近についての許可がなされなかったからといって、損失補償の対象とはなりません。貴重な野生動物への接近は、財産権の内容とは考えられないからです。

損失補償は、法文上の根拠がなくても、直接憲法の規定に基づき、請求できると解されているので、条例に損失補償の規定をあえて盛り込む必要はありません。これに対し、損失補償は憲法上の要請ですから、一切損失補償をしないと条例で定めても当該規定は憲法に反し無効となります。

損失補償については、損失補償の範囲を拡大する方が憲法の趣旨にかなっているのではないかという考え方もあるかもしれません。しかし、損失補償の範囲を拡大するということは、補償額を増やし、その負担を権利者以外の国民に負わせることになります。このように考えると損失補償の要否の問題は、公益のための負担を誰が負うのが適切であるかという問題に還元されます。現実に損失補償の対象とするか否かについては、規制の目的、規制の程度、土地の状況、従前の利用方法、制限の期間、被規制者の不利益の程度などの要素も考慮する必要があります[182]。

（5）届出手法

届出手法とは、特定の事項に関し、届出の義務を課す手法です。許可手法とは異なり一般的に特定の行為自体が禁止されたりするわけではないので、許可手法に比べ緩やかな規制手法であるといえます。この届出手法は、単に情報の提供を求める、あるいは、行政が公的対応の必要性がある者についての情報を得ることを主な目的とするものです。

---

[182] 東京地判平2・9・18行集41巻9号1471頁

【単に情報の提供を求める届出手法の例】

------- 住民基本台帳法 -------

（転出届）
第24条　転出（市町村の区域外へ住所を移すことをいう。以下同じ。）をする者は、あらかじめ、その氏名、転出先及び転出の予定年月日を市町村長に届け出なければならない。

【勧告を組み合わせる届出手法の例】

------- 大規模小売店舗立地法 -------

（大規模小売店舗の新設に関する届出等）
第5条　大規模小売店舗の新設（建物の床面積を変更し、又は既存の建物の全部若しくは一部の用途を変更することにより大規模小売店舗となる場合を含む。以下同じ。）をする者（小売業を行うための店舗以外の用に供し又は供させるためその建物の一部の新設をする者があるときはその者を除くものとし、小売業を行うための店舗の用に供し又は供させるためその建物の一部を新設する者又は設置している者があるときはその者を含む。以下同じ。）は、政令で定めるところにより、次の事項を当該大規模小売店舗の所在地の属する都道府県（以下単に「都道府県」という。）に届け出なければならない。
(1) 大規模小売店舗の名称及び所在地
＜以下、各号略＞

（都道府県の勧告等）
第9条　**都道府県は、**前条第7項の規定による届出又は通知の内容が、同条第4項の規定により都道府県が述べた意見を適正に反映しておらず、当該届出又は通知に係る大規模小売店舗の周辺の地域の生活環境に著しい悪影響を及ぼす事態の発生を回避することが困難であると認めるときは、市町村の意見を聴き、及び指針を勘案しつつ、当該届出又は通知がなされた日から2月以内に限り、理由を付して、第5条第1項又は第6条第2項の規定による**届出**をした者に対し、**必要な措置をとるべきことを勧告することができる。**

これらの典型的な届出手法に加えて、理容師法のように、届出後、都道府県知事による法令適合の確認がなければ、届出に係る設備を使用できないといった許可手法に近いものもあります。

【許可手法に近い届出手法の例】

------- 理容師法 -------

第11条　理容所を開設しようとする者は、厚生労働省令の定めるところにより、理容所の位置、構造設備、第11条の4第1項に規定する管理理容師その他の従業者の氏名その他必要な事項をあらかじめ都道府県知事に**届け出なければならない**。

②　理容所の開設者は、前項の規定による届出事項に変更を生じたとき、又はその理容所を廃止したときは、すみやかに都道府県知事に届け出なければならない。

第11条の2　前条第1項の届出をした理容所の開設者は、その構造設備について都道府県知事の検査を受け、その構造設備が第12条の措置を講ずるに適する**旨の確認を受けた後でなければ、これを使用してはならない**。

第13条　都道府県知事は、必要があると認めるときは、当該職員に、理容所に立ち入り、第9条又は前条の規定による措置の実施の状況を検査させることができる。

②　第4条の13第2項及び第3項の規定は、前項の規定による立入検査について準用する。

第14条　都道府県知事は、理容所の開設者が、第11条の4若しくは第12条の規定に違反したとき、又は理容師以外の者若しくは第10条第2項の規定による業務の停止処分を受けている者にその理容所において理容の業を行わせたときは、期間を定めて理容所の閉鎖を命ずることができる。

2　啓発的手法

啓発的手法とは、住民や事業者に対して啓発、助言等の非権力的行政活動により、直接的又は間接的に行政目的を達成しようとする非権力的な手法です。記念日を定める手法、顕彰制度を定める手法、指導・勧告・助言をする手法などがあ

ります。
【記念日を定めている例】

---------- 環境基本法 ----------

（環境の日）
第10条　事業者及び国民の間に広く環境の保全についての関心と理解を深めるとともに、積極的に環境の保全に関する活動を行う意欲を高めるため、環境の日を設ける。
2　環境の日は、6月5日とする。
3　国及び地方公共団体は、環境の日の趣旨にふさわしい事業を実施するように務めなければならない。

【顕彰を定めている例】

---------- 岡山市美しいまちづくり、快適なまちづくり条例 ----------

（顕彰及びその公表）
第16条　市長は、美しいまちづくり又は快適なまちづくりの推進に関し、特に貢献のあった者に対し、顕彰することができる。

【指導・勧告・助言を定めている例】

---------- 大阪市環境基本条例 ----------

（環境影響評価）
第12条　本市は、環境に著しい影響を及ぼすおそれのある事業を実施する事業者が、その事業の実施に当たり、あらかじめその事業に係る環境への影響について自ら適正に調査、予測又は評価を行い、その結果に基づき、事業に係る環境の保全及び創造について適正な配慮をすることができるよう必要な措置を講ずるものとする。
2　**市長**は、環境の保全及び創造を図るため必要があると認めるときは、前項の事業者に対して**必要な指導又は助言**を行うものとする。

3　補助金手法

補助金手法とは、金銭等の財貨を交付することにより間接的に行政目的を達成しようとするものです。補助には事業者に対して直接に金銭等を支給する**直接補助**を中心に、事業者の事業財産に対する固定資産税を免除するといった**間接補助**、転業に必要な補助を行う**転業補助**などがあります。

【直接補助を定めている例】

------ 福岡市子ども医療費助成条例 ------

（目的）
第1条　この条例は、子どもの医療費を助成することにより、その保健の向上を図り、もって子どもを健やかに育成することを目的とする。

（助成の範囲）
第4条　市は、次条第2項の規定により対象者の認定を受けた者（以下「認定対象者」という。）がその負傷又は疾病について規則で定める病院、診療所、薬局等（以下「医療取扱機関等」と総称する。）において医療（児童にあっては、入院に係るものに限る。）を受け、国民健康保険法又は社会保険各法により当該医療に関する給付が行われた場合に、その医療に要する費用（入院時の食事療養に係る費用を除く。）のうちこれらの法律に規定する保険者、共済組合又は共済事業団が負担すべき額（国又は地方公共団体が別に負担する額がある場合には、これを加えて得た額）が当該医療に要する費用の額に満たないときは、その満たない額に相当する額を助成する。
2　前項の医療に要する費用の額は、健康保険の療養に要する費用の額の算定方法の例により算定して得た額とする。ただし、現に要した費用の額を超えることができない。

4　経済的ディスインセンティブを与える手法

経済的ディスインセンティブを与える手法とは、人の行動に経済的ディスインセンティブ（負の誘因）を与えることによって、一定の行為を行うように、又は、抑制するように働きかける非権力的な手法です。

次の岡山市条例は、排出される廃棄物の量に応じて金銭的負担（手数料）を課す例です。経済的ディスインセンティブを与えることによって、廃棄物の排出量の削減をしようとするものです。なお、手数料に関する事項（納入義務者、金額、徴収の時期及び方法等）については、条例で定めることが必要です（自治法228条1項）。

【経済的ディスインセンティブを与える手法の例】

---------- 岡山市廃棄物の減量及び適正処理に関する条例 ----------

（目的）

第1条　この条例は、廃棄物の発生を抑制し、再利用を促進すること等により廃棄物の減量を推進するとともに、廃棄物を適正に処理し、併せて生活環境を清潔にすることにより、資源循環型の社会の形成及び生活環境の保全並びに公衆衛生の向上を図り、もって市民の健康で快適な生活を確保することを目的とする。

（一般廃棄物処理手数料）

第46条　市長は、地方自治法（昭和22年法律第67号）第227条の規定により、一般廃棄物の収集、運搬及び処分に関し、別表第1に定める処理手数料を徴収することとし、その徴収方法はこの条例で定めるほか規則で定める。

2　前項の処理手数料のうち、家庭から排出される可燃性のごみ、不燃性のごみ及び粗大ごみで市が収集、運搬及び処分を行うものに係る処理手数料（以下「家庭系廃棄物処理手数料」という。）は、地方自治法第231条の2第1項の規定により可燃性のごみ及び不燃性のごみについては市長が指定するごみ袋（以下「有料指定袋」という。）による収入の方法により、粗大ごみについては、粗大ごみ処理券による収入の方法によりそれぞれ徴収する。この場合においては、領収書は発行しないものとする。

（家庭系廃棄物処理手数料の納付）

第46条の2　前条第2項に規定する家庭系廃棄物処理手数料の納付は、可燃性のごみ及び不燃性のごみについては有料指定袋を、粗大ごみについては粗大ごみ処理券をそれぞれ購入することにより行うものとし、既納の家庭系廃棄物処理手数料は還付しない。

第14章 応用的行政手法

Point 　前章での規制的手法及び非規制的手法のうち、多くの法政策に盛り込まれている義務設定手法、許可手法、届出手法、補助手法といった基本的行政手法について解説しました。本章では、これらの基本的行政手法を発展させ、又は、近年積極的に用いられるようになった応用的行政手法について概説します。

keyword 　計画手法　住民参加手法　説明会手法　協定手法　同意手法　紛争調停手法　認証手法

1　計画手法

計画手法とは、計画において国又は地方公共団体が一定の政策課題に対処するための目標を設定し、当該目標を達成するために必要となる政策を定めることです。景観法、国土利用計画法、都市計画法など多数あります。

【計画手法の例】

------- 災害対策基本法 -------

（目的）

第1条　この法律は、国土並びに国民の生命、身体及び財産を災害から保護するため、防災に関し、基本理念を定め、国、地方公共団体及びその他の公共機関を通じて必要な体制を確立し、責任の所在を明確にするとともに、防災計画の作成、災害予防、災害応急対策、災害復旧及び防災に関する財政金融措置その他必要な災害対策の基本を定めることにより、総合的かつ計画的な防災行政の整備及び推進を図り、もって社会の秩序の維持と公共の福祉の確保に資することを目的とする。

（市町村地域防災計画）

第42条　**市町村防災会議**（市町村防災会議を設置しない市町村にあっては、当該市町村の市町村長。以下この条において同じ。）は、防災基本計画に基づき、**当該市町村の地域に係る市町村地域防災計画**を作成し、及び毎年市町村地域防災計画に検討を加え、必要があると認めるときは、これを修正しな

けなければならない。この場合において、当該市町村地域防災計画は、防災業務計画又は当該市町村を包括する都道府県の都道府県地域防災計画に抵触するものであってはならない。

2　市町村地域防災計画は、おおむね次に掲げる事項について定めるものとする。

(1)　当該市町村の地域に係る防災に関し、当該市町村及び当該市町村の区域内の公共的団体その他防災上重要な施設の管理者（第4項において「当該市町村等」という。）の処理すべき事務又は業務の大綱

(2)　当該市町村の地域に係る防災施設の新設又は改良、防災のための調査研究、教育及び訓練その他の災害予防、情報の収集及び伝達、災害に関する予報又は警報の発令及び伝達、避難、消火、水防、救難、救助、衛生その他の災害応急対策並びに災害復旧に関する事項別の計画

(3)　当該市町村の地域に係る災害に関する前号に掲げる措置に要する労務、施設、設備、物資、資金等の整備、備蓄、調達、配分、輸送、通信等に関する計画

＜以下略＞

―――――――――京都市環境基本条例―――――――――

（目的）

第1条　この条例は、環境の保全について、基本理念を定め、並びに本市、事業者、市民及び通勤者、通学生、観光旅行者その他の滞在者の責務を明らかにするとともに、本市の自然的社会的条件に応じ、環境の保全に関する施策の基本となる事項を定めて、環境の保全に関する施策を総合的かつ計画的に推進することにより、健全で恵み豊かな環境を確保し、もって現在及び将来の市民の健康で文化的な生活の確保に寄与することを目的とする。

（環境基本計画）

第9条　**市長は**、本市の自然的社会的条件に応じ、環境の保全に関する施策を総合的かつ計画的に推進するため、**環境の保全に関する基本的な計画**（以下「環境基本計画」という。）**を定めなければならない。**

2　環境基本計画は、次の各号に掲げる事項について定めるものとする。

(1)　環境の保全に関する長期的な目標
　　(2)　環境の保全に関する個別の分野の施策の大綱
　　(3)　環境の保全に関する配慮の指針
　　(4)　その他環境の保全に関する重要な事項
　3　市長は、環境基本計画を定めるに当たっては、京都市環境審議会（以下「審議会」という。）の意見を聴くとともに、事業者及び市民の意見を適切に反映するために必要な措置を講じなければならない。
　4　市長は、環境基本計画を定めたときは、速やかにこれを公表しなければならない。
　5　前2項の規定は、環境基本計画の変更について準用する。

2　住民参加手法

　住民参加手法とは、地方公共団体の政策決定をより民主的なものにするため、政策決定過程における住民の参加を促す手法です。この手法には様々なものがありますが、代表例として**パブリックコメント手法**があります。
　次の鹿児島市条例では、施策の決定過程において、原則パブリックコメント手続を実施することを定め、これに加え、審議会等への付議、意見交換会等の開催、ワークショップ方式などの手法をとることを努力義務としているという点に特徴があります。

【パブリックコメント等の市民参画の手法を定める例】

―――――― 鹿児島市の市民参画を推進する条例 ――――――

（目的）
第1条　この条例は、本市における市民参画の基本的な事項を定めることにより、市政への市民参画の推進を図り、もって市民と市との協働によるまちづくりを進めることを目的とする。
（市民参画手続の実施）
第6条　この条例における市民参画の手続（以下「市民参画手続」という。）の方法は、次に掲げるとおりとする。
　　(1)　パブリックコメント手続の実施

(2) 審議会等への付議

(3) 意見交換会等の開催

(4) ワークショップ方式（市民と市又は市民同士が、相互に議論することにより案を作り上げていく手法で行う市民参画のための手続をいう。）その他の市民参画のための手続（第19条において「ワークショップ方式等」という。）の実施

2 実施機関は、次条第1項各号に掲げる施策を行おうとするときは、前項各号に掲げる市民参画手続の方法のうち、いずれかの方法により市民参画手続を実施するものとする。この場合において、**実施機関は、原則としてパブリックコメント手続を実施するものとし**、施策の内容に応じ他の市民参画手続の方法を用いることが適当と認める場合にあっては、パブリックコメント手続の実施に代えて、同項第2号から第4号までに掲げる市民参画手続の方法のうち、いずれか適当と認める方法により市民参画手続を実施することができるものとする。

3 実施機関は、前項の規定に基づき市民参画手続を実施する場合においては、必要に応じて当該市民参画手続以外の市民参画手続を実施するよう努めなければならない。

【附属機関方式による政策形成過程への住民参加を定める例】

------- 鳥取県人権尊重の社会づくり条例 -------

（鳥取県人権尊重の社会づくり協議会）

第7条 人権施策基本方針その他人権施策に県内に暮らすすべての者の意見を反映させるため、地方自治法（昭和22年法律第67号）第138条の4第3項の規定に基づき、鳥取県人権尊重の社会づくり協議会（以下「協議会」という。）を設置する。

2 **知事は、人権施策基本方針を定めるに当たっては、あらかじめ、協議会の意見を聴くものとする。**

3 協議会は、人権尊重の社会づくりに関する事項に関し、知事に意見を述べることができる。

【自治体基本条例において政策形成過程への住民参加の基本原則を定める例】

------- ニセコ町まちづくり基本条例 -------

（計画過程等への参加）

第36条　町は、町の仕事の計画、実施、評価等の各段階に町民が参加できるよう配慮する。

2　町は、まちづくりに対する町民の参加において、前項の各段階に応じ、次に掲げる事項の情報提供に努めるものとする。

(1)　仕事の提案や要望等、仕事の発生源の情報

(2)　代替案の内容

(3)　他の自治体等との比較情報

(4)　町民参加の状況

(5)　仕事の根拠となる計画、法令

(6)　その他必要な情報

　ニセコ町まちづくり基本条例は、自治体基本条例のさきがけとなった条例です。**自治体基本条例**とは、地方公共団体の経営の枠組みを定めるものです。こうした基本条例は理念的・抽象的な規定が多く、権利義務に関する具体的な事項はほとんどありません。このため、法的側面だけで考えると、条例という規範で定める必要はありません。

　ではなぜ、最近こうした地方公共団体の経営方針が条例という規範形式で制定されているのでしょうか。それは、長期的な対応が必要な政策や都市経営の理念などは、条例化して団体意思として示すことで、行政と住民の間で価値観を共有することができるからです。また、条例とすることにより、新たな立法事実の登場で条例が改廃されるまでは、首長が交代しても地方公共団体の価値規範として効力を有し続けることができるからです。

3　説明会手法

　説明会手法とは、住民と事業者間での紛争を予防するため、あらかじめ、事業着手前に、事業者に対し、住民に対する説明会の実施を義務付ける手法です。この制度は、次項で説明する協定手法と組み合わせて利用されることが少なくあり

ません。

【説明会手法の例】

--- 京都市中高層建築物等の建築等に係る住環境の保全及び形成に関する条例 ---

（目的）

第1条　この条例は、中高層建築物等の建築等に関し、建築主等が配慮すべき事項、建築計画に係る周知の手続、紛争の調整及び調停に関する手続その他必要な事項を定めることにより、紛争の予防及び解決を図り、もって安全で快適な住環境の保全及び形成に資することを目的とする。

（建築計画の説明）

第12条　**中高層建築物等の建築主等は、建築計画について、別に定める事項を近隣住民に説明しなければならない。**

鳥取県廃棄物処理施設の設置に係る手続の適正化及び紛争の予防、調整等に関する条例

（目的）

第1条　この条例は、廃棄物処理施設の設置に係る計画の事前公開、これに対する関係住民の環境保全上の意見提出等の手続、廃棄物処理施設における処理状況の公表その他必要な事項を定めることにより、廃棄物処理施設の設置に係る手続の適正化及び紛争の予防、調整等を図り、もって生活環境の保全及び公衆衛生の向上を図ることを目的とする。

（事業計画の周知）

第10条　**事業者は、前条の縦覧期間内に周知計画に基づく説明会の開催等により、関係住民に対し、事業計画の周知を図らなければならない。**

2　説明会の開催方法等に関して必要な事項は、規則で定める。

3　知事は、第1項の説明会の開催状況を把握するために必要があると認めるときは、当該説明会にその職員を立ち会わせるとともに、関係市町村の職員の立会いを求めることができる。

4　協定手法

　協定手法とは、地方公共団体等の**行政主体が私人と同等の立場**で協定を締結し、当該協定に基づいて政策課題に対処するという手法です。行政主体と私人が行政目的を達成するために締結する協定は、その性格から、給付行政をはじめとする非規制的領域のものと公害防止協定をはじめとする規制的領域のものに分類することができます。

　このうち規制的領域における契約については、法律による行政の原理との関係でその法的効果が問題となります。この法的効果について、学説上、一律に否定する**紳士協定説**、一般の契約として法的拘束力を認める**契約説**とがあります。紳士協定説は、規制的行政は法律や条例に基づいて一律に実施されるべきであり、これを超える規制を協定によって事業者に与えることは法律による行政の原理に違反するとします。これに対し契約説は、協定の契約的側面を重視し、法令が定める基準を超える義務を負うこととなっても、法律による行政の原則に反するものではないと考えます。

　公害防止協定に関しては、契約説に立ち、行政主体による協定内容の司法的実現を認める最高裁判決[183]があります。この事件は、産業廃棄物最終処分場の使用期限を定める公害防止協定に基づいて、福岡県福間町（現在の福津市）が処分業者に対し、処分場の使用差止めを求めたものです。最高裁は、「処分業者が、公害防止協定において、協定の相手方に対し、その事業や処理施設を将来廃止する旨を約束することは、処分業者自身の自由な判断で行えることであり、その結果、許可が効力を有する期間内に事業や処理施設が廃止されることがあったとしても、＜廃棄物処理＞法に何ら抵触するものではない」とし、廃棄物処理法の趣旨に沿わないこと等を理由に協定の法的拘束力を否定した原審判決を破棄しました。

　当事者間の合意により設定される協定上の義務は、公益実現を目的とするものです。このため、公益実現を目的とし、法令又は条例により設定される義務の履行を求める訴えは「法律上の争訟」ではないから不適法であるとした宝塚市パチンコ店等規制条例事件最高裁判決[184]との関係が問題になります。当事者間の合意に基づく義務の履行を求める訴えであっても「法律上の争訟」ではないから同

---

(183)　最2小判平21・7・10判時2058号53頁
(184)　最3小判平14・7・9民集56巻6号1134頁

訴えは不適法であるとの解釈もあり得たはずです。しかし、上記最高裁判決は、地方公共団体が事業者との間で対等な立場に立って締結した契約上の義務である点にポイントを置き「法律上の争訟」であることを前提に判断をしたのです。

協定手法は、**契約自由の原則**により、当事者間の合意により対処するもので、法律による行政の原理の観点からは批判があるものの、自由度が高く、個別事情に応じた細かな規制的、誘導的効果を期待できる手法です。また、柔軟で個別的・具体的対応が可能なので、今後も、活発に利用されることが予想されます。

また、協定の実効性確保についても当事者間の合意により定めることができます。例えば、香川県のみどり豊かでうるおいのある県土づくり条例21条2項により締結する協定では、整備緑化を行うことの実効性を確保するために、みどりの保全協定実施要領4条2項に定める金額を定期預金により入金し、当該定期預金の払戻請求権に質権を設定することとされています。

【地方公共団体と事業者間の協定締結手法を定める例】

------------ みどり豊かでうるおいのある県土づくり条例（香川県） ------------

（目的）

第1条　この条例は、狭あいな県土を有し、その森林等の占める割合が低く、高度な土地利用が行われている本県において、みどりが有する県土の保全、水資源のかん養、地球温暖化防止その他の公益的機能の重要性にかんがみ、県民の参加と協働の下、県土の計画的な緑化を推進するとともに、みどりを保全するために必要な土地利用の調整を行うことにより、みどり豊かでうるおいのある県土づくりを図り、もって快適な環境の確保に資することを目的とする。

（土地開発協議者の緑化義務）

第21条　土地開発協議者は、開発計画に係る土地開発行為を行うときは、当該開発区域において適切な緑化を行わなければならない。

2　知事は、必要があると認めるときは、土地開発協議者と開発計画に係る開発区域のみどりの保全を図るために必要な事項を内容とする協定を締結するものとする。

------------------ みどりの保全協定実施要領（香川県）------------------
（協定に基づく保証措置）
第3条　土地開発協議者は、協定を締結したときは、当該協定に基づき開発区域の整備緑化（以下「整備緑化」という。）を行うものとする。
2　土地開発協議者は、整備緑化を行うことを保証するために必要な措置をとるものとする。
（現金による保証）
第4条　前条第2項に規定する必要な措置とは、現金による保証を原則とする。
2　現金による保証は、土地開発協議者が整備緑化の施工に必要な費用（以下「緑化費用」という。）の額（その額に1万円未満の端数の額があるときは、その端数金額を切り捨てた額）を当該土地開発協議者が知事と協議して定める金融機関に定期預金により預入し、質権を設定して行うものとする。

協定手法には、地方公共団体と事業者間だけではなく、事業者と住民との間での締結を求めるものもあります。この場合には、締結に当たって、地方公共団体による指導・助言といった手法と組み合わされます。

【住民と事業者間の協定締結手法を定める例】

------ 浜松市廃棄物処理施設の設置等に係る紛争の予防と調整に関する条例 ------
（目的）
第1条　この条例は、廃棄物処理施設の設置等に係る計画の事前公開、環境保全協定の締結、紛争のあっせん等に関して必要な事項を定めることにより、廃棄物処理施設の設置等に係る紛争の予防と調整及び廃棄物の適正な処理の確保を図り、もって市民の生活環境の保全に資することを目的とする。
（環境保全協定の締結）
第14条　設置者は、廃棄物処理施設の設置等に関し、関係地域の生活環境の保全上必要な事項として次に掲げるものを内容とする協定（以下「環境保全協定」という。）を関係住民と締結するよう努めなければならない。
(1)　廃棄物処理施設の設置等の場所
(2)　廃棄物処理施設の種類
(3)　廃棄物処理施設において処理する廃棄物の種類

(4)　廃棄物処理施設の処理能力
　(5)　廃棄物処理施設の設置等に係る位置、構造等に関する計画
　(6)　大気汚染対策、騒音防止対策、振動防止対策、悪臭防止対策、水質汚濁対策、地下水汚染対策及び土壌汚染対策に関すること。
　(7)　廃棄物処理施設の周辺の施設であって、その利用者の特性に照らして、生活環境の保全について特に適正な配慮が必要であると認められるものについての適正な配慮に関すること。
　(8)　排ガスの性状（廃棄物の処理及び清掃に関する法律施行規則（昭和46年厚生省令第35号。以下「省令」という。）第3条第1項第5号に規定する排ガスの性状をいう。以下同じ。）、放流水の水質等について関係地域の生活環境の保全のため達成することとした数値
　(9)　排ガスの性状及び放流水の水質の測定頻度に関する事項
　(10)　前各号に掲げるもののほか、規則で定める事項
2　環境保全協定の締結行為は、設置者（法人にあっては、その代表者）と関係住民の代表者が行うものとする。
3　関係住民は、環境保全協定の締結について協力しなければならない。
4　**市長は、環境保全協定の締結に際し、その内容について必要な指導又は助言を行うものとする。** この場合において、当該廃棄物処理施設が、廃棄物の処理及び清掃に関する法律施行令（昭和46年政令第300号）第5条の2又は第7条の2に規定する廃棄物処理施設である場合にあっては、市長は、あらかじめ、当該環境保全協定の内容について、調整委員のうち第19条第2項第1号及び第2号に規定するものの意見を聴かなければならない。
5　市長は、設置者又は関係住民の代表者からの求めに応じ、立会人として環境保全協定に参加することができる。
6　設置者は、環境保全協定を締結したときは、その写しを市長へ提出しなければならない。

　ところで、協定手法では、原則として契約者間でしか契約内容を主張することができません。

　しかし、山武市残土の埋立てによる地下水の水質の汚濁の防止に関する条例[185]

のように、行政庁が住民と事業者の間に締結された協定を行政庁が認可することによって、当該協定の効力を第三者に及ぼすことも可能です。協定の内容を協定当事者以外の第三者にも効力を持たせる手法は建築協定[186]の例にもみることができます（建築基準法69条以下）。

【住民の協定効力の第三者効を定める例】

------ 山武市残土の埋立てによる地下水の水質の汚濁の防止に関する条例 ------

（地下水保全協定）

第29条　相当規模の一団の土地に係る**土地所有者等**（その権利を登記により第三者に対抗できる者に限る。以下この章において同じ。）は、地下水の水質の保全を図るため、**その全員の合意により、地下水の水質の保全に関する協定**（以下「地下水保全協定」という。）**を締結し、市長の認可を受ける事ができる。**

2　地下水保全協定においては、次に掲げる事項を定めなければならない。

(1)　地下水保全協定の代表者その他の役員
(2)　地下水保全協定の対象となる土地の区域
(3)　地下水の水質を保全するために必要な事項
(4)　地下水保全協定に違反した場合の措置及びその手続
(5)　地下水保全協定の有効期間

（地下水保全協定の認可）

第30条　市長は、前条第1項の規定による地下水保全協定の認可の申請が次の各号に該当するときは、当該地下水保全協定を認可しなければならない。

(1)　申請手続がこの条例及びこの条例に基づく規則に違反しないこと。
(2)　対象となる土地の利用を不当に制限するものでないこと。
(3)　前条第2項第3号に掲げる事項が安全基準及び構造基準に反するものでないこと。

2　市長は、前項の規定による認可をしたときは、その旨を公告し、かつ、当該

---

(185) 同条例の制定過程については、戸村利「地下水保全における住民協働－旧山武町残土条例から－」鈴木庸夫先生還暦記念『政策・法・哲學』（ちば自治体法務研究会、2009）162頁以下、同「山武市残土の埋立てによる地下水の水質の汚濁の防止に関する条例」法令解説資料総覧263号（2003）92頁以下参照

(186) 大阪高判昭56・5・20判タ449号75頁は、建築協定の法的性について、「協定区域内の土地の所有者等がその土地上の建築物の敷地、位置、構造、用途、形態、意匠又は建築設備に関し建築基準法その他の法令の規制よりも厳しい制約を定めることに合意し、法令の規制以上の一定範囲の作為又は不作為義務を相互に負担しあうことにより、協定区域の住宅地の環境又は商店街としての利便を高度に維持増進する等建築物の利用を増進し、かつ土地の環境を改善するなどの目的を達成しようというもの」であるとしている。

地下水保全協定の写しを市役所に備えて一般の閲覧に供するとともに、その対象となった土地の区域内に明示しなければならない。
（地下水保全協定の効力）
第31条　前条第2項の規定による認可の公告があった地下水保全協定は、その公告のあった後において当該地下水保全協定の対象となった土地について権利を取得した土地所有者等に対しても、その効力があるものとする。

さらに、山武市条例では、土地所有者等による協定内容は、次のように**残土埋立ての許可要件として溶け込む制度設計**がなされています。住民と事業者間の協定という私的約束事項の一部が条例の内容（許可要件）を構成するという一種の私的立法とも理解できます。

なお、建築協定でも第三者効は認められていますが、建築協定の内容は建築確認の対象である建築確認対象法令にはなりません。また、建築協定に違反したからといって、特定行政庁が協定違反者に対して、何らかの措置を命じることができるわけでもありません。

【住民の協定内容が事業者の許可要件とされている例】

山武市残土の埋立てによる地下水の水質の汚濁の防止に関する条例
（許可の基準）
第13条　市長は、残土埋立事業許可の申請が第10条第1項の規定によるものである場合にあっては、次に掲げる基準に適合していると認めるときでなければ、残土埋立事業許可をしてはならない。
（残土埋立事業許可の基準の特例）
第32条　残土埋立事業区域内の土地を対象として第30条第2項の規定による認可の公告があった地下水保全協定が締結されている場合において、第13条第1項及び第2項の規定の適用については、これらの規定中「次に掲げる基準」とあるのは「次に掲げる基準（当該残土埋立事業区域内の土地を対象として締結されている地下水保全協定が定める地下水の水質を保全するために必要な事項で残土の埋立てに係るもののうち、市長が第30条第2項の規定により当該地下水保全協定を認可した旨を公告する際に同時に指定したものを含む。）」とする。

協定手法は、住民参加のまちづくり条例でも主要な役割を果たしています。山武市条例のように第三者効を認める制度を一般のまちづくり条例に取り入れることも可能であると考えられます。

次の神戸市条例は、協定に第三者効力を認めるものではありませんが、協定の内容が尊重されるように、これに反する建築物の建築等の行為について、市長が当該事業者と協議ができることを定めています。

【まちづくり条例で協定手法が定められている例】

------- 神戸市地区計画及びまちづくり協定等に関する条例 -------

（目的）

第1条　この条例は、住民等の参加による住み良いまちづくりを推進するため、都市計画法（昭和43年法律第100号。以下「法」という。）第16条第2項の規定に基づく地区計画等の案の作成手続に関する事項及びまちづくり提案、まちづくり協定等に関する事項について定めることを目的とする。

（まちづくり協定）

第9条　**市長とまちづくり協議会は、住み良いまちづくりを推進するため、次の各号に掲げる事項について定めた協定をまちづくり協定として締結することができる**。ただし、地区計画等で定められた事項については、この限りでない。

(1)　協定の名称

(2)　協定の締結の対象となる地区の位置及び区域

(3)　協定の締結の対象となる地区のまちづくりの目標、方針その他住み良いまちづくりを推進するため必要な事項

2　市長は、まちづくり協定を締結しようとするときは、あらかじめ、まちづくり専門委員の意見を聴くものとする。

3　市長は、まちづくり協定を締結したときは、その旨を公告しなければならない。

4　前2項の規定は、まちづくり協定を変更する場合について準用する。

（まちづくり協定への配慮）

第10条　住民等は、建築物その他の工作物の新築、増築又は改築、土地の区画形質の変更等を行おうとするときは、まちづくり協定の内容に配慮しなければならない。

（行為の届出の要請）

第 11 条　市長及びまちづくり協議会は、まちづくり協定を締結したときは、当該まちづくり協定に係る地区内において、次の各号に掲げる行為を行おうとする者に対し、規則で定めるところにより、あらかじめ、その内容を市長に届け出るように要請することができる。
(1)　建築物その他の工作物の新築、増築若しくは改築又は用途の変更
(2)　土地の区画形質又は用途の変更
(3)　前2号に掲げるもののほか、住み良いまちづくりの推進に影響を及ぼすおそれのある行為で規則で定めるもの
（届出に係る行為についての協議等）
第 12 条　市長は、前条の規定による要請に基づき届出があった場合において、届出に係る行為がまちづくり協定に適合しないと認めるときは、当該届出をした者と必要な措置について協議することができる。
2　市長は、前項の規定により協議する場合において、必要があると認めるときは、まちづくり専門委員の意見を聴くことができる。
3　まちづくり協議会は、第1項の規定による協議について、市長に意見を述べることができる。

さらに、次の**掛川市生涯学習まちづくり土地条例**では、協定に適合しない行為については、勧告を行い、当該勧告に従わない場合には、その旨及び勧告の内容を公表できるとしています。なお、勧告に従わないことを理由に制裁的公表をする際の問題点については、次章4（3）を参照してください。

【協定に不適合な行為に対する勧告・公表が定められている例】

------------------------------ 掛川市生涯学習まちづくり土地条例 ------------------------------

（目的）
第1条　この条例は、土地が市民のための限られた生態系にも係る貴重な資源であって、地域社会を存立させている共通の基盤であることにかんがみ、土地の公共性に基づくその適正利用に関する生涯学習並びに市民主体の土地施策の策定及び実施における積極的な市民参加について定め、もって快適で良質なまちづくりに資することを目的とする。
（まちづくり計画協定の締結）

第8条　市長は、前条の規定により策定されたまちづくり計画案がまちづくりに関する市の総合的な計画に適合していると認めるときは、当該まちづくり計画案を推進するため、必要な事項について、当該まちづくり計画案に係る促進区域の自治会の代表者及び土地等の所有者又はその代表者との間にまちづくり計画協定を締結することができる。

2　前項のまちづくり計画協定を締結するには、土地等の所有者の10分の8以上の同意がなければならない。

3　前2項にかかわらず、市長は、第6条第1項第7号に係るまちづくり計画協定については、当該促進区域の自治会の代表者及び当該促進区域に居住する世帯を代表する者又はその代表者との間において、第1項に定めるまちづくり計画協定を締結することができる。この場合においては、当該促進区域に居住する世帯を代表する者の10分の8以上の同意がなければならない。

4　市長は、まちづくり計画協定を締結しようとするときは、あらかじめ、審議会の意見を聴かなければならない。

5　市長は、まちづくり計画協定を締結したときは、その旨及びその区域を告示しなければならない。

6　第2項から前項までの規定は、まちづくり計画協定を変更又は廃止する場合について準用する。

（協定区域内における行為の届出）

第10条　協定区域内において、次に掲げる行為をしようとする者は、規則で定めるところにより、あらかじめ、その内容を市長に届け出なければならない。

(1)　土地に関する所有権、地上権若しくは賃借権又はこれらの権利の取得を目的とする権利（以下「土地に関する権利」という。）の移転又は設定をする契約（予約を含む。以下「土地売買等の契約」という。）の締結

(2)　建築物及び特定工作物の新築又は増築

(3)　土地の用途の変更

(4)　土地の区画又は形質の変更

2　前項の規定は、次の各号に掲げる行為については適用しない。

(1)　通常の管理行為、軽易な行為その他の行為で規則で定めるもの

(2)　法令又はこれに基づく処分による義務の履行として行う行為

(3)　非常災害のために必要な応急措置として行う行為
　(4)　国及び地方公共団体が行う行為
3　第1項の届出は、法令に基づく許可、認可等の申請又は届出をする日の前2週間（法令に基づく許可、認可等の申請又は届出を要しない行為にあっては、当該行為に着手しようとする日の前2週間）までに行わなければならない。
（勧告等）
第11条　市長は、前条第1項の規定による届出があった場合において、当該届出に係る行為がまちづくり計画協定に適合しないと認めるときは、当該届出をした者に対し、当該土地売買等の契約の締結の中止その他その届出に係る事項について必要な措置を講じるべきことを助言又は勧告することができる。
2　市長は、前項の規定による勧告を受けた者に対し、当該勧告に基づいて講じた措置について報告を求めることができる。
（公表）
第12条　市長は、前条第1項の規定による勧告を受けた者が当該勧告に従わないときは、その旨及び勧告の内容を公表することができる。
2　市長は、第10条の規定による届出をしなかった者があるときは、その者の氏名を公表することができる。

5　同意手法

　同意手法とは、許認可権を持つ行政庁が、事業者に対し、許認可をする際に許可対象施設の近隣住民や地元町内会会長の同意を得ることを求める手法です。
　同意手法は、関係利害間で合意をするという点で、協定手法と類似する手法ですが、十分な情報を得ていない同意権者と事業者が個別に接触し同意を求めるものです。
　同意権者は、適切な情報も十分得られないまま、同意をするかしないかの決定をせざるを得ず、また、同意の際に行政が関与しないまま同意権者が個人で事業者と対応しなければなりません。これらの点で同意権者が適切な判断ができない点に問題点を有する手法といえるでしょう。
　他方で、同意を同意権者の全くの自由意思に委ねる手法であることから、事業

者の事業活動の自由を不当に規制する原因となるという問題点もあります[187]。

【同意手法を定めている例】

- - - - - - - - 新潟県柏崎市ペット葬祭施設の設置等に関する条例 - - - - - - - -

(目的)
第1条　この条例は、ペット葬祭施設の設置及び管理が適正に行われるための措置を講ずることにより、公衆衛生上、住民に与える不安を除去し、もって周辺住民の生活環境の保全に資することを目的とする。

(許可の基準)
第6条　市長は、第3条の許可の申請が次の各号のいずれにも適合していると認めるときでなければ、同条の許可をしてはならない。
(1)　周辺の生活環境及び公衆衛生の保持等の見地から、適当と認められる場所に設置されるものであること。
(2)　ペット葬祭施設の設置に係る土地の隣接土地所有者及び地元町内会の同意を得ていること。
(3)　ペット葬祭施設が別表に規定するペット葬祭施設の構造基準に適合すること。
(4)　動物等の死骸（がい）を焼かずに土中に埋葬する行為を行わないものであること。
(5)　前各号に定めるもののほか、ペット葬祭施設の設置に必要な関係法令との調整が図られていること。
(6)　その他市長が必要と認める事項

6　紛争調停手法

紛争調停手法とは、住民と事業者間の紛争について行政が紛争の調停役としての役割を果たすことにより、紛争の解決を目指す手法です。

この手法については、行政が完全な中立的立場で調停を行うことができるのか、逆に、中立的立場をとるだけでは、両者が合意に達することはできないのではないか、行政の強力なリーダーシップが必要なのではないかといった問題点があります。

---

(187) 同意制システムの問題点を指摘するものとして、北村・分権改革30頁、同「同意制条例」自治総研33号（2007）1頁

【紛争調整手法を定めている例】

- - 福岡県産業廃棄物処理施設の設置に係る紛争の予防及び調整に関する条例 - -

（目的）

第1条　この条例は、産業廃棄物処理施設の設置に際し、設置者と周辺住民との間に紛争が生じている現状にかんがみ、産業廃棄物処理施設の設置が周辺の環境に及ぼす影響の調査及びこれに対する周辺住民の環境保全上の意見を求めるための手続その他意見の調整及びあっせんに関し必要な事項を定めることにより、**設置者の適正な施設設置計画の決定に資するとともに、紛争の予防及び公正な処理を図ることを目的とする。**

（あっせん）

第19条　次の各号のいずれかに該当する場合、設置者及び周辺住民（以下「当事者」という。）の双方又は一方は、知事に対し、あっせんの申請をすることができる。

(1)　第10条に規定する説明会が開催された場合において、第12条の規定による意見書が提出されないとき。

(2)　第13条第2項に規定する見解書の周知が行われた場合において、第15条に規定する協定が締結されないとき。

2　知事は、前項の申請があった場合において、この条例に規定する手続を誠実に遵守していない者の申請であるときその他その性質上あっせんをするのに適当でないと認めたときを除き、あっせんを行うものとする。

3　知事は、あっせんを行うことを決定したときは、関係市町村の長に協力を求めるものとする。

4　**知事は、関係市町村の長と協力して、当事者間をあっせんし、双方の主張の要点を確かめ、紛争が解決されるよう努めなければならない。この場合において、知事は、あらかじめ、福岡県産業廃棄物審議会の意見を聴かなければならない。**

（あっせんの打切り）

第20条　知事は、あっせんに係る紛争について、当事者があっせんに応じないときその他紛争の解決の見込みがないと認めるときは、あっせんを打ち切ることができる。

2　知事は、前項の規定によりあっせんを打ち切るに当たっては、関係市町村の長の意見を求めるものとする。

> 3　知事は、あっせんを打ち切ったときは、その旨を当事者及び関係市町村の長に通知しなければならない。
>
> （規則への委任）
> 第21条　この章に規定するもののほか、あっせんの申請の手続その他あっせんに関し必要な事項は、規則で定める。

7　認証手法

　認証手法とは、行政が特定の物品や制度を認証することにより、その認証内容を保障し、当該認証対象の物品の流通、使用を促す手法です。次の例は、リサイクル製品の品質保証を行い、流通を促進するための認証手法の例です。

　この手法では、認証する地方公共団体が十分な知識を有し、厳格に行うことが肝要です。一度でも不適切な認証を行うと、将来についてだけではなく、過去の認証についてもその信頼性は大きく失われ、大きな混乱を招くことになります。

【認証手法を定めている例】

> ―――――――― 三重県リサイクル製品利用推進条例 ――――――――
>
> （目的）
> 第1条　この条例は、リサイクル製品の利用を推進し、もって、リサイクル産業の育成を図り、資源が無駄なく繰り返し利用され、環境への負荷が少ない循環型社会の構築に寄与することを目的とする。
>
> （認定及び認定基準）
> 第6条　知事は、リサイクル製品の生産等をし、又はしようとする者の申請に基づき、当該リサイクル製品が次に掲げる基準（以下「認定基準」という。）のいずれにも適合していることについて認定を行うことができる。
> 　(1)　県内の工場又は事業場（第3号及び第16条第1項において「工場等」という。）において生産等をされる製品であること。
> 　(2)　その全部又は一部に県内で発生する再生資源等を用いて生産等をされる製品であること。
> 　(3)　当該リサイクル製品の生産等に係る工場等において、環境の保全、工場等の操業等に関する法令が遵守され、環境の保全に関する措置が講じられるこ

と。
　(4)　前3号に掲げる基準のほか品質、安全性その他必要な事項に関して規則で定める基準に適合すること。
2　知事は、リサイクル製品の生産等をしようとする者（第8条第7項において「生産予定者」という。）の申請については、当該申請があった日の翌日から起算して6月以内に生産等が開始されることが確実であると認めるときに限り、認定を行うことができる。
3　知事は、第1項の認定に当たっては、この条例の施行に必要な限度において、品質及び安全性に関する条件その他必要と認める条件を付することができる。

第15章 行政手法の実効性確保――許可取消制度等

Point　本章では、こうした行政手法の実効性を確保するための制度（刑罰を除く。）について、概説します。

keyword　実害要件　情報提供的公表　制裁的公表
給付拒否制度　金銭的担保制度　報告徴収
立入調査　物件収去　強制調査

1　実効性確保制度の意義

　様々な行政手法を採用しても、特に規制的手法の場合、規制内容を遵守してくれなければ意味がありません。そのため、こうした行政手法の実効性を確保するために、許可の取消しを行う、監督処分を行うといったシステムを法政策に盛り込むことが必要です。

2　許可取消制度

　いったん許可した場合であっても、その後、許可条件に反する状態に至った場合、あるいは、法令の定める義務に反するような場合が生じたときには、許可手法の適正な維持の観点から違法状態を解消する必要があります。
　このために用いられるのが**許可取消制度**です。

【許可取消制度の例】

------- 風営法 -------

（営業の許可）
第3条　風俗営業を営もうとする者は、風俗営業の種別（前条第1項各号に規定する風俗営業の種別をいう。以下同じ。）に応じて、営業所ごとに、当該営業所の所在地を管轄する都道府県公安委員会（以下「公安委員会」という。）の許可を受けなければならない。

＜中略＞

（許可の取消し）
第8条　公安委員会は、第3条第1項の許可を受けた者（第7条第1項、第7条

の2第1項又は前条第1項の承認を受けた者を含む。第11条において同じ。）**について、次の各号に掲げるいずれかの事実が判明したときは、その許可を取り消すことができる。**
(1) 偽りその他不正の手段により当該許可又は承認を受けたこと。
(2) 第4条第1項各号に掲げる者のいずれかに該当していること。
(3) 正当な事由がないのに、当該許可を受けてから6月以内に営業を開始せず、又は引き続き6月以上営業を休止し、現に営業を営んでいないこと。
(4) 3月以上所在不明であること。

設問12　許可の取消しと損失補償

> 市庁舎に食堂を開設するため、期限を定めないで、行政財産に対する使用許可がなされた。しかし、わずか2年で、本来の行政目的に供する必要が生じたとして、当該許可は取り消された。この場合において、損失補償は必要か。

【設問解説】
(1) 問題の所在

　行政財産とは、地方公共団体において公用又は公共用に供し、又は供することを決定した財産をいいます。この行政財産は、行政運営のための重要な物的資源ですから、行政財産を売り払い、譲与等の目的とすることはできませんし、私権を設定することもできません（自治法238条の4第7項）。こうした私権の設定等は、無効とされます（同条6項）。

　しかし、例外があります。それは、①その目的を妨げない限度において、その使用を許可する場合（同法238条の4第7項）、②行政財産である土地について用途又は目的を妨げない範囲で、特別な場合に、私権を設定する場合（同条2項各号）です。このうち、前者の許可は、行政財産の目的外使用許可とも呼ばれます。行政財産の使用許可は、使用許可をした行政財産につき、公用又は公共用に供するために必要が生じたときには、使用許可を取り消すことができるとされています（自治法238条の4第9項）。この場合の取消しは、講学上の撤回であり、瑕疵なく成立した法律関係について、その後の事情により、当該行為の法的効力を将来にわたって消滅させる性格のものです。

行政財産に対する目的外使用許可を取り消した場合に、自治法には、損失補償をすべきか否かについて規定は置かれていません。設問では、行政財産の目的外使用許可を取り消す場合、損失補償は必要か否かを問うものです。
　なお、普通財産の貸付けの解除の場合には、補償の規定が置かれています（自治法238条の5第5項）。

(2) 損失補償の意義と内容
　損失補償とは、私人の土地を道路建設のために、強制収用する場合のように適法な公権力の行使によって、特定の者の財産に特別の犠牲が生じた場合に、公平の理念に基づき当該損失を補填するものです。したがって、違法な公権力の行使によって生じた損害を賠償する国家賠償とは異なります。
　国家賠償法とは異なり損失補償についての一般法は制定されていません。土地収用法68条など個別の法律に規定があるのみです。個別の規定が法律にない場合にも、実務では、憲法29条3項を直接の根拠として損失補償が行われています。
　損失補償の種類には、大きく分けて**事業損失補償**と**収用損失補償**に分類することができます。このうち、事業損失補償とは、収用損失補償とは異なり、財産の収用そのものではなく、事業の施行に伴い発生する損失の補償です。例えば、下水道処理場の稼働に伴う漁業補償などです。収用損失補償は財産権の収用に伴う直接の補償です。収用損失補償の中心は、所有権等の財産権に対する**権利対価補償**です。この権利対価補償を行う場合には、これに付随する損失の補償も必要であるとされます。この付随的補償には物件移転補償、営業休止補償などがあります。ちなみに、土地収用法は、土地等に対する権利対価補償（同法71条）のほかに、**残地補償**（同法74条）、**物件移転補償**（同法77条）などの付随的補償に関する具体的規定があります。

(3) 東京都中央卸売市場事件
　設問は、東京都から中央卸売市場内における使用許可を受けていた業者が、市場業務拡大に伴い、使用許可の一部が取り消されたため、土地の使用権が失われたとして、東京都に対して、当該使用権の喪失に対する収用損失補償を求めた事件をもとにしたものです。事件では、行政財産の目的外使用許可によって取得した行政財産の使用権が権利対価補償の対象となる財産権かどうかが、主な争点となりました。
　東京都中央卸売市場事件最高裁判決[188]は、自治法の規定に行政財産の使用の

(188) 最3小判昭49・2・5民集28巻1号1頁

取消しに伴う損失補償の規定がなくても、行政財産の使用許可の取消しにおける損失補償を定めた国有財産法の規定（同法19条による24条の準用）を類推適用できるとした上で、次のように判断し、特別の事情がない限り、行政財産の使用権という権利自体の内在的制約から損失補償は必要ないとしました。

すなわち、

「本件のような都有行政財産たる土地につき使用許可によって与えられた使用権は、それが期間の定めのない場合であれば、当該行政財産本来の用途または目的上の必要を生じたときはその時点において原則として消滅すべきものであり、また、権利自体に右のような制約が内在しているものとして付与されているものとみるのが相当である。すなわち、当該行政財産に右の必要を生じたときに右使用権が消滅することを余儀なくされるのは、ひっきょう使用権自体に内在する前記のような制約に由来するものということができるから、右使用権者は、行政財産に右の必要を生じたときは、原則として、地方公共団体に対しもはや当該使用権を保有する実質的理由を失うに至るのであって、その例外は、使用権者が使用許可を受けるに当たりその対価の支払いをしているが当該行政財産の使用収益により右対価を償却するに足りないと認められる期間内に当該行政財産に右の必要を生じたとか、使用許可に際し別段の定めがされている等により、行政財産についての右の必要にかかわらず使用権者がなお当該使用権を保有する実質的理由を有すると認めるに足りる特別の事情が存する場合に限られるというべきである」。

(4) 設問に対する解答

上記最高裁判決は、行政財産の目的外使用による使用権は、その法的性格上、特別の事情がない限り、権利対価補償の対象にはならないと判示したものです。この点、私権の設定を前提とする普通財産や行政財産の貸付けとは異なります。上記訴訟では、権利対価補償のみが請求の対象となっていたため、残念ながら、付随的補償が認められるのかどうかについての判断はなされていません。この判決後になされた高裁判決[189]では、上記最高裁判決に従って、権利対価補償については否定しました。しかし、建物移転補償、営業補償等は認めています。

権利対価補償がないのに、付随的補償は可能なのかという議論はありますが、少なくとも、設問のような場合、長期の許可が当事者間では想定されていると考えられることから、移転に必要と認められる相当期間の営業休止補償、投下した対価を償却するに足りない期間内に返還を求めた設備の移転費用について

---

[189] 東京高判昭50・7・14判時791号81頁

は、補償をすべきであるといえます。なお、許可を受けた者が、許可条件等に反して、取り消された場合、衡平の観点から損失補償が不必要であることはいうまでもありません。

　実務における損失補償については、土地の収用に対する権利対価補償のように典型的な憲法上の損失補償といえるものもあれば、下水道工事に伴う家屋補償のように損害賠償に近いものもあります。さらには、事案の早期解決のため公有地の不法占有者に対し移転補償をする場合のように和解金的な性格を持つものまで多様です。損失補償の分野は実務が先行し、理論による充分な裏付けができていない分野の一つといえます。

3　監督処分制度

　監督処分制度とは、違法状態を解消する等のために、行政庁が特定の行為を命じて適法状態を回復するための制度です。その内容により措置命令あるいは改善命令と呼ばれたりします。

【監督処分制度の例——事業の停止命令】

---------- 廃棄物処理法 ----------

（事業の停止）

第7条の3　**市町村長は、**一般廃棄物収集運搬業者又は一般廃棄物処分業者が次の各号のいずれかに該当するときは、**期間を定めてその事業の全部又は一部の停止を命ずることができる。**

(1)　この法律若しくはこの法律に基づく処分に違反する行為（以下「違反行為」という。）をしたとき、又は他人に対して違反行為をすることを要求し、依頼し、若しくは唆し、若しくは他人が違反行為をすることを助けたとき。

(2)　その者の事業の用に供する施設又はその者の能力が第7条第5項第3号又は第10項第3号に規定する基準に適合しなくなったとき。

(3)　第7条第11項の規定により当該許可に付した条件に違反したとき。

【監督処分制度の例――原状回復命令】

------- 岡山県快適な環境の確保に関する条例 -------
（落書きの禁止）
第7条　何人も、落書きを行ってはならない。
（消去命令）
第9条　知事は、県が管理する施設に落書きが行われた場合であって当該落書きの原因者が判明したときは、**当該原因者に対して当該落書きの消去を命ずることができる。**

【監督処分制度の例――改善命令】

--- 労働者派遣事業の適正な運営の確保及び派遣労働者の保護等に関する法律 ---
（改善命令等）
第49条　厚生労働大臣は、派遣元事業主が当該労働者派遣事業に関しこの法律（第23条第3項及び第23条の2の規定を除く。）その他労働に関する法律の規定（これらの規定に基づく命令の規定を含む。）に違反した場合において、適正な派遣就業を確保するため必要があると認めるときは、**当該派遣元事業主に対し、派遣労働者に係る雇用管理の方法の改善その他当該労働者派遣事業の運営を改善するために必要な措置を講ずべきことを命ずることができる。**

【監督処分制度の例――措置命令】

------------- 不当景品類及び不当表示防止法 -------------
（措置命令）
第6条　内閣総理大臣は、第3条の規定による制限若しくは禁止又は第4条第1項の規定に違反する行為があるときは、当該事業者に対し、**その行為の差止め若しくはその行為が再び行われることを防止するために必要な事項又はこれらの実施に関連する公示その他必要な事項を命ずることができる。**その命令は、当該違反行為が既になくなっている場合においても、次に掲げる者に対し、することができる。
(1)　当該違反行為をした事業者

(2) 当該違反行為をした事業者が法人である場合において、当該法人が合併により消滅したときにおける合併後存続し、又は合併により設立された法人
(3) 当該違反行為をした事業者が法人である場合において、当該法人から分割により当該違反行為に係る事業の全部又は一部を承継した法人
(4) 当該違反行為をした事業者から当該違反行為に係る事業の全部又は一部を譲り受けた事業者

設問13 措置命令等における実害要件

措置命令等の発動に関して実害要件を定めることにどのようなメリット、デメリットがあるか。

【設問解説】
(1) 措置命令の意義

行政手法の実効性確保制度の一つとして措置命令、改善命令など（以下「措置命令等」という。）があります。措置命令等とは、違法状態の是正を行うために、一定の範囲の者に対して特定の行為を命じる行政行為のことです。

措置命令等の規定は、発動要件の部分と権限行使の部分に分かれます。このうち、**発動要件**については、大きく分けて、❶**実体的違反要件**、❷**手続的違反要件**、❸**実害要件**に分類できます。実体的違反要件とは、技術的維持基準に違反しているなど法令の実体的な義務内容に違反していることを要件とするものです。また、手続的違反要件とは無許可で事業を行っているなど法令で定める手続を経ていないことを要件とするものです。さらに、実害要件とは、人の生命、健康、財産が現に被害を被っているということ、あるいは、その具体的危険があることを要件とするものです。

措置命令等には、景観法23条1項、建築基準法9条1項、都市計画法81条1項、廃棄物処理法19条の3などのように実体的違反要件や手続的違反要件のいずれかが充足されれば権限を行使できるとするものが一般的です。

他方、旧大気汚染防止法14条1項（平成22年法律第31号により実害要件は削除）、廃棄物処理法19条の4の規定のように実害要件が規定されていた、又はされている例もあります[190]。しかし、どのような場合に実害要件を盛り込むのかについては、明確な立案上のルールがあるわけではありません。

---

[190] 北村喜宣「一番我慢強いのは？－環境法の監督処分要件比較－」同『自治力の発想』（信山社、2001）43頁以下、同「緩和か強化か？－改善命令発動要件の違い－」同『自治力の達人』（慈学社、2008）112頁参照

(2) 岡山市埋立行為等の規制に関する条例

平成17年に制定された岡山市埋立行為等の規制に関する条例は、「土砂による埋立て及び土砂の採取について必要な規制を行うことにより、災害の防止及び生活環境の保全を図ること」を目的とし（1条）、一定規模以上の土砂による土地の埋立て、盛土その他の土地への堆積を行う際には一定の技術的基準等の要件を満たした場合にのみ、市長の許可によって適法にこれらの行為を行うことができます（7条、9条）。また、実効性を確保するため、措置命令を発することができ（23条）、措置命令に違反した者は、6月以下の懲役又は50万円以下の罰金に処せられます（27条）。

このうち、措置命令について定めた岡山市条例23条の構造は次のようになっています。

発動要件	実体的違反要件・手続的違反要件	この条例若しくはこの条例に基づく規則の規定又はこれらの規定に基づく処分に反する埋立行為等（以下「不適法埋立行為等」という。）が行われ、又は行われた場合において、
	実害要件	災害又は生活環境の保全上の支障が現に生じ、又は生ずるおそれがあると認めるときは、
権限行使		市長は、必要な限度において、次に掲げる者に対し、当該不適法埋立行為等を停止し、又は期限を定めて、災害を防止し、若しくは生活環境の保全上の支障を除去するため必要な措置を講ずべきことを命ずることができる。

このように岡山市条例では、措置命令の発動要件として実体的違反要件・手続的違反要件だけではなく、実害要件が定められています。これは、比例原則（目的と手段とのバランスを要請する原則）に配慮したものです。

(3) 岡山市条例違反事件

岡山市長は、許可を得ないで自己所有の土地へ大量の残土を搬入し、技術基準をはるかに超えた盛土を行うなどの悪質な違法行為を行っている者に対して、岡山市条例23条に基づき残土の撤去を求めるなどの措置命令を発しました。ところが、当該違反者は措置命令に従わなかったため、岡山県警などの関係機関と協議し、岡山市長は条例違反を理由に、刑事告発を行いました。

これに対し、当初は起訴に積極的であった岡山地方検察庁は、刑事罰を課す

前提となる措置命令の実害要件充足性について強い問題意識を持つようになりました。つまり、違法に積み上げられた残土の山が崩壊しても、住民の居住する集落までは数キロメートルの距離があり、果たして、「災害又は生活環境の保全上の支障が現に生じ、又は生ずるおそれがあると認める」状況にあることを容易に立証できないのではないかという問題意識です。このため、岡山市は、実害要件の充足性を明らかにするため、土木工学研究者の意見書を地検に追加的に提出しました。しかし、岡山地方検察庁は実害要件を充足せずになされた命令の可能性がないとはいえないとして、最終的に不起訴としました。

右不起訴決定後、倉敷市埋立行為等の規制に関する条例の制定に関して倉敷市と岡山地方検察庁との間で、協議が行われました。その際、地検側は、岡山市の上記事件の教訓から、措置命令の発動要件のうち、実害要件を外して立案してはどうかとの助言をしたようです。結果的に倉敷市は、実害要件を定めない内容の条例を制定しました。

（4）設問に対する解答

措置命令等の発動要件として、実害要件を定めることは、比例原則の観点から否定されるものではありません[191]。しかし、発動要件が厳格であればあるほど、権限発動の積極性・柔軟性が低下することになります。よって、実害要件を条例に定めれば、権限行使を躊躇したり、権限行使のタイミングが遅れたりするリスクが増すのも確かです。こういったリスクが現実となり、条例の目的に反する違法状態が放置され、現実の被害が生じるなど条例に対する住民の信頼を失わせるようなことがあってはなりません。

実害要件が明定されていない法律や条例の場合であっても、現実に措置命令等を発する場合には、権限発動に当って実体的違反要件及び手続的違反要件に加えて、人の生命、身体及び財産に対する侵害の可能性などの実害要件に当たる要素や違反者の主観的事情なども考慮してなされるのが通常です。このため、実害要件が法文上規定されていなくとも、現実の権限発動は慎重になされています。このことを考えれば、実害要件を定める必要性は乏しいように思われます。

なお、実害要件を条例中に定めないとした場合には、各地方公共団体が行政手続条例に基づいて定める処分基準において実害要件の相当する部分を指針の中に定めておくことが望ましいでしょう。

---

(191) 議会や住民からの権限発動を求める要求を回避しようとして、実害要件を含めるなどして権限発動の要件を厳格にするといった立案の態度は厳に慎まなければならない。

4 情報公表制度

（1） 情報公表制度の意義

情報公表制度とは、住民に対し、説明責任を果たすために、地方公共団体の機関が保有する情報を住民に提供する手法です。住民からの開示請求を待って情報を公開する**情報公開制度**と、行政機関自らが法令の根拠に基づき又は任意に情報を公表する**狭義の情報公表制度**があります。

【情報公開制度の例】

> ------------ 行政機関の保有する情報の公開に関する法律 ------------
> （目的）
> 第1条　この法律は、国民主権の理念にのっとり、行政文書の開示を請求する権利につき定めること等により、行政機関の保有する情報の一層の公開を図り、もって政府の有するその諸活動を国民に説明する責務が全うされるようにするとともに、国民の的確な理解と批判の下にある公正で民主的な行政の推進に資することを目的とする。

このうち、狭義の情報公表制度は、目的別に**情報提供的公表制度**と**制裁的公表制度**に分けることができます。情報提供的公表制度は、住民の生活の便宜のため、あるいは、住民の生命財産を守るために、地方公共団体のイベント情報、台風、地震など災害に関する情報、学校近辺の不審者に対する情報などを公表する制度です。行政機関が自らの説明責任を果たすために用いる中心的な制度といってもよいでしょう。

他方、制裁的公表制度は、法令や条例に定める義務違反に対し、その社会的信用を低下させることを目的として、違反の事実、違反者の氏名等を公表する制度です。

【情報提供的公表制度の例】

------- 公共サービス基本法 -------

（国民の意見の反映等）
第9条　国及び地方公共団体は、公共サービスに関する施策の策定の過程の透明性を確保し、及び公共サービスの実施等に国民の意見を反映するため、**公共サービスに関する情報を適時かつ適切な方法で公表する**とともに、公共サービスに関し広く国民の意見を求めるために必要な措置を講ずるものとする。

【制裁的公表制度の例】

------- 介護保険法 -------

（勧告、命令等）
第76条の2　都道府県知事は、指定居宅サービス事業者が、次の各号に掲げる場合に該当すると認めるときは、当該指定居宅サービス事業者に対し、期限を定めて、それぞれ当該各号に定める措置をとるべきことを勧告することができる。
　(1)　第70条第8項の規定により当該指定を行うに当たって付された条件に従わない場合　当該条件に従うこと。
＜以下、各号略＞
2　都道府県知事は、前項の規定による勧告をした場合において、その勧告を受けた指定居宅サービス事業者が同項の期限内にこれに従わなかったときは、その旨を公表することができる。

（2）　情報公表の法的根拠

　情報提供的公表、制裁的公表のいずれの行為であっても、一般の記者発表と同じように、住民の権利を制限したり、義務を課すものではないと考えられています。そのために、侵害留保の原則からすると、法律（条例）で公表の根拠を定める必要はないということになりそうです。
　しかし、制裁的公表は、公表される個人や企業の社会的、経済的地位に重大な不利益を及ぼす可能性が高く、また、いったん情報が行政により公表されると、その原状回復は非常に困難です。これらの点に考慮し、制裁的公表については、

法律や条例の根拠が必要であるとする考え方が有力です。実際、法律や条例に公表の根拠を置くものも多く見受けられ、制裁的公表の根拠を法律や条例に定めるという実務が定着しつつあります。

制裁的公表は、予想もしないような不利益を被公表者に対して与える場合があります。このため、被公表者に対する手続的保障等の観点から、①公表要件、②公表内容、③公表前の事前意見聴取手続、④誤った公表がなされた場合の原状回復手続等も法律（条例）で定めることが理想といえます。少なくとも、公表要件及び公表内容という公表における実体的要件を明確に定めた上で、公表前の事前意見聴取手続については規定すべきであるといえます。

情報提供的公表について、「行政上の制裁等、法律上の不利益を課すことを予定したものでなく、これをするについて、明示の法的根拠を必要としない」とした裁判例[192]があります。しかし、情報提供的公表であっても、結果として公表による被公表者の不利益が全くないとはいえません。また、**法令又は条例に公表の根拠がないことから、行政機関がその公表を躊躇し必要な情報が早期に提供されず、問題になることも少なくありません。**

以上のことから、情報提供的公表についても、法令又は条例でその根拠を定めることが好ましいといえます。

（3） 制裁的公表の問題点

制裁的公表制度を考えるに当たって、特に留意すべき点が二つあります。その一つ目は、行政指導に従わないことを理由として不利益な取扱いを行ってはならないということです。行政指導があくまで相手方の任意の協力によってのみ実現されるものである以上、これに従わないことを理由として相手方に対し制裁的公表を行うことは許されません（行政手続法32条1項及び2項）[193]。

現実の法政策を見ると、法律や条例上の義務違反に対して違反是正指導のための勧告を行い、当該勧告に従わない場合に当該違反事実を公表する例があります。この場合の勧告は行政指導であることから、行政手続法や行政手続条例の趣旨と矛盾するのではないかとの疑問が生じます。確かに、形式的には勧告への不服従に対し、公表がなされますが、実質的には、勧告を発出する前提となった違法行為（義務違反）に対する制裁として公表がなされるものです。よって、この場合、

---

[192] 東京高判平15・5・21訟月53巻2号205頁
[193] 実効性確保の手法としての公表については、北村喜宣「行政指導不服従事実の公表」同『行政法の実効性確保』（有斐閣、2008）73頁

行政手続法や行政手続条例の趣旨に反するものではありません。

　二つ目は、比例原則との関係です。この比例原則とは、住民の自由を制限する公権力の発動の手法や態様は、除去されるべき障害の大きさに比例しなければならず、不必要、あるいは過剰な規制を禁ずるというものです。法の世界には、比例原則のほか、信義則、権利濫用禁止の原則、平等原則などの一般法理があります。これらの法理は、現実の条文がなくても、行政が業務を執行する際には、心掛けておかなければならない大切なものです。比例原則もこうした一般法理の一つです。

　制裁的公表に当たっても、比例原則に従い、**目的達成のために必要な情報に限って適切な方法によって**、公表するように心掛ける必要があります。

5　給付拒否制度

　給付拒否制度とは、租税滞納者や行政上の義務の不履行者に対し、行政サービスの停止、許可等の拒否、入札手続への排除などを行うものです。この制度を利用する場合には、違法の程度と拒否されるサービスとのバランス、関係法令との抵触関係等を考慮しなければなりません。

【市税の滞納者に対する行政サービス提供の拒否を定めている例】

------- 小田原市市税の滞納に対する特別措置に関する条例 -------

（目的）

第1条　この条例は、市税の滞納を放置しておくことが納税義務の履行における市民の公平感を阻害することを考慮し、市税を滞納し、かつ、納税について著しく誠実性を欠く者に対し、納税を促進するための特別措置を講じることにより、市税の徴収に対する市民の信頼を確保することを目的とする。

＜中略＞

（滞納者に対する措置）

第6条　第2条又は前3条の手続に着手しても、なお、市税が滞納となっている場合において、当該滞納となっている市税の徴収の促進に必要があると認めるときは、市長は、当該滞納者に対し、他の法令、条例又は規則の定めに基づき行うものを除くほか、市長が必要と認める行政サービスの停止、許認可の拒否等（以下「行政サービスの停止等」という。）の措置を執ることができる。

> 2　市長は、必要があると認めるときは、前項の行政サービスの停止等の措置と併せて滞納者の氏名、住所その他必要と認める事項（以下「氏名等」という。）を公表することができる。ただし、当該滞納者が、地方税法に規定する滞納処分に関する罪又は滞納処分に関する検査拒否等の罪に処せられたときは、この限りでない。

　小田原市条例では、滞納市税の減少という行政目的を達成するために滞納者に対し、市長が必要と認める行政サービスの提供を拒否するという手法を採用しています。こうした行政サービスの給付拒否については、関係法令との抵触関係を十分に検討する必要があります。このうち、水道供給の拒否と公の施設の利用拒否については重要判例があります。

　まず、水道供給の拒否についてです。水道法15条は水道供給を拒否できるのは、正当な理由がある場合に限っています。このため、正当な理由がないにも関わらず水道水を供給しなかった場合には罰則が科せられます（同法53条3号）。正当の理由については、新規の給水申込みに応じていると近い将来需要に応じきれなくなり深刻な水不足を生ずることが予測されるなど、原則、水道法自体の目的から導かれるものであることが必要です[194]。行政指導に従わないとか、法令違反の行為を行ったことなどを理由に水道供給契約を拒否することは違法であると解されています[195]。

　次に公の施設の利用拒否についてです。自治法244条2項は、「正当な理由」がなければその利用を拒否することはできないと規定しています。「正当な理由」に関し、**泉佐野市民会館事件**最高裁判決[196]は、公の施設の利用拒否が許容されるのは「利用の希望が競合する場合のほかは、施設をその集会のために利用させるこ

---

(194) 最1小判平11・1・21民集53巻1号13頁は、「このようにひっ迫した状況の下においては、被上告人が、新たな給水申込みのうち、需要量が特に大きく、住宅を供給する事業を営む者が住宅を分譲する目的であらかじめしたものについて契約の締結を拒むことにより、急激な水道水の需要の増加を抑制する施策を講ずることも、やむを得ない措置として許される」とし、「正当の理由」を認定した（志免町給水拒否事件）。
(195) 最2小決平1・11・8判時1328号16頁は、「水道法上給水契約の締結を義務づけられている水道事業者としては、たとえ右の指導要綱＜武蔵野市宅地開発指導要綱＞を事業主に順守させるため行政指導を継続する必要があったとしても、これを理由として事業主らとの給水契約の締結を留保することは許されない」し、「給水契約を締結して給水することが公序良俗違反を助長することとなるような事情」もないのであるから、たとえ指導要綱に従わない事業主らからの給水契約の申込であっても、水道事業者がその締結を拒むことは許されないとした（武蔵野市長給水拒否事件）。
(196) 最3小判平7・3・7民集49巻3号687頁

とによって、他の基本的人権が侵害され、公共の福祉が損なわれる危険がある場合に限られる」としています。このことから、滞納地方税対策といった他の行政目的の実現を「正当な理由」の中に含めて考えることは困難と言わざるを得ません。

なお、法の一般原則である権利の濫用や公序良俗違反の場合はこの「正当な理由」に含まれると考えられます(最2小決平1・11・8判時1328号16頁)。例えば、暴力団勢力を助長する結果となるような施設の利用を拒否事由とすることは、正当な理由（公序良俗違反）として許容されると解されています[197]。

【公序良俗違反を公の施設利用拒否事由としている例】

岡山市公共施設における暴力団排除に関する条例

（目的）

第1条 この条例は、岡山市暴力団排除基本条例（平成24年市条例第3号）に定める基本理念にのっとり、暴力団の利益になると認められる公共施設の使用を制限することにより、本市における住民の安全及び安心の確保に寄与することを目的とする。

＜中略＞

（使用の規制）

第3条 市長、教育委員会又は地方自治法（昭和22年法律第67号）第244条の2第3項に規定する指定管理者（以下「管理者等」という。）は、公共施設の使用が暴力団の利益になると認めるときは、その使用を許可しないものとする。

2 管理者等は、公共施設の使用が暴力団の利益になると認めるときは、既になされた公共施設の使用の許可を取り消し、又は使用を中止し、若しくは制限することができる。

3 前2項に規定する公共施設の使用が暴力団の利益になると認めるときとは、名目上のいかんを問わず、次に掲げる場合をいう。

 (1) 暴力団が財産を形成し、又は組織の活動資金を得るための興行に公共施設を使用する場合

 (2) 暴力団の威力を誇示し、又は暴力団内部の秩序維持のために公共施設を使用する場合

 (3) 法に定める禁止行為を行う目的で公共施設を使用する場合

 (4) 前3号に定めるもののほか、規則及び教育委員会規則で定める場合

---

(197) 長野地判昭48・5・4行集24巻4・5号340頁

設問 14　公の施設利用拒否と正当理由

> 政治団体などの抗議活動による混乱が予想されることを理由に、公の施設の使用許可申請を拒否し、又はいったんなされた使用許可を取り消すことは認められるか。

【設問解説】
(1) 問題の所在
　地方公共団体は、自治法 244 条の規定に基づき設置される公の施設について、正当な理由がない限りその利用を拒否することはできません（同条 2 項）。また、その利用については、差別的扱いは禁止されています（同条 3 項）。正当な理由については、当該公の施設の設置条例に具体的に規定され、現実の使用不許可等の争訟では当該規定の解釈が争われます。
　設問は、政治団体などの抗議活動が使用当日予想される場合に、施設や施設周辺の混乱を理由にその使用を拒否することが可能かどうかについて問うものです。
　まず、条例に定める使用拒否事由についての解釈を示した有名な最高裁判決を確認しましょう。

(2) 上尾市福祉会館使用不許可事件
　JR 関係の労働組合の連合体である X がその総務部長の合同葬のため、Y 市福祉会館の使用許可を申請しました。しかし、X に反対する者らによる妨害行為で施設内に混乱が生じること等が予想されることから、「会館の管理上支障があると認められるとき」（上尾市福祉会館設置及び管理条例 6 条 1 項 1 号）に該当するとして使用不許可処分がなされました。この処分が違法であるとして賠償請求がなされたのが本件事件です。
　上尾市福祉会館使用不許可事件最高裁判決[198]は、「会館の管理上支障があると認められるとき」の解釈について、公の施設の使用拒否を安易に認めることは、憲法の保障する集会の自由の不当な制限につながるおそれがあるので、会館の管理上の支障が生ずるとの事態が、許可権者の主観により予測されるだけでなく、客観的な事実に照らして具体的に明らかに予測される場合であること、仮にそのような事態が予測される場合であっても警察の警備等によってもなお混乱を防止することができないなど「特別な事情」がある場合に限られる、としたのです。その上で、本件事実関係の下においては、妨害による混乱も考え

---
[198] 最 2 小判平 8・3・15 民集 50 巻 3 号 549 頁

にくい上、警察の警備等によってもなお混乱を防止することができない特別な事情があったとはいえないとして「会館の管理上支障がある」場合に当たらないとしました。

(3) 岡山シンフォニーホール事件

在日朝鮮人の音楽舞踊家により創立され、日本各地において民族舞踊等の公演を行っている歌劇団の岡山公演の実行のために組織された岡山公演実行委員会の代表者Xが岡山シンフォニーホールの指定管理者Yに対し、ホールの使用許可申請を行いました。これに対し、Yは、本件公演が行われると右翼団体による抗議活動によって本件ホール及びその周辺が混乱することから「ホールの管理上支障があるとき」(岡山シンフォニーホール条例3条3号)に該当するとして使用不許可処分をしました。Xは当該処分が違法であるとして、当該処分の取消し及びホールの使用許可の義務付けを求める本案の訴えを提起し、同時に、ホールの使用を仮に許可することの義務付けを求めました。

岡山シンフォニーホール事件岡山地裁決定[199]は、条例3条3号所定の「管理上支障があるとき」に該当するかどうかについては、上尾市福祉会館事件最高裁判決で定立された規範に従って判断しました。

同決定は、①倉敷公演や仙台公演の際には岡山県警察や宮城県警察の適切な警備によって制圧され、各公演とも支障なく実施されていること、②右翼団体等の活動がそれまで以上に活発化し、警察の警備によっても防止できないような混乱が起こることを伺わせるような疎明はないこと、③暴騒音については、拡声器等による暴騒音規制条例が制定されており、右翼団体等から発せられる暴騒音にも規制が及んでおり、岡山県警察による取締まりが可能であること等の理由により、「管理上支障があるとき」に該当しないと判断しました。

(4) 設問に対する解答

警察の警備等によってもなお混乱を防止することができないような「特別な事情」がなければ、政治団体等の抗議・妨害等が予測されるからといって、管理上支障があることを理由に使用を拒否することは原則できません。

地方公共団体の中には、街宣活動による混乱を憂慮し、とりあえず、政治団体等の要求に応じて使用許可を拒否し、裁判所の判断を奇貨として使用を認めるという解決法を模索するところもあるかもしれません。

この点に関連して、上記岡山地決は「右翼団体は、相手方に対し、本件公演当日、激しい街宣活動等を繰り返すことによって敢えて混乱を生じさせる旨を申し向

---

[199] 岡山地決平19・10・15判時1994号26頁

け、相手方がかかる事態に陥ることを憂慮するあまり、本件ホールの使用を不許可とさせて本件公演を中止させようと目論んでいるのであって、そのような不当な要求に屈することが、地方自治法244条2項所定の正当な理由となると解することは到底できない」と厳しい指摘をしています。

確かに、指摘のとおりなのですが、街宣活動が行われることによって、何らかの混乱が起こるのではないかと施設の利用者や周辺住民が不安を抱くことは当然です。地方公共団体としては、こうした住民の不安も無視できないでしょう。また、要求を実現するために、地方公共団体の庁舎周辺で首長や担当者の名前を大音量で連呼したり、首長や担当職員への面談を強要するなど使用許可に対する強い牽制行為は、政治家である首長すら大きなストレスを抱えます。ましてや直接交渉に当たる関係部署の担当職員へ精神的負担は相当なものでしょう。

結局のところ、この種の問題については、都道府県警察や不当要求等の事件を得意とする経験豊かな弁護士そして関係機関との協議検討を踏まえて対応することが重要になります。ただし、この場合であっても、最前線で対応するのは担当職員であり、当該担当職員に対する組織的サポートは不可欠です。

なお、指定管理者が管理する施設では、指定管理者の判断に任せるとの考え方もあり得ます。しかし、政治団体等の牽制行為に一般の指定管理者が対応できるはずもなく、結局は、市の担当部署に相談が持ち込まれるのが通常です。また、抗議を行う政治団体等も行政に自らの主張を認めさせたという「成果」の取得を目的としているとすれば、指定管理者サイドだけの問題で収まるとは考えられません。このような場合、地方公共団体は、施設の設置者として指定管理者と共に対応せざるを得ません。

6 金銭的担保制度

金銭的担保制度とは、法令に従い適正な事務の執行をしない場合に、行政が代わってこれを行い、その費用について担保から優先的に弁済を受けるという制度です。

原状回復の一部あるいは応急措置に要する費用の一部を優先的に事業者から回収するという注目すべき制度です。

【金銭的担保制度の例①】

------ 五色町における土砂等の埋立て等による災害及び土壌汚染の防止に関する条例 ------

（目的）

第1条　この条例は、土砂等の埋立て等による災害の防止又は土砂等の運搬車両の運行に伴う公害（以下「交通公害」という。）の防止を図るとともに、残土の埋立て等による土壌又は地下水の汚染の防止を図るため、必要な規制を行うことにより、住民の安全な生活環境を確保することを目的とする。

（保証金の預託）

第12条　残土を用いる事業に係る第9条第1項の許可を受けようとする事業主等は、事業による災害、交通公害又は土壌の汚染を防止するため、規則で定める保証金を町に預託しなければならない。

2　町長は、事業主等から事業の廃止又は完了の届出に基づき、当該事業について、事業による災害及び土壌の汚染を防止するために必要な措置が講じられていると認めたときは、預託期間内に生じた利息を併せて、保証金を事業主等へ返還しなければならない。

【金銭的担保制度の例②】

------ 八王子市土砂等の埋立て事業の適正化に関する条例[200] ------

（目的）

第1条　この条例は、市内における土砂等による土地の埋立て及び盛土を行う事業（以下「事業」という。）の適正な履行を確保するため、他の法令に定めるもののほか必要な措置を定めることにより、当該事業に起因する災害の発生を防止するとともに、自然環境の保護、生活環境の確保等を図り、もって市民の生命、身体及び財産を保護することを目的とする。

（保証金の預託）

第13条　事業主は、第8条第1項の規定により事業計画の届出をするときは、事業の適正な履行を保証するため並びに事業区域及びその周辺地域における災害発生の防止、自然環境の保護、生活環境の確保等を保証するため、市長と協議して定めた金融機関に、保証のための現金（以下「保証金」という。）を定期預金により預入しなければならない。

---

[200] 同条例の制定については、旧五色町（現：洲本市）の条例が参考にされている。

2 前項に規定する保証金の額は、300万円及び事業区域に搬入する土砂等の量（以下「搬入土量」という。）に、1立方メートル当たり400円を乗じて得た額（その額に1,000円未満の端数があるときは、これを切り捨てる。）の合計額とする。

3 事業主は、第1項の定期預金に市を質権者とする質権を設定するため、市と質権設定契約を締結しなければならない。

4 前3項の規定は、搬入土量を変更しようとする場合について準用する。

（保証金の使途）

第14条 保証金は、事業主が、事業を適正に履行しない場合、事業区域及びその周辺地域における安全が著しく脅かされている状態にあるにもかかわらずその対策を講じない場合又は自然環境若しくは生活環境の悪化が明らかであるにもかかわらずその対策を講じない場合に、市が行う当該事業区域及びその周辺地域における防災対策、水路整備等に要する経費に充てるものとする。

7 情報収集制度

これまで解説した制度以外にも重要なものがあります。**情報収集制度**です。同制度は、監督処分などを行う場合に必要となる処分発動の要件を充足する事実の存否を調査するために必要です。

行政上の情報収集制度には、**報告徴収**、**立入調査**、**物件収去**などの各制度があります。

【報告徴収の例】

---------- 景観法 ----------

（報告の徴収）

第45条 **景観行政団体の長**は、必要があると認めるときは、景観重要建造物又は景観重要樹木の所有者に対し、景観重要建造物又は景観重要樹木の現状について**報告を求めることができる**。

立入調査の拒否に対しては、罰則を設けて間接的に調査の受諾を強制するものがほとんどです。これに対し、相手方が調査を拒否する場合、相手方の抵抗を実力により排除して調査を行うことといった行政上の**強制調査**の制度もありますが、強制調査を行う場合、憲法35条の規定があることから、裁判所の令状が必要になります。

　こうした行政上の強制調査は、本書第17章で解説する即時強制のシステムであることを前提にすると条例でも制度設計は可能と解されます。しかし、犯罪捜査以外では、極めて例外的な行政上の調査方法であり、地方公共団体の条例でその必要性があると認められる場合はほとんど想定されないのではないかと思われます。

【立入調査の例】

------------ 都市計画法 ------------

（調査のための立入り等）

第25条　**国土交通大臣、都道府県知事又は市町村長は**、都市計画の決定又は変更のために他人の占有する土地に立ち入って測量又は調査を行う必要があるときは、**その必要の限度において、他人の占有する土地に、自ら立ち入り、又はその命じた者若しくは委任した者に立ち入らせることができる。**

2　前項の規定により他人の占有する土地に立ち入ろうとする者は、立ち入ろうとする日の3日前までに、その旨を土地の占有者に通知しなければならない。

3　第1項の規定により、建築物が所在し、又はかき、さく等で囲まれた他人の占有する土地に立ち入ろうとするときは、その立ち入ろうとする者は、立入りの際、あらかじめ、その旨を土地の占有者に告げなければならない。

4　日出前又は日没後においては、土地の占有者の承諾があった場合を除き、前項に規定する土地に立ち入ってはならない。

5　土地の占有者は、正当な理由がない限り、第1項の規定による立入りを拒み、又は妨げてはならない。

【強制調査の例】

------- 児童虐待の防止等に関する法律 -------

（臨検、捜索等）

第９条の３　都道府県知事は、第８条の２第１項の保護者又は第９条第１項の児童の保護者が前条第１項の規定による出頭の求めに応じない場合において、児童虐待が行われている疑いがあるときは、当該児童の安全の確認を行い又はその安全を確保するため、児童の福祉に関する事務に従事する職員をして、**当該児童の住所又は居所の所在地を管轄する地方裁判所、家庭裁判所又は簡易裁判所の裁判官があらかじめ発する許可状により、当該児童の住所若しくは居所に臨検させ、又は当該児童を捜索させる**ことができる。

【物件収去の例】

------- 食品衛生法 -------

第28条　厚生労働大臣、内閣総理大臣又は都道府県知事等は、必要があると認めるときは、営業者その他の関係者から必要な報告を求め、当該職員に営業の場所、事務所、倉庫その他の場所に臨検し、販売の用に供し、若しくは営業上使用する食品、添加物、器具若しくは容器包装、営業の施設、帳簿書類その他の物件を**検査させ**、又は試験の用に供するのに必要な限度において、販売の用に供し、若しくは営業上使用する食品、添加物、器具若しくは容器包装を**無償で収去させる**ことができる。

第16章 行政手法の実効性確保──刑罰制度

Point　本章では、行政手法の実効性確保制度のうち、刑罰制度について解説します。
　刑罰は、住民の自由を奪うなど、重大な結果をもたらします。立案に際しては罪刑法定主義の観点から、特に注意を払う必要があります。
　また、最後に行政手法、行政手法の実効性確保制度についてのまとめをします。

keyword　罪刑法定主義　遡及処罰の禁止　刑罰均衡の原則　明確性の原則　両罰規定　法人重罰規定

1　罪刑法定主義

（1）罪刑法定主義の意義と内容

　罪刑法定主義とは、「法律なければ、犯罪なし」とする考え方です。これは、主権者たる国民がその正当な代表を通じて、どのような行為が犯罪となり、当該犯罪に対してどのような処罰を受けるかということをあらかじめ決定しておくという自由主義的要請に基づくものと考えられています。
　ところで、憲法31条は、「何人も、法律の定める手続によらなければ、その生命若しくは自由を奪われ、又はその他の刑罰を科せられない」と定めています。このうち「法律の定める手続」には、刑罰を科すための刑事訴訟手続に関する法律はもちろんのこと、刑法などの実体法も含まれています。このことから、憲法31条は、罪刑法定主義を宣言したものであると解されています。
　罪刑法定主義の内容は、刑罰は国民の代表者からなる国会において制定された法律をもって規定しなければならないという**法律主義の原則**が中心です。法律主義を貫けば、行政機関は罰則を定めることはできません。しかし、例外があって、「特に法律の委任」がある場合には、命令で罰則を定めることが許されています（憲法73条6号ただし書）。ただし、ここでいう「委任」は、民主的コントロールの観点から、条文に特定の委任があることが必要です。そのため、一般的・包括的委任、例えば、「政令で定める行為を行った者は1年以下の懲役に処す」といっ

た法律の規定は、憲法31条の趣旨に反します。なお、罪刑法的主義の内容として、法律主義の原則のほか、**遡及処罰の禁止の原則**(憲法39条)、**類推解釈禁止の原則**、**刑罰均衡の原則、明確性の原則**といった派生的な原理も含まれます。

(2) 法律主義の原則

　旧自治法14条5項(現在の14条3項)は、「普通地方公共団体は、法令に特別の定めがあるものを除くほか、その条例中に、条例に違反した者に対し、2年以下の懲役若しくは禁錮、100万円以下の罰金、拘留、科料若しくは没収の刑又は5万円以下の過料を科する旨の規定を設けることができる」と規定していました。この規定が包括的委任であり、憲法31条に反するかどうかが争われたことがありました。

　大阪市売春防止条例違反事件最高裁判決[201]は、条例が「公選の議員をもって組織する地方公共団体の議会の議決を経て制定される自主立法であって、行政府の制定する命令等とは性質を異にし、むしろ国民の公選した議員をもって組織する国会の議決を経て制定される法律に類するものであるから、条例によって刑罰を定める場合には、法律の授権が相当な程度に具体的であり、限定されておればたりる」としました。その上で地方公共団体の処理すべき事務について、旧自治法2条3項各号が「地方公共の秩序を維持し、住民及び滞在者の安全、健康及び福祉を保持すること」、「風俗又は清潔を汚す行為の制限」、「風俗のじゅん化に関する事項」といった具合に、相当に具体的に規定していたこと、また、罰則の範囲も旧自治法14条5項により制限されていたことから、合憲と判断しました。

　しかし、旧自治法2条3項各号の規定は、平成12年の地方分権一括法の施行により削除され、条例制定権の及ぶ事務の範囲についての具体的な定めはなくなっています。したがって、現在、条例で罰則を定めることが適法であることについて、上記最高裁判決のように委任の枠組みで説明しようとすれば、一般的あるいは包括的委任を許容しなければ、説明が困難です。

　こうした最高裁の考え方に対し、条例制定権を定める憲法94条は、その実効性を確保するために、当然に罰則の制定権を含むものであって、法律の授権は要せず、ただ、自治法14条3項により罰則の範囲が制約されるだけであるとの考え方もあります[202]。条例が自主立法であるという点を強調する考え方といえます。

---

(201) 最大判昭37・5・30刑集16巻5号577頁
(202) 例えば、佐藤幸治『日本国憲法論』(成文堂、2011) 566頁

条例の罰則について、最高裁が大阪市売春防止条例違反事件で示した委任の枠組みを厳守するのか、それとも自主立法である点を重視し、憲法の直接授権として考えるのかは、条例の憲法上の位置付けに関わる大変重要な問題です。本書では、自主立法である点を強調し、具体的法律の委任がなくても自治法14条3項に定める範囲内で条例で刑罰を定めることができると考えます。

(3)　遡及処罰禁止の原則
　憲法39条前段は、「何人も、実行の時に適法であった行為又は既に無罪とされた行為については、刑事上の責任を問われない」と規定し、**遡及処罰の禁止**を定めています。これは、遡及処罰が許されるということになると、人の活動に関しての予測可能性が著しく損なわれ、日常の活動に対する畏縮効果が生じ、国民の行動の自由が失われるからです。
　ところで、犯罪行為の時点では法律や条例が存在していたものの、判決前に刑罰が廃止された場合には、刑訴法337条に基づき免訴判決が言い渡されてしまいます。また、判決前に刑が軽く変更された場合には、刑法6条の規定により軽い刑が適用されることになります。これでは、既に当該規定より処罰された者との間で均衡を失することになります。そこで、法律や条例の改廃前の犯罪行為を改廃後も同様に処罰するため、一部改正法律、一部改正条例の附則で「**この法律（条例）の施行前にした行為に対する罰則の適用については、なお、従前の例による**」といった規定が設けられるわけです。なお、この規定は、改正前の規定による犯罪行為者を罰するものであって、過去の行為について、遡及して処罰するものではありません。

(4)　刑罰均衡の原則
　刑罰均衡の原則とは、定められた犯罪に対して、著しく不合理な法定刑を定めることを禁ずる原則です。この原則に反することは、憲法31条に反します。**猿払事件**最高裁判決[203]も、刑罰規定が刑罰の均衡その他種々の観点から著しく不合理なものであって到底許容し難いものであるときは、違憲の判断を受けなければならないとしています。
　このため、立案に際しては、法律や他の地方公共団体の同種又は類似の違反行

---

(203)　最大判昭49・11・6刑集28巻9号393頁

為に対して科される罰則を考慮することになります。

　また、実務上、条例制定に際しては、地方検察庁との協議[204]を行いますが、その際は、特に刑罰の均衡は協議の重要項目の一つとなります。

（5）　明確性の原則
ア　明確性の原則の意義

　罪刑法定主義の派生原則として最も重要なのは、**明確性の原則**です。明確性の原則とは、刑罰法規の内容が国民に対して明確でなければならないとする原則です。なぜ、条文の明確性が大切なのでしょうか。例えば、「極めて危険な行為をした者は、50万円以下の罰金に処す」という条例があると仮定します。この場合、「極めて危険な行為」を規制することは、住民の生命、財産を守るという観点からすると、とても合理的なことです。しかし、いったいどのような行為が「極めて危険」なものなのか具体的に分かりません。このため、個々の住民が具体的な場面において、自分の行為が条例上許容されているのか判断がつきません。その結果、行動の予測可能性が奪われ、行動の自由が著しく制限される結果となります。こうした事態にならないように、刑罰規定の内容が一般の人々に対して明確であるということが求められているのです。

イ　必要とされる明確性の程度

　一般に条文は文字によって構成されるのですが、文字による表現力には限界があり、抽象性を有しています。そのため、禁止される行為とそうでない行為との識別を完全に可能にする条文を書くことはできません。では、どの程度の明確性が求められるのでしょうか。換言すればどのような場合に、不明確ゆえに憲法31条に違反するとされるのでしょうか。

　この点に関し、**徳島市公安条例事件**最高裁判決[205]は、通常の判断能力を有する一般人の理解において具体的な場合に当該行為がその適用を受けるものかどうかについて判断を可能ならしめるような基準が読みとれるかどうかで判断すべきであるとしました。

　また、条例に規定する「淫行」の定義について、その範囲が不明確で、憲法

---

(204) 地方検察庁との協議は、条文の明確性、刑罰の適正など刑罰規定にかかわる条文だけではなく、全ての条文について協議をするのが通常である（法制執務的視点からのものを含む）。協議期間は、おおむね3月程度必要であるため、余裕を持って協議に望むことが必要である。

(205) 最大判昭50・9・10刑集29巻8号489頁

31条に反するかどうかが争われた**福岡県青少年保護育成条例事件**最高裁判決[206]は、次のように判断しています。すなわち、当該規定の趣旨は、青少年の健全な育成を図るために、青少年を対象としてなされる性行為などのうち、その育成を阻害するおそれのあるものとして社会的非難を受けるべき性質のものを禁止することとしたものであるとした上で、「淫行」とは広く青少年に対する性行為一般をいうのではなく、①青少年を誘惑し、威迫し、欺罔し又は困惑させる等その心身の未成熟に乗じた不当な手段により行う性交又は性交類似行為のほか②青少年を単に自己の性的欲望を満足させるための対象として扱っているとしか認められないような性交又は性交類似行為をいうと解すべきであるとしました。

さらに、条例上の「暴走族」の概念の定義をめぐって争われた**広島市暴走族追放条例事件**最高裁判決[207]は、刑罰法規それ自体で、一般人が理解できるものでなければならないとはしていません。規制の目的や文理等による合理的な解釈により一般人が理解できれば、それでよいとしているのです。

しかし、このような考え方に対しては、批判も少なくありません。例えば、上記最高裁判決の反対意見において藤田宙靖判事は、一般国民の理解において具体的場合に当該表現行為等が規制の対象となるかどうかの判断は、罰則規定自体から読みとることができる場合でなければならないとしています。

　ウ　行政刑罰の立案と明確性

法文という性格上、刑罰規定であっても法技術的には抽象的にならざるを得ません。そのように考えると、たとえ、罰則規定自体に多少の明確性を欠いていても、規制の目的や文理等の関係を合理的に解釈することにより一般人の理解に適うものであればよいとする判例理論には説得力があります[208][209]。しかし、明確性の原則が、そもそも、刑罰規定それ自体の明確性を問う理論であることを考えると、規制の目的や文理等の関係を合理的に解釈するというプロセスを経なくて

---

(206) 最大判昭60・10・23刑集39巻6号413頁
(207) 最3小判平19・9・18刑集61巻6号601頁
(208) 「一般廃棄物処理計画で定める所定の場所」の意義をめぐって争われた世田谷区清掃・リサイクル条例事件において、最1小決平20・7・17判時2050号156頁は、同条例の他の規定、一般廃棄物処理計画等からすると区民等が排出場所として定めた一般廃棄物の集積所を意味することは明らかであり、「所定の場所」の文言を用いた本件罰則規定が刑罰法規の構成要件として不明確であるとはいえないとした。
(209) 「卑猥な言動」の意義をめぐって争われた北海道迷惑防止条例事件において、最3小決平20・11・10刑集62巻10号2853頁は、「卑わいな言動」とは、社会通念上、性的道義観念に反する下品でみだらな言語又は動作をいうと解され、他の条文の文言と相まって、日常用語としてこれを合理的に解釈することが可能であり、所論のように不明確であるということはできないとした。

も、当該罰則規定（犯罪構成要件）から直接に読みとれることに越したことはありません。

条文の不明確性の克服は、困難な場合も少なくありません。しかし、人権保障の観点から、犯罪構成要件を定めた規定自体から、規制対象の行為に該当するか否かについて一般人が判断できるように立案努力をすることが大切です。表現に困ったら、最新の法令を多く眺めてみることを勧めます。きっといいヒントが見つかるはずです。

2 法人処罰

（1） 法人処罰の意義

刑罰は、犯罪の構成要件に該当する違法かつ有責な行為の主体である自然人を対象として科されるのが原則です。このことは、刑法に自然人を前提とする責任能力（社会倫理的非難を問い得る能力）に関する規定（刑法38条から刑法41条まで）があることからも明らかです。このことから自然人ではなく、法人に対する責任能力を問うことは不可能とされ、犯罪を犯す能力（犯罪能力）も否定されてきました。

しかし、法人の事業活動の範囲が拡大するにつれ、刑罰による違法な活動に対する規制の要請が高まってきました。そこで、次に説明する両罰規定のように、明文で法人処罰を定める規定が設けられるようになりました。現在、法人税法、売春防止法のように行政取締の必要性から設けられる行政刑法の領域については、法人も犯罪行為の主体として処罰する規定が少なくありません。この場合には、法人を処罰する旨を刑法の例外として、明文で規定することが必要になります（刑法8条ただし書）。なお、刑法は「……した者は」という規定ぶりになっていますが、この場合の「者」には法人が含まれないと解されています[210]。

純粋な刑法理論からすると、法人の犯罪能力については疑問がないわけではありません。しかし、行政刑法の領域においては、法人に対する社会倫理的非難について厳格に論じる実益が乏しいことや、現実の行為者たる自然人だけではなく、違法行為による利益を受ける主体である法人こそ処罰すべきであるという政策的配慮を理由に肯定されています。ただし、法人に対しては、自然人に対するような懲役その他の自由刑を科すことは、刑の性質上不可能ですから、罰金等の財産

---

[210] この点、「者」には自然人及び法人を含むとする法令用語の理解とは異なる。

刑に限定されます。

(2) 両罰規定

　行政刑法の領域では、前述のように法人の犯罪能力が認められます。では、どのような形式で法人処罰がなされるのでしょうか。形式的には、二つあります。一つ目は、犯罪行為を行った自然人が罰せられず、法人のみが自然人に代わって罰せられるという**代罰規定**です。このタイプは、法人に故意も過失もないのに行為者の責任を代わりに負わせるもので、刑法の責任主義と対立します。また、違法行為を行った自然人は処罰されないという点で実効性確保に期待が持てません。そのため、現在の法令にはありません。もう一つは、犯罪行為を行った自然人とともに、その業務主という立場で法人を罰するという**両罰規定**です。この場合の法人の責任原因は、法人（代表者）が現実に違法行為を行った自然人に対する選任監督する上での注意義務違反（過失）とするものです（結果責任ではない）。現在は、代罰規定はなく、法律、条例に定められた両罰規定を通じて法人処罰がなされています。

　この両罰規定は、具体的には「法人の代表者又は法人若しくは人の代理人、使用人その他の従業員が、その法人又は人の業務に関し、前□□条の違反行為をしたときは、行為者を罰するほか、その法人又は人に対して各本条の罰金刑を科する」という文言で規定されます。両罰規定により法人の犯罪が認められるためには、①法人の代表者又はその他の従業員が違法行為を行ったものであること、②法人の利益のために行われたものであること、③現実に違法行為を行った者を選任する上で代表者に過失[211]があったことが必要とされます。

　両罰規定を定めるか否かは、当該犯罪の行為者のみを罰するだけでは、取締りの実効性が確保し難いかどうかについて、立法事実に基づき検討することが重要です。必要のない両罰規定を置くこと自体、刑法の謙抑主義の立場からして問題があります。

---

(211) 最2小判昭40・3・26刑集19巻2号83頁は、「事業主が人である場合の両罰規定については、その代理人、使用人その他の従業者の違反行為に対し、事業主に右行為者らの選任、監督その他違反行為を防止するために必要な注意を尽さなかった過失の存在を推定したものであって、事業主において右に関する注意を尽したことの証明がなされない限り、事業主もまた刑責を免れ得ない」とする。

【両罰規定が定められた例】

------- 景観法 -------
第104条　法人の代表者又は法人若しくは人の代理人、使用人その他の従業者が、その法人又は人の業務に関し、前2条の違反行為をしたときは、行為者を罰するほか、その法人又は人に対して各本条の罰金刑を科する。

　伝統的な両罰規定では行為者と法人に対する罰金の金額は同一でしたが、最近は、自然人と法人との刑罰の連動を廃し、法人に対する罰をより重くする**法人重罰規定**が見受けられるようになりました（廃棄物処理法32条など）。このような立法例がみられるようになったのは、企業が違法行為により得る利益が膨大なものであるにもかかわらず、罰金の金額が過小なものであれば刑罰の持つ予防機能が働かなくなるといった政策的配慮によるものです。

（3）　法人格なき団体と刑事訴訟手続

　法人処罰は両罰規定を通じてなされていますが、法人格を有しない団体を処罰することも可能でしょうか。法人格なき団体といえども、社会的に法人と同様の事業活動をしている団体に対しては、犯罪能力を認められています。この場合には「法人（法人でない団体で代表者又は管理人の定めのあるものを含む）の……」と規定します。

　ところで、都道府県暴力団排除条例中に、法人格なき団体における訴訟行為につき、その代表者又は管理人が、その訴訟行為につき法人でない団体を代表するほか、法人を被告人又は被疑者とする場合の刑事訴訟に関する法律の規定を準用する旨の規定が定められています。こうした規定は、罰則に関する検察庁協議の結果、多くの都道府県の暴力団排除条例で盛り込まれています[212]。

【法人格なき団体における訴訟行為について規定した例】

------- 岡山県暴力団排除条例 -------
第25条　第14条第1項の規定に違反して、暴力団事務所を開設し、又は運営した者は、1年以下の懲役又は50万円以下の罰金に処する。
第26条　**法人（法人でない団体で代表者又は管理人の定めのあるものを含む。**

---

(212) 通常の罰則規定についての協議は各地方検察庁の担当検事と行うが、各自治体の暴力団排除条例については、国家的にも重大な関心をよせていた条例であったことから法務省本省刑事局が地検協議を統括していたようである。

以下この項において同じ。）の代表者又は法人若しくは人の代理人、使用人その他の従業者が、その法人又は人の業務に関して前条の違反行為をしたときは、行為者を罰するほか、その法人又は人に対しても同条の罰金刑を科する。
2　法人でない団体について前項の規定の適用がある場合には、その代表者又は管理人が、その訴訟行為につき法人でない団体を代表するほか、法人を被告人又は被疑者とする場合の刑事訴訟に関する法律の規定を準用する。

　刑訴法には、民訴法37条のように法人格なき団体における訴訟行為の代表について、明確な定めはありません。そのため、こうした団体を起訴した場合、誰を代表して刑事訴訟手続を遂行するのかについて疑問が生じます。この点に関し、例えば、地方税法72条の69第5項は「人格のない社団等について前項の規定＜両罰規定＞の適用がある場合においては、その代表者又は管理人がその訴訟行為につき当該人格のない社団等を代表するほか、法人を被告人又は被疑者とする場合の刑事訴訟に関する法律の規定を準用する」との準用規定が置かれています。このような準用規定がない場合、法人についての訴訟行為を定めた刑訴法27条[213]の規定が法人でない団体についても準用されるか否かについては学説も分かれていますが、準用されるとするのが通説です[214]。通説の立場では、条例に準用規定を置かなくても法人格なき団体が訴訟行為を行う上で支障はないということになります。

　条例で刑事訴訟手続の内容を定めることはできませんから、条例の準用規定は、確認的な意味で定められていると解することになるでしょう。現実の立案に関しては、特に準用規定を条例に置くことは必要ないと考えられますが、地方検察庁との協議において、準用規定を置くことについての指示があれば、それに従えばよいでしょう。

3　行政上の義務違反と刑罰

（1）行政刑罰の意義

　行政手法の実効性を確保する手段の一つとして刑罰があります。刑罰は、過去の行為に対する制裁ですが、特に、過去における行政上の義務違反に対する制裁を**行政罰**といいます。

---

(213) 同条1項は、「被告人又は被疑者が法人であるときは、その代表者が、訴訟行為についてこれを代表する」と定める。
(214) 河上和雄ほか編『注釈刑事訴訟法〔第3版〕第1巻』（立花書房、2011）199頁［芦沢政治］

行政罰には、**行政刑罰**と**秩序罰**があります。行政刑罰とは、裁判所が刑事訴訟手続により科すことができる刑法9条に定めのある刑をいいます。他方、秩序罰とは、行政上の義務違反のうち、軽微な違反行為について科される過料のことです。過料のうち法令に定めのあるものは、非訟事件手続により裁判所が科しますが、条例又は規則の違反に対して科される過料は、地方公共団体の長が自治法255条の3の規定に定めるところにより、行政処分として科すことになっています。

（2）　直罰方式と間接罰方式

　行政刑罰には、義務違反に対して直接刑罰を科す**直罰方式**と、義務違反の改善等を求める命令に反したことに対して科す**間接罰方式**があります。後者の方がより緩やかな制度です。

【直罰方式】

------------------------------ 地方税法 ------------------------------

　（秘密漏えいに関する罪）

　第22条　地方税に関する調査（不服申立てに係る事件の審理のための調査及び地方税の犯則事件の調査を含む。）若しくは租税条約等の実施に伴う所得税法、法人税法及び地方税法の特例等に関する法律（昭和44年法律第46号）の規定に基づいて行う情報の提供のための調査に関する事務又は地方税の徴収に関する事務に従事している者又は従事していた者は、これらの事務に関して知り得た秘密を漏らし、又は窃用した場合においては、2年以下の懲役又は100万円以下の罰金に処する。

【間接罰方式】

------------------------------ 宅地造成等規制法 ------------------------------

　第26条　第14条第2項、第3項又は第4項前段の規定による都道府県知事の命令に違反した者は、1年以下の懲役又は50万円以下の罰金に処する。

設問 15　税務職員の守秘義務と刑罰

> 暴力団の資金調達のため虚偽の給与支払報告書を使い金融機関から不正融資を受けた疑いがあるとして、刑訴法 197 条 2 項に基づき警察署長が、A 市に対し、住民 B の給与支払報告書の提出を求めた。
> この場合、A 市の税務職員はどのように対応すべきか。なお、給与支払報告書の作成者である事業者は倒産し、当該事業者からは提出を求められない状況にある。

【設問解説】
(1) 地方税法 22 条の意義

地方税法 22 条の保護法益は、納税義務者個人の秘密です。この点、地方公共団体の行政運営上の秘密もその保護対象とする地方公務員法 34 条とはその保護法益が異なります。

地方税法 22 条における秘密漏洩の主体は、法律の規定に基づいて、情報の提供のための調査に関する事務又は地方税の徴収に関する事務に従事している者又は従事していた者です。また、同条にいう「秘密」とは、「一般には知られていない事実であって本人が他人に知られていないことについて客観的に相当の利益を有すると認められる事実」であると理解されています[215]。具体的には、納税義務者の収入額あるいは所得額、課税標準額、税額等です。

「秘密をもらす」とは、秘密事項をそれを知らない第三者に告知することです。インターネット上などで積極的に公表することはもちろん他言を禁止して他者に告げる行為や人目につきやすい場所に書類を放置するといった不作為行為も含まれます。

本罪は、秘密を漏洩したり、窃用すれば足り、納税義務者に現実の害が生じたかどうかを問いません。

(2) 刑事訴訟法 197 条 2 項の意義

刑訴法 197 条 2 項は、捜査については、公務所等に照会して必要な事項の報告を求めることができる旨規定しています。この規定は、強制捜査（裁判官の令状がなければ行うことができない捜査）ではなく、任意捜査の規定です。照会先は法的義務を負うと解されています（ただし、義務違反に対する罰則はなく、強制する手法もない）。公務員が職務上知り得た秘密に属する事項について照会された場合、この義務に応ずることは正当な理由に基づくものであって、犯罪

---

[215] 地方税務研究会『地方税法総則逐条解説』（地方税務協会、2013）625 頁

を構成しないという見解も見受けられますが[216]、報告を求めた事項の捜査上の必要性と守秘義務の内容との比較衡量により正当性の有無が判断されるという見解[217]が実務上支持されています。

(3) 総務省自治税務局企画課長通知

「原動機付き自転車に係る所有者情報の取扱いについて」（平成17年3月29日付け総税企第70号総務省自治税務局企画課長通知）は、原動機付き自転車の所有者関係情報（氏名、住所、標識番号、台車番号等）について、刑訴法197条2項に基づいて捜査関係機関から照会を求められた場合には、同項に基づく報告義務に応じることが相当であり、この場合には、地方税法22条に定める守秘義務違反の罪に問われないとしています。

その理由として、同通知は、❶刑訴法197条2項の規定に基づく照会は、公共性が高いこと、❷捜査機関にも守秘義務があること、❸自動車登録ファイルに登録されている自動車の所有者等の情報は誰でも請求可能である情報であり、それとの均衡を考えると、原動機付き自転車に係る所有者等の情報を提供することは問題が少ないと考えられること、❹原動機付き自転車の所有者関係情報は、市町村の課税当局にしかデータが存在せず、犯罪捜査上の必要性が生じた場合に他の代替手段がないこと、❺刑訴法197条2項が報告義務を伴うものであること、を掲げています。

なお、原動機付自転車の所有者関係情報以外の税務情報の判断については、刑訴法が報告義務を伴うものであることを踏まえ、個々の事案の状況（捜査対象犯罪の内容など）に応じ、保護法益との比較衡量等を通じて、情報提供の適否を適切に判断すべきであるとしています（「原動機付自転車に係る所有者取扱いに関する参考情報について」平成17年3月29日付け総務省自治税務局企画課企画係長から各都道府県税務担当課・市町村担当課あて事務連絡）。

(4) 設問に対する解答

刑訴法197条2項は報告義務を定めた規定であると理解されていますが、同規定は、守秘義務を当然に解除するものではありません。したがって、同項の規定により、報告を求められた場合には、どのような場合に正当な行為として違法性が阻却されるかが問題になります。この場合には、報告を求められた事項の捜査上の必要性などと報告される秘密の内容との比較衡量により判断することになります。

設問においてその対象となっているのは、確かに、住民Bの資産情報の一部（秘

---

(216) 松本時夫ほか編集代表『条解刑事訴訟法〔第3版〕』（弘文堂、2009）332頁
(217) 河上和雄ほか編『大コンメンタール刑事訴訟法（4）〔第2版〕』163頁〔馬場義宣＝河村博〕（青林書院、2012）

密）ではあります。しかし、❶暴力団の資金獲得を目的とした反社会性の強い事件に関する捜査であること、❷既に、給与支払者である事業者が倒産し、代替性がないこと、❸合理的嫌疑に基づく捜査活動の一環であると一応認められること、❹照会対象資料が犯罪捜査にとって有用性の高いと考えられること等から、情報提供は、正当な行為として認められるといえるでしょう。

　こうした考え方に対して、地方税法22条の守秘義務があることを理由に、必要ならば強制捜査手続により提出を求めるべきだとの意見をよく耳にします。

　しかし、強制捜査は関係者に対して、大きな負担や人権侵害の危険性もあることから、捜査機関は強制捜査を控え任意捜査を優先させています（任意捜査の原則）[218]。こうした点も考慮し、情報の照会に関しては、厳格な対応は必要ですが、強制捜査によるものでなければ全て拒否するという態度は適切ではないでしょう。

　なお、刑訴法197条2項は、あくまで捜査のための必要事項の「報告」の要求ですから、書面を提出する義務はありません（「捜査関係事項照会書の適正な運用について」平成11年12月7日付け警察庁丁刑企発第211号各道府県警察本部部長等宛て通達）。したがって、給与支払報告書の提出ではなく、その内容を文書で報告すれば足ります。

4　行政上の秩序罰

　罰則には、行政刑罰のほかに行政上の秩序罰である**過料**があります。行政刑罰は義務違反に対する制裁であり、行政上の秩序罰とは義務違反に対する制裁のうち、特に行政運営の秩序に障害を与え、又は与える危険がある義務違反に対して科される罰であると解されています。

　行政刑罰と過料を科す場合の区別ですが、人の生命、財産、自由への侵害に対する制裁に対しては行政刑罰を、単に行政の制度運用上の秩序に障害を及ぼすに過ぎないものについては過料を科すというのが一般的な実務の考え方といえるでしょう。

　現実の立案においては、行政刑罰と過料の法的性格をあまり区別せず、反社会性の高い行為に対しては行政刑罰を科し、軽微なものについては過料で対応するという法政策がとられています。実際に行政刑罰がほとんど機能していない現状

---

(218) 白取祐司『刑事訴訟法〔第7版〕』（日本評論社、2012）90頁

を考えると、路上喫煙禁止条例のように過料を有効に活用することも必要です。

条例及び規則に定めのある過料を科すための手続は、①**過料処分の告知（自治法255条の3第1項）→②弁明の機会の付与（同項）→③長の納付命令（自治法231条、自治法施行令154条）→④期限を指定して督促（自治法231条の3第1項）→⑤地方税滞納処分の例による強制徴収（自治法231条の3第3項）**という順序になります。これに対し、法律に定めのある過料、例えば、住民基本台帳法所定の転入届出を所定の期間内に市町村長に提出しなかった場合に科される過料（住民基本台帳法53条2項）などの場合には、非訟事件手続法119条以下に定める簡易な手続により科されます。

【過料の例】

```
----------------- 大阪市路上喫煙の防止に関する条例 -----------------
（路上喫煙の禁止）
第7条　市民等は、路上喫煙禁止地区内において路上喫煙をしてはならない。
（罰則）
第9条　第7条の規定に違反した者は、1,000円の過料に処する。
```

表：行政刑罰と地方公共団体が科す過料の相違

	行政刑罰	過料
根　　拠	条例 （自治法14条3項）	条例及び規則 （自治法14条3項、15条2項）
内　　容	2年以下の懲役・禁固、100万円以下の罰金、拘留、科料、没収 （自治法14条3項）	原則5万円以下の過料[219] （自治法14条3項、15条2項）
法的性格	刑罰	行政上の秩序罰
手続主体	裁判所	地方公共団体の長
手続根拠	刑訴法	自治法

---

[219] なお、「詐欺その他不正の行為により、分担金、使用料、加入金又は手数料の徴収を免れた者については、条例でその徴収を免れた金額の5倍に相当する金額（当該5倍に相当する金額が5万円を超えないときは、5万円とする。）以下の過料を科する規定を設けることができる」（自治法228条3項）。

5　各行政手法及び実効性確保の制度についてのまとめ

　これまで、行政課題に対処するための基本的な行政手法及びそれらの実効性を確保するための諸制度について説明してきました。**複雑多様化する現代社会においては、単独の行政手法のみで十分な効果を得られることは稀で、複数の行政手法及びその行政手法の実効性を確保するための諸制度を適切に組み合わせることが必要です。**現実の法政策においても、こうした複合的な手法及び制度の組合せにより立案されています。

　このことを、**ストーカー行為等の規制等に関する法律**の構造を例に説明しましょう。同法は、ストーカー行為から個人の身体、自由及び名誉に対する危害の発生を防止することを目的として、つきまとい等の行為を禁止し（不作為義務の設定）、同行為については、警察本部長等による警告（行政指導）を行い、これに従わない場合に義務の実効性確保のために禁止命令（措置命令）を発し、さらに緊急性がある場合には、仮の命令（措置命令）を発することができるとしています。加えて、これらの手法やその実効性を確保するために、これらの義務違反に対しては刑罰を科すという制度設計がなされています。このように様々な行政手法及びその実効性を確保するための諸制度の組合せにより、目的・手段の体系からなるストーカー対策の法政策が成り立っているのです。

　立案者としては、行政手法とその実効制確保制度をいかに適法かつ効率的に組み合わせることができるかが腕の見せどころです。

　本書で解説した行政手法や実効性確保制度は代表的なものであって、これら以外の手法や制度も既に存在します。また、法令に反しない範囲で独自の手法や制度を創出することもできます。

　いずれの場合においても、規制的な法政策立案において最も重要な点は、憲法適合性（本書第3章）及び法令適合性（本書第8章）がともに確保されなければならないということです。効果の即効性や効率性を重視するあまり、この点を軽視することは許されません。

第 16 章　行政手法の実効性確保——刑罰制度

図：ストーカー行為等の規制等に関する法律の構成

― 目 的 ―
個人の身体、自由及び名誉に対する危害の発生を防止（1条）

↓

― 適用上の注意 ―
この法律の適用に当たっては、国民の権利を不当に侵害しないように留意し、その本来の目的を逸脱して他の目的のためこれを濫用してはならない（16条）

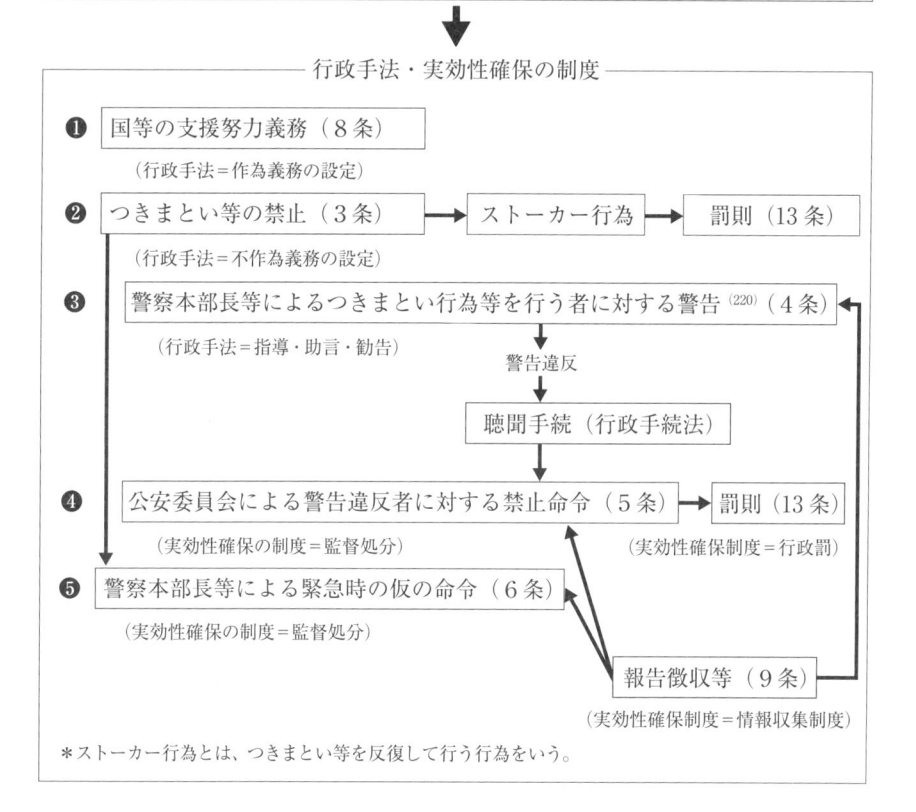

↓

― 行政手法・実効性確保の制度 ―

❶ 国等の支援努力義務（8条）
（行政手法＝作為義務の設定）

❷ つきまとい等の禁止（3条） → ストーカー行為 → 罰則（13条）
（行政手法＝不作為義務の設定）

❸ 警察本部長等によるつきまとい行為等を行う者に対する警告[220]（4条）
（行政手法＝指導・助言・勧告）

　　警告違反
　　↓
　聴聞手続（行政手続法）
　　↓

❹ 公安委員会による警告違反者に対する禁止命令（5条） → 罰則（13条）
（実効性確保の制度＝監督処分）　　　　　　　　　　（実効性確保制度＝行政罰）

❺ 警察本部長等による緊急時の仮の命令（6条）
（実効性確保の制度＝監督処分）

報告徴収等（9条）
（実効性確保制度＝情報収集制度）

＊ストーカー行為とは、つきまとい等を反復して行う行為をいう。

---

[220] 同条は、警告（非権力的行為である行政指導）について定めるものであり、侵害留保の原則からすると規定する必要性がないように思われる。しかし、警告は、5条に定める禁止命令発出の要件となっていることから、法律で定める必要がある。なお、政策が法律や条例により規範化される場合、権利を制限し、義務を課す行政活動の根拠はもちろんのこと、非権力的な行政活動の根拠であっても、法政策の一内容を構成するものとして、一つのパッケージとして定められる。

第**17**章 行政上の義務の強制的実現

Point　行政により課された義務は、通常、履行され行政目的は実現されるのですが、履行されない場合もあります。こうした場合に、義務の履行がなされた状態を行政が強制的に作出するシステムが用意されています。本章では、こうした制度の代表格である行政代執行法を中心に解説します。

keyword　自力救済の禁止　行政代執行法　代替的作為義務　事実上の効果　明渡義務　戒告　代執行令書　納付命令　対人処分　対物処分　対人対物処分　違法性の承継　簡易代執行　直接強制　執行罰　農業共済金等請求事件
宝塚市パチンコ店等規制条例事件　法律上の争訟　即時強制

1　強制的実現の必要性

　行政課題に対処するため、規制的手法を用いる場合には、法令又は条例で直接に又はこれらに基づく行政庁の命令により義務を課す手法があります。多くの場合、こうした行政上の義務は履行されますが、一部の人たちの不履行により法令又は条例の目的が果たせないことがあります。このような場合に備えて、義務の履行を強制的に確保する手段が必要になります。

　義務履行確保の制度は、私人間の関係においても不可欠です。金銭の貸主が当該貸付金の返還を求める権利（貸金返還請求権）を有しているとしても、借主がその請求に応じなければ、その権利は実現されないままに終わってしまいます。そこで、私人の義務履行については裁判所の確定判決等の債務名義に基づき民事上の手続によって義務の履行が確保されるのです。このように、私法上の権利を強制的に実現する作用は、社会秩序の維持の観点から、国家によって独占されているのです（**自力救済の禁止**）。自力救済禁止の原則は、当事者間の契約によっても排除することはできないと考えられています。

　他方、行政庁の命令などにより課される私人の行政上の義務のうち、一定範囲

の義務については、裁判所の手続によらず、行政自らの手により、その義務内容を強制的に実現することができます。例えば、税金を納めなければ、裁判所の手続を利用することなく、租税行政庁自らが滞納処分により滞納者の財産を差し押さえ、これを公売し、公売代金を滞納税に充当することにより、義務内容の実現を図ることができます。また、違法建築物の除却命令に応じない義務者に代わって、行政庁自らが当該違法建築物を除却することによって義務内容の強制的実現を図ることができます。

2 強制的実現の体系

(1) 行政代執行

ア 代執行の意義

行政代執行法1条は、「行政上の義務の履行確保に関しては、別に法律で定めるものを除いては、この法律の定めるところによる」と定めています。このことから、現行の義務履行確保の制度については、行政代執行法が一般法となります。同法以外に代執行のシステムを定めるものとしては、廃棄物処理法19条の7、19条の8（生活環境の保全上の支障の除去等の措置）の制度などがあります。

行政代執行制度とは、義務者が当該義務を履行しない場合に、行政庁自らが義務者のなすべき行為を代わって行い、あるいは第三者をしてこれをなさしめ、その費用を義務者から徴収するという行政上の強制執行のシステムのことです。

行政代執行の要件については、①**代替的作為義務**（他人が代わってなすことのできる義務）の不履行があること、②他の手段によって履行を確保することが困難であること、③不履行を放置することが著しく公益に反すると認められることが必要です（2条）。このように代執行できるのは、代替的作為義務に限られるので、営業をしてはならないといった不作為義務や作為義務であっても占有を移転する、健康診断を受診するといった本人しかできない非代替的作為義務は代執行の直接の対象とはなりません。

ところで、法令の中には、行政代執行法に定めるこれらの要件を緩和している例があります。例えば、建築基準法9条12項です。同項は、特定行政庁が建築基準法9条第1項の規定により必要な措置を命じた場合において、その措置を命ぜられた者がその措置を履行しないとき、履行しても十分でないとき、又は履行

しても同項の期限までに完了する見込みがないときは、行政代執行法の定めるところに従い、自ら義務者のなすべき行為をし、又は第三者をしてこれをさせることができると規定しています。行政代執行法2条の規定と比較すると分かるのですが、同条の②及び③の要件が定められていません。

　また、土地収用法102条の2第2項も要件を緩和している例です。同項は、土地若しくは物件を引き渡し、又は物件を移転すべき者がその義務を履行しないとき、履行しても充分でないとき、又は履行しても明渡しの期限までに完了する見込みがないときは、都道府県知事は、起業者の請求により、行政代執行法の定めるところに従い、自ら義務者のなすべき行為をし、又は第三者をしてこれをさせることができる規定しています。同条も行政代執行法2条に定める②及び③の要件を緩和しています。

図：義務の内容

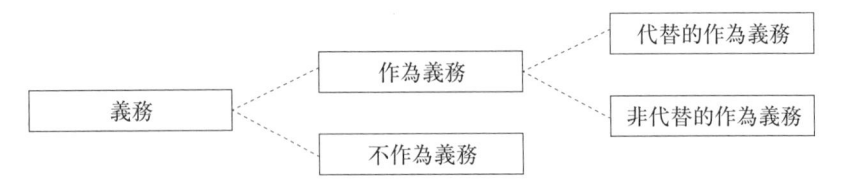

```
                        ┌─── 代替的作為義務
              ┌─ 作為義務 ─┤
   義務 ─────┤           └─── 非代替的作為義務
              │
              └─ 不作為義務
```

　イ　代替的作為義務と物件の明渡義務

　都市公園、道路、河川といった公共物が建物等の工作物によって私人に不法に占有されている場合、行政代執行により占有を解いて、当該工作物の存する敷地の明渡しを求めることができるかについて、実務上、よく問題になります。

　この点について参考になる裁判例があります。大阪市が設置管理する都市公園にテント等の工作物を設置し起居していた路上生活者に対し、当該テント等の工作物の除却義務が行政代執行法に基づき執行されたという事件に関するものです。義務者側が、大阪市の代執行は本来明渡訴訟でしか実現できない債務（占有の移転義務＝非代替的作為義務）を強制的に実現するのに等しく、代替的作為義務しか執行を認めない行政代執行法2条に反するとの主張をしました。

　この主張に対し、大阪地裁判決[221]は、まず、本件テント等の構造、設置の目的、態様及び利用形態等からすれば、路上生活者らは本件テント等の設置場所ないしその周辺場所を事実上その排他的支配下に置いていた（＝占有）との事実認定を

---

(221)　大阪地判平21・3・25判自324号10頁

しました。その上で本件除却命令は、あくまでも工作物その他の物件又は施設としての本件テント等の除却義務を課すものであって、テント等の除却によってテント等の設置場所ないしその周辺場所に対する原告らの「事実上の排他的支配状態」が失われることになっても、それは、当該テント等の除却によって生じる**事実上の効果**[222]にすぎないとしたのです。つまり、本件除却命令によって課された義務は代替的作為義務であって土地の明渡義務（占有の移転義務）ではないから、この義務の代執行によって明渡義務を履行したのと同じ効果がもたらされたとしても行政代執法2条に反するものではないと判断したのです。

この判決は、実務と同じ考えをとるものです。占有の移転をその中心的内容とする**明渡義務**（非代替的作為義務）を代執行することはできないが[223]、代替的作為義務である工作物の撤去を代執行した結果、占有者が占有をあきらめて（占有を放棄して）土地明渡しの効果が事実上生じたからといって代執行が違法になることはないということです。

ウ　条例上の義務に基づく代執行

行政代執行法2条は、「法律（法律の委任に基く命令、規則及び条例を含む。以下同じ。）により直接に命ぜられ、又は法律に基き行政庁により命ぜられた行為」について代執行できると規定しています。この条文を素直に読むと「条例」は法律の個別の委任に基づく「条例」に限ると読めます。しかし、条例で代執行の前提となる義務賦課行為ができないとすると、条例が地域の自主立法であるとする憲法の理念に適しません。そこで、実務では、法律の委任に基づく条例に限らず自主条例を含めて考えます[224]。

エ　代執行の手続

行政代執行の手続は、**戒告**（3条1項）→**代執行令書による通知**（3条2項）→**代執行の実施**→**納付命令**（5条）→**滞納処分**（6条1項）という流れになります。

戒告は、義務履行の期限までに当該義務を履行しない場合に、代執行を行う旨を義務者に告知することで、事前の警告のようなものです。代執行令書とは、義務者が戒告にもかかわらず、義務の履行しない場合に、①代執行をなすべき時期、②執行責任者、③費用の概算を通知するものです。納付命令とは、代執行が終了したのちに、代執行に要した費用の額及びその納期日を通知し、納付額を確定す

---

(222) 広岡・代執行61頁
(223) 都市公園の占有者に対して、都市公園敷地の明渡義務は代執行できないと判断したものとして横浜地判昭53・9・27判時920号95頁がある。
(224) 広岡・代執行53頁

るものです。戒告、代執行令書及び納付命令については、行政庁の処分として、抗告訴訟の対象となると解されています[225]。なお、緊急の場合には、戒告や代執行令書の手続を経ないで代執行を行う緊急代執行の制度があります（3条3項）。

　オ　対人処分と対物処分

　行政庁の処分は、人を名宛人としてするものですが、医師免許（医師法2条）、運転免許（道路交通法84条）、生活保護決定（生活保護法24条）のように特定の人の能力、特性等に特に着目してなされる処分を**対人処分**といいます。このため、当該名宛人が死亡すると、特に行政庁が許可取消等の処分を行うことなく当然にその法的効果は失われます。

　行政庁の処分は対人処分以外に、特定の物件の客観的状況に注目してなされる**対物処分**があります。対物処分も人に対してなされる処分であることには違いありませんが、対物処分として制度の設計がなされている場合、許可の対象となっている営業、施設等が譲渡されるとその許可を受けた者の法的地位が譲受人に承継されます。例えば、興行場法2条の2[226]、公衆浴場法2条の2[227]では、相続又は合併により当然に承継する制度設計がなされています。ただし、この場合、いずれも承継後その旨の通知をすることが求められています。また、対物処分の

---

(225) 戒告の処分性については、議論があるが（最高裁判決はない）、大阪高決昭40・10・5行集16巻10号1756頁は、戒告が行政代執行の前提要件として行政代執行手続の一環をなすとともに、代執行の段階に入れば多くの場合に直ちに代執行は終了し、救済の実を挙げ得ない点から、処分性を認めるべきであるとする。また、代執行令書については東京地判昭48・9・10行集24巻8・9号916頁が、代執行の実行行為については横浜地判昭53・9・27判時920号95頁が、納付命令について京都地判平5・2・26判タ835号157頁がそれぞれ処分性を認めている。

(226) 興行場法
第2条の2　興行場営業を営む者（以下「営業者」という。）について相続、合併又は分割（当該興行場営業を承継させるものに限る。）があったときは、相続人（相続人が2人以上ある場合において、その全員の同意により当該興行場営業を承継すべき相続人を選定したときは、その者）、合併後存続する法人若しくは合併により設立した法人又は分割により当該興行場営業を承継した法人は、営業者の地位を承継する。
2　前項の規定により営業者の地位を承継した者は、遅滞なく、その事実を証する書面を添えて、その旨を都道府県知事に届け出なければならない。

(227) 公衆浴場法
第2条の2　浴場業を営む者（以下「営業者」という。）について相続、合併又は分割（当該浴場業を承継させるものに限る。）があったときは、相続人（相続人が2人以上ある場合において、その全員の同意により当該浴場業を承継すべき相続人を選定したときは、その者）、合併後存続する法人若しくは合併により設立した法人又は分割により当該浴場業を承継した法人は、営業者の地位を承継する。
2　前項の規定により営業者の地位を承継した者は、遅滞なく、その事実を証する書面を添えて、その旨を都道府県知事に届け出なければならない。

場合、許可の効力は、当該許可対象物件の物的消滅により当然に失われます[228]。

処分の中には、対人処分と対物処分の両方の性格を持つ**対人対物処分**も少なくありません。対人対物処分の例としては旅館業法があります。同法は、旅館営業の申請があった場合において、その申請に係る施設の構造設備が政令で定める基準に適合しないと認めるとき、当該施設の設置場所が公衆衛生上不適当であると認めるときは許可を与えないことができるとし（3条2項）、物の特徴に着目して行う対物処分の性格を有することが分かります。他方、申請者が刑法、風営法、売春防止法、児童買春、児童ポルノに係る行為等の処罰及び児童の保護等に関する法律の規定に反し許可の取消し、又は営業停止の処分を受け一定の期間を経過しない場合には、同項の許可を与えないことができるとしており（3条2項）、人に着目した対人処分としての性格も兼ね備えています。このため、旅館業法では、自然人の承継の場合には、行政庁の承認を必要とする制度設計がなされています（3条の3[229]）。

監督処分に関しては、建築基準法9条1項に基づく是正措置命令が対物処分と解されています。東京高裁判決[230]は、同項の命令について、「建物除却命令は特定人の主観的事情に着目してなされた命令ではなく、建物の客観的事情に着目してなされたいわゆる対物的性質の命令に属し、その効力は、当該建物の譲受人に及ぶ」と判示しています。なお、第三者保護の観点から9条13項は、特定行政庁が是正措置命令をした場合には、標識の設置等の方法によりその旨を公示することを義務付けています[231]。

建築基準法9条1項に基づく是正措置命令は対物処分なので、当該命令後に違

---

(228) 神戸地判昭34・8・18行集10巻9号1785頁、大阪高判昭37・4・17行集13巻4号787頁
(229) 旅館業法
第3条の3　営業者が死亡した場合において、相続人（相続人が2人以上ある場合において、その全員の同意により当該旅館業を承継すべき相続人を選定したときは、その者。以下同じ。）が被相続人の営んでいた旅館業を引き続き営もうとするときは、その相続人は、被相続人の死亡後60日以内に都道府県知事に申請して、その承認を受けなければならない。
＜中略＞
4　第1項の承認を受けた相続人は、被相続人に係る営業者の地位を承継する。
(230) 東京高判昭42・12・25行集18巻12号1810頁
(231) 公示の制度は、建築基準法昭和45年の改正で新たに定められた制度である。この制度は、公示をしなければ、是正措置命令の効力が違反建築物の新たな所有者に承継されるという法的効果が生じないとするものではなく、第三者の取引の安全を図ろうとするものと考えられる。したがって、公示のための標識が滅失していたとしても、当然にその対物処分性が失われるわけではない。なお、本制度ができた後も、建築基準法9条1項に基づく是正命令は対物処分であるとされている（大阪地判平1・11・1判時1353号55頁）。

反物件が譲渡された場合、当該違反物件の譲受人に対して是正措置命令の効力が及びます。このため、改めて譲受人に是正措置命令を発することなく、当該譲受人に対して適法に戒告をすることができるわけです。これに対し、戒告は対人処分と解されるので、戒告後に違法物件を譲り受けた者がある場合には、原則に戻って新たな譲受人に対して戒告を行う必要があります。なお、**義務者が執行対象物を譲渡したと主張する場合には、実務の知恵として義務者に加え、当該執行対象物の譲受人に対しても義務者と同様の手続を進めるという方法も考えられます。**

図：監督処分が対人処分の場合

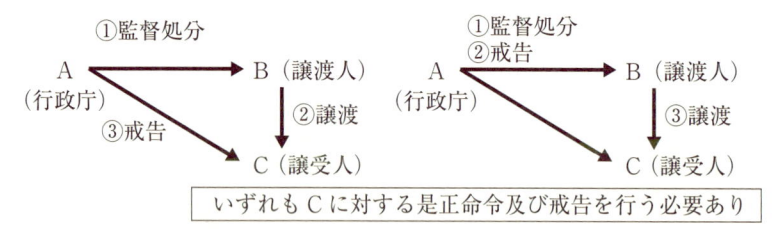

```
    ①監督処分                         ①監督処分
A ─────────→ B（譲渡人）        A  ②戒告   B（譲渡人）
（行政庁）              │          （行政庁）────→      │
        ③戒告      ②譲渡                           ③譲渡
         ↘          ↓                                ↓
            C（譲受人）                            C（譲受人）
```

いずれもCに対する是正命令及び戒告を行う必要あり

図：監督処分が対物処分の場合

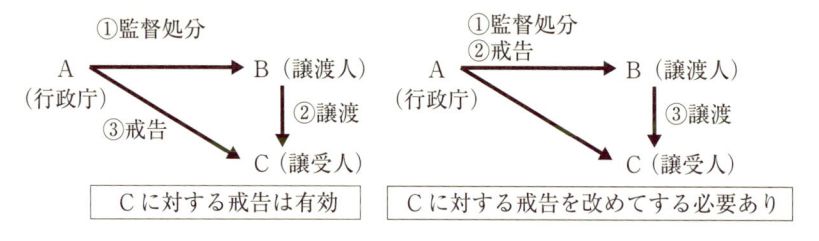

```
    ①監督処分                         ①監督処分
A ─────────→ B（譲渡人）        A  ②戒告   B（譲渡人）
（行政庁）              │          （行政庁）────→      │
        ③戒告      ②譲渡                           ③譲渡
         ↘          ↓                                ↓
            C（譲受人）                            C（譲受人）
```

Cに対する戒告は有効		Cに対する戒告を改めてする必要あり

　その他の対物処分の例として、土地収用法の明渡裁決があります（102条）。明渡裁決は、現実に土地又は物件を占有する者であれば、明渡裁決後に当該物件を譲り受けた者、不法占拠者など明渡裁決の名宛人となっていない者も当該物件の引渡し又は移転の義務を生じさせるものであると解されています[232]。

　カ　代執行手続と違法性の承継

　義務賦課行為の違法性は、戒告等の代執行手続に承継されるのでしょうか。仮に先行行為の違法性が後行行為に承継されると解される場合には、先行行為について出訴期間の経過により当該行為を争うことができなくなったとしても、後行行為に対する争訟手続で、先行行為の違法性も主張できることになります（**違法**

---

(232) 小澤道一『逐条解説　土地収用法〔第三次改訂版〕（下）』（ぎょうせい、2012）517頁

性の承継）。この点、どのように考えればよいのでしょうか。

　租税賦課賦課行為とこれに基づく滞納処分との関係のように、両者が先行行為と後行行為の関係にある場合であっても、**原則として、先行行為の違法性が後行行為に承継されることはありません**[233]。法的安定性の観点から各行政行為を早期に確定する必要があるからです。しかし、例外的に両者の行為が先行行為と後行行為との関係にある場合であって、**両行為が結合して一つの目的・効果の実現を目指す場合には違法性が承継される**と解されています。例えば、戒告と代執行令書は、先行行為と後行行為との関係にあり、かつ、両行為とも義務内容の強制的実現という目的・効果を実現するための一連のものなので違法性が承継されると解されます。

図：代執行手続における行為間の違法性の承継

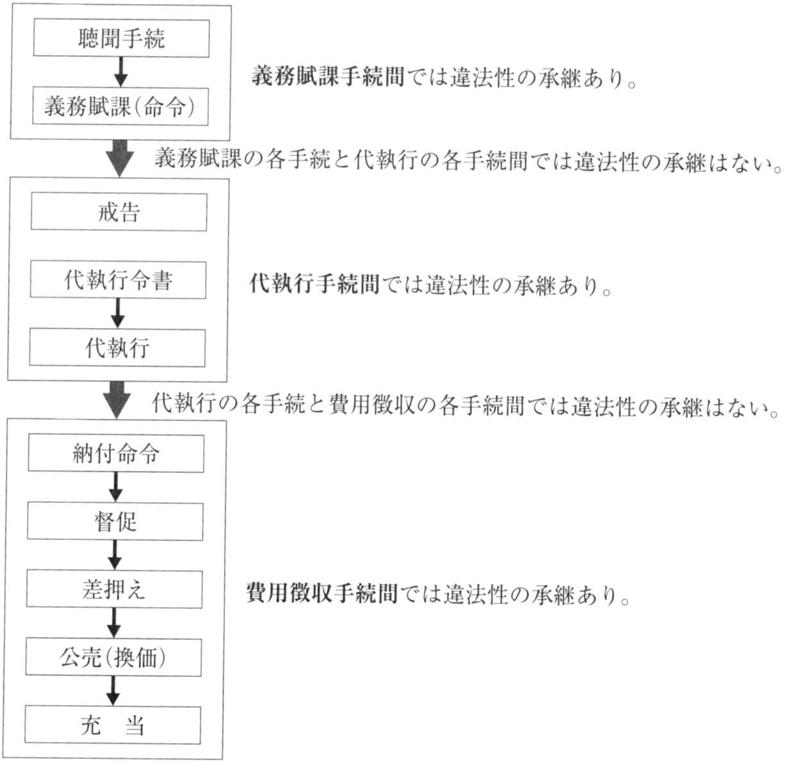

```
┌─────────────────┐
│ 聴聞手続         │
│   ↓             │   義務賦課手続間では違法性の承継あり。
│ 義務賦課（命令） │
└─────────────────┘
        ↓  義務賦課の各手続と代執行の各手続間では違法性の承継はない。
┌─────────────────┐
│ 戒告             │
│   ↓             │
│ 代執行令書       │   代執行手続間では違法性の承継あり。
│   ↓             │
│ 代執行           │
└─────────────────┘
        ↓  代執行の各手続と費用徴収の各手続間では違法性の承継はない。
┌─────────────────┐
│ 納付命令         │
│   ↓             │
│ 督促             │
│   ↓             │
│ 差押え           │   費用徴収手続間では違法性の承継あり。
│   ↓             │
│ 公売（換価）     │
│   ↓             │
│ 充　当           │
└─────────────────┘
```

---

(233) 例えば、山口地判昭29・6・19行集5巻6号1510頁は、義務賦課手続と代執行手続は別個の手続に属するものであることを理由に両者の手続の間に違法性の承継は認められないとする。

キ　略式代執行

　行政代執行を少しでも執行しやすくするために、個別法では、**略式代執行**（簡易代執行）というシステムを定めている場合があります。通常の代執行では、是正措置命令などによって特定の相手方に対して義務を課すことが前提となりますが、略式代執行のシステムでは、過失なくして代執行の相手方を確知できない場合に、相当の期間を定めて当該措置が期間内に行われないときは代執行をする旨の公告をしたうえで、義務賦課行為、戒告、代執行令書の手続をとらないで、代執行ができることになっています。

　義務者を具体的に特定していないという点で即時強制と非常に似ていますが、一応義務の設定があるということで、代執行に分類されます。

　ところで、略式代執行のシステムの構築については、行政代執行法1条の解釈から、法律の根拠が必要であるというのが実務での考え方です。これに対して、広島県プレジャーボートの係留管理の適正化に関する条例14条のように、条例の文言から略式代執行を定めていると解されます[234]。

　義務を課さないで、いきなり実力行使を行うことができる即時強制も条例で定めることが可能であることから、条例で略式代執行のシステムを定められるとの考えもあるでしょう。

　しかし、即時強制は、そもそも、行政代執行によることが困難な場合の執行システムであることから、単純に両者を比較することはできません。また、条例で略式代執行について定めることは、これにより行政代執行法の例外を定めることになり、同法1条に反するとの解釈も成り立ちます。

【略式代執行の例①】

```
------------------------ 建築基準法 ------------------------

（違反建築物に対する措置）
第9条
＜中略＞
11　第1項の規定により必要な措置を命じようとする場合において、過失がなくてその措置を命ぜられるべき者を確知することができず、かつ、その違反を放置することが著しく公益に反すると認められるときは、特定行政庁は、その者の負担において、その措置を自ら行い、又はその命じた者若しくは委任した者に行
```

---

[234]　鈴木潔『広島湾地域における放置艇対策について』日本都市センター編『行政上の義務履行確保等に関する調査研究報告書』（2006）117頁

わせることができる。この場合においては、相当の期限を定めて、その措置を行うべき旨及びその期限までにその措置を行わないときは、特定行政庁又はその命じた者若しくは委任した者がその措置を行うべき旨をあらかじめ公告しなければならない。

【略式代執行の例②】

広島県プレジャーボートの係留管理の適正化に関する条例

（所有者等が不明の場合の措置）

第14条　第12条の規定によりプレジャーボートの移動について必要な措置をとることを命じようとする場合において、過失なく当該措置を命ずべき所有者等を確知することができないときは、知事は、当該措置を自ら行い、又は第三者をしてこれを行わせることができる。この場合においては、相当の期限を定めて、当該措置を行うべき旨及びその期限までに当該措置を行わないときは、知事又は第三者が当該措置を行う旨を、あらかじめ、公告しなければならない。

2　知事は、前項の規定によりプレジャーボートを移動し、又は移動させたときは、当該プレジャーボートを保管しなければならない。

3　知事は、前項の規定によりプレジャーボートを保管したときは、当該プレジャーボートの所有者等に対し当該プレジャーボートを返還するため、規則で定めるところにより、規則で定める事項を公告しなければならない。

4　知事は、第2項の規定により保管したプレジャーボートが滅失し、又は破損するおそれがあるときは、規則で定めるところにより、当該プレジャーボートを売却し、その売却した代金を保管することができる。

5　前項の規定により売却した代金は、売却に要した費用に充てることができる。

6　第1項から第4項までに規定するプレジャーボートの移動、保管、公告その他の措置に要した費用は、当該プレジャーボートの返還を受けるべき所有者等の負担とする。

7　第3項の規定による公告の日から起算して6月を経過してもなお第2項の規定により保管したプレジャーボート（第4項の規定により売却した代金を含む。以下この項において同じ。）を返還することができないときは、当該プレジャーボートの所有権は県に帰属する。

ク　書類の送達

　行政行為が効力を生ずるためには、原則として、行政庁の意思表示の内容が記載された書類が相手方に送達される必要があります。では、書類を送達すべき相手方の住所が不明の場合にはどのように対応すべきでしょうか。法律に**公示送達**の規定があれば、それによることになりますが、規定がない場合には民法98条に定める意思表示の公示送達の規定によるほかはありません[235]。

　公示送達のシステムは、条例による設計も不可能ではありませんが、当該行政庁の意思表示の根拠が条例にある場合に限られます[236]。それは、公示送達のシステムが当該行政庁の意思表示の効力を完結させるための要素だからです。したがって、行政庁の意思表示の根拠が行政代執行法にある戒告、代執行令書などは法律でなければ公示送達の制度を作ることはできません[237]。

ケ　行政代執行の機能不全

　行政代執行は機能不全に陥っているとよく言われます。その理由として代執行要件が厳しいとか、代執行手続が煩雑であるとかといった制度の問題が指摘される場合が少なくありません。これらの理由に加えて、相手方から費用徴収できないことが明らかに分かっている場合に、公費を使って他人の違法状態を解消することに対する住民の批判を考慮せざるを得ないということも機能不全の大きな理由の一つです。したがって、執行費用の回収が困難と思われる事案については、執行の最終的決断に至るまでに、議会や住民等に対し、代執行の必要性について十分な説明をする必要があります。そうした対応を怠ると、必要な予算を確保できなかったり、決算が不認定となるリスクもあります。

　なお、最近の立法例の中には、不法投棄の行政代執行に関し、それに要した費用を特定の機関が補助する仕組みが作られているものがあります（廃棄物処理法13条の15）。

---

(235) 意思表示の公示送達をするに当たっては、園部厚『書式　意思表示の公示送達・公示催告・証拠保全の実務〔第6版〕』（民事法研究会、2013）が参考になる。
(236) 例えば、東京都行政手続条例15条3項は、「行政庁は、不利益処分の名あて人となるべき者の所在が判明しない場合においては、第1項の規定による通知を、その者の氏名、同項第3号及び第4号に掲げる事項並びに当該行政庁が同項各号に掲げる事項を記載した書面をいつでもその者に交付する旨を当該行政庁の事務所の掲示場に掲示することによって行うことができる。この場合においては、掲示を始めた日から2週間を経過したときに、当該通知がその者に到達したものとみなす」と定め、条例に基づく不利益処分をする際の聴聞通知の手続についての公示送達を定めている。
(237) 宇賀克也『行政手続三法の解説〔第1次改訂版〕』（学陽書房、2015）132頁

（2） 金銭の強制徴収

租税のような金銭の納付義務が履行されない場合に、行政庁が強制的に徴収するシステムを特に行政上の強制徴収といいます。国税徴収法に基づき執行されます。手続は、**督促→差押え→公売による換価→充当**という流れになります。また、国民健康保険の保険料（国民健康保険法79条の2）や代執行費用など国や地方公共団体の金銭債権を強制徴収する場合も、地方税滞納処分の例又は国税徴収法の例により執行されます。

（3） 直接強制

行政が、実力を行使する最もストレートな対応が**直接強制**であると言われています。直接強制には、様々な定義付けがなされますが、「義務者の身体または財産に実力を加え、その外面的態度ないし事物の外形的状態を物理的作用によって変更し、義務の内容に適合した状態を直接に実現する作用のうち、義務者に代替的作為義務が課せられていることを前提として、その義務の内容を代替的に執行し、その費用を義務者から徴収するのが代執行であり、代執行を除いた残りのものが包括的に直接強制」[238]との理解が適切でしょう。

代執行では、代替的作為義務のみが対象ですが、直接強制では、代替的作為義務、又は非代替的作為義務であろうと不作為義務であろうと、どのような義務でもその対象となります。例えば、建物から退去する義務は非代替的作為義務ですが、不退去の人を建物から運び出したりすることも可能ですし、営業停止の命令に違反して営業している飲食店を実力で閉鎖することも可能です。しかし、こうした直接強制の制度は、憲法が保障する人権の侵害になる場合も多いことから、現在直接強制を認める法律は限られたものとなっています。

その例として、**成田国際空港の安全確保に関する緊急措置法**があります。同法3条では、規制区域内に所在する建築物その他の工作物について、その工作物が、①多数の暴力主義的破壊活動者の集合の用、②暴力主義的破壊活動等に使用され、又は使用されるおそれがあると認められる爆発物、火炎びん等の物の製造又は保管の場所の用、③成田国際空港又はその周辺における航空機の航行に対する暴力主義的破壊活動者による妨害の用のいずれかの用に供され、又は供されるおそれがあると国土交通大臣が認めるときは、当該工作物の所有者、管理者又は占有者

---

[238] 広岡・代執行20頁

に対して、期限を付して、当該工作物をその用に供することを禁止することを命ずることができます（同条1項）。

　これを受けて、同条6項は「国土交通大臣は、第1項の禁止命令に係る工作物が当該命令に違反して同項各号に掲げる用に供されていると認めるときは、当該工作物について封鎖その他その用に供させないために必要な措置を講ずることができる」とし、工作物の使用禁止という不作為義務の執行（直接強制）を認めています。また、第8項は工作物の除去の定めであり、一見代執行規定のように思えますが、第1項の命令である不作為義務（工作物を禁止用途に利用してはならないという義務）の執行のため、直接強制として理解されます。

【直接強制の例①】

------------ 成田国際空港の安全確保に関する緊急措置法 ------------
（工作物の使用の禁止等）
第3条　**国土交通大臣は**、規制区域内に所在する建築物その他の工作物について、その工作物が次の各号に掲げる用に供され、又は供されるおそれがあると認めるときは、当該工作物の所有者、管理者又は占有者に対して、**期限を付して、当該工作物をその用に供することを禁止することを命ずることができる。**
(1)　多数の暴力主義的破壊活動者の集合の用
(2)　暴力主義的破壊活動等に使用され、又は使用されるおそれがあると認められる爆発物、火炎びん等の物の製造又は保管の場所の用
(3)　成田国際空港又はその周辺における航空機の航行に対する暴力主義的破壊活動者による妨害の用
＜中略＞
6　**国土交通大臣は**、第1項の禁止命令に係る工作物が当該命令に違反して同項各号に掲げる用に供されていると認めるときは、**当該工作物について封鎖その他その用に供させないために必要な措置を講ずることができる。**
＜中略＞
8　**国土交通大臣は**、第1項の禁止命令に係る工作物が当該命令に違反して同項各号に掲げる用に供されている場合においては、当該工作物の現在又は既往の使用状況、周辺の状況その他諸般の状況から判断して、暴力主義的破壊活動等にかかわるおそれが著しいと認められ、かつ、他の手段によっては同項の禁止

命令の履行を確保することができないと認められるときであって、第1条の目的を達成するため特に必要があると認められるときに限り、**当該工作物を除去することができる**。

また、**学校施設の確保に関する政令**にも直接強制のシステムが設けられています。題名は政令ですが、これはいわゆる**ポツダム命令**[239]であって、法律と同等の効果を有するものです。同政令は「学校施設が学校教育の目的以外の目的に使用されることを防止し、もって学校教育に必要な施設を確保すること」を目的とし（1条）、「管理者は、学校教育上支障があると認めるときは、学校施設の占有者に対してその学校施設の全部又は一部の返還を命ずることができる」（返還命令）と定め（4条）、さらに「管理者は、返還の目的である学校施設にある工作物その他の物件の所有者に、その物件の移転を命ずることができる」（移転命令）と定めています（15条）。これらの返還命令、移転命令が履行されない場合であって、行政代執行法による代執行によっては義務の履行の確保することができないときは、管理者は、直接にこれを強制することができます（21条）。特に、占有者に命じられた学校施設の全部又は一部の返還義務（明渡義務）は、占有者本人しか履行し得ない非代替的作為義務であり[240]、代執行は行えず、直接強制によるしかありません。

【直接強制の例②】

------ 学校施設の確保に関する政令 ------

（この政令の目的）

第1条　この政令は、学校施設が学校教育の目的以外の目的に使用されることを防止し、もって学校教育に必要な施設を確保することを目的とする。

（返還命令）

第4条　**管理者は**、学校教育上支障があると認めるときは、学校施設の占有者に対してその**学校施設の全部又は一部の返還を命ずることができる**。但し、前条第1項第1号に該当する場合及び他の学校が学校教育の目的に使用する場合は、この限りでない。

---

(239) ポツダム宣言ノ受諾ニ伴ヒ発スル命令ニ関スル件（昭和20年勅令第542号、ポツダム緊急勅令）に基づいて日本国憲法施行日前に発せられた勅令。これにより政府は、連合国最高司令官のなす要求事項を実施するために特に必要がある場合には、法律と形式的同等の効力を有する「政令」を定めることが可能であった。同勅令は、平和条約の発効とともに廃止された。

(240) 大阪高決昭40・10・5 行集16巻10号1756頁

(移転命令)

第15条　管理者は、返還の目的である学校施設にある工作物その他の物件の所有者に、**その物件の移転を命ずることができる**。但し、所有者に移転を命ずることができないとき、又は著しく困難であるときは、その占有者に移転を命ずることができる。

　(直接強制)

第21条　この政令の規定により命ぜられ、又はこの政令の規定に基いて管理者により命ぜられた行為を義務者が履行しない場合において、**行政代執行法**(昭和23年法律第43号)**による代執行によっては義務の履行を確保することができないときは、管理者は、直接にこれを強制することができる**。

2　行政代執行法第3条及び第4条の規定は、前項の規定により直接強制をする場合に準用する。

　以上が直接強制のシステムですが、行政代執行法1条が行政上の義務履行確保のシステムの構築については法律事項としているため、条例でこの直接強制のシステムを作ることはできません。

(4) 執 行 罰

　執行罰とは、義務者自らに義務を履行させるために、あらかじめ義務不履行の場合には、過料(行政罰としての過料ではありません)を課すことを予告するとともに、義務不履行の場合には、そのつど過料を徴収することによって義務の履行を促す間接的な強制の方法です。「罰」という表現がとられていますが、過去の行為に対する制裁としての行政罰とはその性格が異なります。

　代執行、直接強制、金銭の強制徴収というのは、義務が履行された状態を直接かつ強制的に作り出す執行システムでした。この執行罰は、それらとは性格が少し異なり、義務が履行された状態を強制するシステムといえます。

　行政罰における過料が過去における行政上の義務違反に対する制裁として1回限りにおいて課されるものであるのに対し、執行罰は、将来にわたって義務の履行を確保するために課されるもので、義務を履行するまで何度でも課すことができるという点に特徴があります。行政代執行の対象とならない非代替的作為義務

の履行を促す手法としてはかなり有用であると思われます。しかし、現在は砂防法36条に規定があるのみです。この規定も戦後の改正時に削除し忘れたのではないかといわれています。

執行罰は、刑罰よりも柔軟な利用ができ、金額の設定によっては、実効性も期待されることから、違法行為抑制のための手段として積極的に活用すべきであるとの主張もなされれています。この執行罰は、行政代執行法1条が行政上の義務履行確保については法律事項としているため、条例でこの執行罰のシステムを作ることはできないとされています。

3 司法的執行による行政上の義務履行確保──金銭債権

(1) 金銭債権の強制的実現

国や地方公共団体が私人に対して有する金銭債権については、租税や代執行費用のように、国税徴収法あるいは同法の例により強制徴収できる債権もあればそうでない債権もあります。後者については、民事上の手続によらざるを得ないのは当然です。これに対し、前者の場合は、行政的執行あるいは司法的執行のいずれも選択できるのでしょうか。

この問題を検討する上で、**農業共済金等請求事件**の理解が必要不可欠です。この事件は、下妻市農業共済組合がその組合員に対して有する昭和29年度から同35年度にわたる共済掛金等の債権につき、右組合を会員とする茨城県農業共済組合連合会が、右組合に代位して支払いを求めた事件です。

この農業共済組合の組合員に対する債権は、農業災害補償法87条の2第4項の規定により、地方税の滞納処分の例（「国税滞納処分の例」と意味は同じ）によって強制徴収することができます。

農業災害補償法に定める強制徴収のシステムは複雑ですが、この事件を理解する上で必要なので、簡単に説明しておきましょう。①まず、農業共済組合は、組合員に共済掛金等の滞納があった場合には、督促状をもって期限を指定して、督促します（農業災害補償法87条の2第1項）、②次に、当該指定期限までに納付されない場合には、市町村にその徴収を請求でき（同条2項）、③市町村は当該請求を受けたときは、地方税の滞納処分の例により強制徴収を行うことができます（同条3項）。④しかし、市町村が当該請求を受けた日から30日以内に処分に

着手せず、又は90日以内にこれを終了しないときは、農業共済組合は、都道府県知事の認可を経て自ら地方税の滞納処分の例により強制徴収することになります（同条4項）。

水戸地裁判決[241]は、「行政上の強制徴収の方法によるべき根拠があり、直ちにこれによることができる場合においては公法上の金銭債権は行政上の強制徴収の方法によって債権の実現を図るべきであり、民事訴訟法に基く強制執行によることは許されない」とし、本件訴えを不適法であるとしています。その控訴審である東京高裁判決[242]も一審と同様の判断をしました。

（2）　農業共済金等請求事件最高裁判決

最高裁判決[243]は、「共済掛金又は賦課金を滞納する者がある場合には、……農業共済組合は、都道府県知事の認可を受けて、自ら地方税の滞納処分の例により処分することができることになっており、右徴収金の先取特権の順位は、国税及び地方税に次ぐものとされる等、その債権の実現について、特別の便宜が与えられている」のであるから「農業共済組合が、法律上特にかような独自の強制徴収の手段を与えられながら、この手段によることなく、一般私法上の債権と同様、訴えを提起し、民訴法上の強制執行の手段によってこれら債権の実現を図ることは、前示立法の趣旨に反し、公共性の強い農業共済組合の権能行使の適正を欠くものとして、許されない」としました。

このように、一審から最高裁まで一貫して、地方税の滞納処分の例により、債務名義を要せず、手続的には簡易迅速に、実体的には私債権よりも優先的に徴収する手法が法定されている場合（「**特別の便宜**」がある場合）には、それによるべきであり、司法的執行によることは許されないという立場に立っています。行政は、有利な手法を用いて最大限の公益を実現すべきであることは当然ですから、この判断は妥当な判断といえます。

最高裁が「特別の便宜」として、具体的に挙げるのは一般の私債権に対する優先弁済権だけですが（農業災害補償法87条の2第5項）、これ以外にも、債務名義を要さず執行でき、年10.75パーセントを超えない範囲で延滞金を徴収できるといった「特別の便宜」もあります（同条7項）。さらに、公課間での差押先着手や交付要求先着手、あるいは担保を徴した場合の優先弁済権（国税徴収法12

---

(241)　水戸地判昭37・11・29行集13巻11号2155頁
(242)　東京高判昭38・4・10民集20巻2号335頁
(243)　最大判昭41・2・23民集20巻2号320頁

− 14 条)、質問検査権および財産捜索の権限（同 141 条、142 条）なども「特別の便宜」といえるでしょう。

(3) 判決の射程

　最高裁判決の射程は、行政代執行費用や租税などの金銭債権だけではなく、違法建築物の除却を求める、あるいは、特定の行為の中止を求めるといった非金銭債権の場合についても及ぶのでしょうか。同判決は、「自ら地方税の滞納処分の例により処分することができることになっており、右徴収金の先取特権の順位は、国税及び地方税に次ぐものとされる等、その債権の実現について、特別の便宜が与えられている」としており、明らかに国税滞納処分の例により強制徴収できる公法上の金銭債権を前提とした理由付けとなっています。したがって、「特別の便宜」が与えられていない非金銭債権の強制執行については、右判決の射程は及ばないと考えられます。

　最高裁の考え方を前提にすると、義務者の財産が散逸するおそれがあるからといって、滞納処分が可能な公法上の金銭債権について仮差押え等の民事保全手続を利用することもできないと解されます。

4　司法的執行による行政上の義務履行確保──非金銭債権

(1) 非金銭債権の強制的実現──宝塚市パチンコ店等規制条例事件

　最高裁は、公法上の金銭債権のうち、国税徴収法によりその強制的徴収が可能なものについては、優先弁済権をはじめ、有利にしかも効率的に徴収できる「特別の便宜」が与えられることを理由に、司法的執行によることは許されないとしました（前掲最大判昭 41・2・23）。では、最高裁判決の射程が及ばない違法建築物の除却を求める、あるいは、特定の行為の中止を求めるといった行政上の非金銭債権についてはどうでしょうか。

　かつての下級審は、行政上の義務を強制的に実現する手段がない場合には、非金銭債権の司法的執行を認めるという態度をとっていました。ところが、これを認めないとする**宝塚市パチンコ店等規制条例事件**最高裁判決[244]が登場したのです。

　宝塚市パチンコ店等、ゲームセンター及びラブホテル建築等の規制に関する条

---

(244)　最 3 小判平 14・7・9 民集 56 巻 6 号 1134 頁

例3条は、パチンコ店等の建築に際しては市長の同意が必要であると定めていました。しかし、この同意を得ないで建築に着手した業者がいたので、宝塚市はこの業者に対し、同条例8条に基づきパチンコ店の建築工事の中止命令を発しました。業者がこれに従わなかったため、同市は、業者に対して同工事を続行してはならない旨の裁判を求めました。

　この事件の経過についてみると、宝塚市は、まず、建築工事続行禁止仮処分の申請を行いました。これに対し神戸地裁伊丹支部は[245]、行政代執行法上の代執行によって強制的に履行させることができない不作為義務については、行政庁は裁判所にその履行を求める訴えを提起することができるから、履行請求権を被保全債権として仮処分を求めることができると判示しました。

　その本案である神戸地裁[246]は、①行政主体が私人に対して行政上の義務の履行を求める訴訟を適法に提起することができるか、②条例は、風営法及び建築基準法に反しないか、③条例が職業選択の自由を保障する憲法22条及び財産権を保障する憲法29条2項に反しないかが争点となりました。①の論点については、判断を示さず、②の論点について、いずれの法にも反するとして宝塚市の請求を棄却しました。控訴審である大阪高裁[247]も同様の判断でした。

　これに対して宝塚市は、上告及び上告受理の申立てを行いましたが、最高裁は、上告不受理決定を先行させた上で、上告について、裁判官全員一致の意見で原審を破棄、一審判決を取り消し、訴えを不適法として却下しました（民訴法326条2号）。その理由は、国や地方公共団体が**財産権の主体**として自己の財産上の権利利益の保護救済を求めるような場合は別として、国や地方公共団体が専ら**行政権の主体**として国民に対して行政上の義務の履行を求める訴訟は、法規の適用の適正ないし一般公益の保護を目的とするものであって、自己の主観的な権利利益の保護救済を目的とするものということはできないから、法律上の争訟として当然に裁判所の審判の対象となるものではなく、法律に特別の規定がある場合に限り、提起が許されるとするものでした。簡単にいうと、役所は、自らが所有する土地や建物の利用を妨害するような者に対してはその所有者（財産権の主体）として裁判手続という司法サービスを利用することができるが、条例上の義務を守らない者に対してその義務の履行を求めるという公的団体（行政権の主体）の

---

(245) 神戸地伊丹支判平6・6・9判自128号68頁
(246) 神戸地判平9・4・28行集48巻4号293頁
(247) 大阪高判平10・6・2判時1668号37頁

立場では、利用できないといっているのです。

　最高裁は、従前から、裁判所法3条1項にいう「**法律上の争訟**」とは「当事者間の具体的な権利義務ないし法律関係の存否に関する紛争」であって、かつ、「それが法令の適用により終局的に解決することができるもの」であると解していました[(248)]。つまり、「法律上の争訟」＝「主観訴訟」という理解です。この理解を前提に、主観訴訟とはいえない「法規の適用の適正ないし一般公益の権利利益の保護を目的とするもの」に対する裁判は、原則、裁判所の権限に属しないものとして不適法だというのです。もちろん、自己の権利義務に関わらない客観訴訟であっても、住民訴訟（自治法242条の2）などのように、法律が特に認めた場合には裁判所は本案の判断をします（裁判所法3条1項）。

（2）　最高裁判決に対する批判

　宝塚市パチンコ店等規制条例事件最高裁判決の趣旨に従うと、行政上の義務の履行を確保するための訴えについては、それが行政的執行が可能な代替的作為義務はもちろんのこと、そうでない非代替的作為義務や不作為義務についてのものであっても不適法となります。代執行が可能な義務についてはまだしも、代執行が不可能な義務についてまで司法的執行によるルートを閉ざすことになります。この点については、多くの批判があります。

　地方公共団体のような行政主体であっても、財産権の主体として訴えを提起する場合には、法律上の争訟として適法です。例えば、道路法71条に基づき道路上の障害物を撤去する命令の義務内容を司法的執行により実現することはできませんが、道路敷地の所有権又は占有権といった私法上の権利に基づく障害物の撤去請求であれば、司法的執行により請求内容を実現することは可能です[(249)]。

5　行政上の義務を前提としない実力行使の制度

（1）　即時強制の意義

　即時強制とは、「義務を命ずる暇のない緊急事態や、犯則調査や泥酔者保護のように義務を命ずることによっては目的を達成しがたい場合に、相手方の義務の存在を前提とせずに、行政機関が直接に身体または財産に実力を行使して行政上望ましい状態を実現する作用」をいいます[(250)]。

---

(248)　最3小判昭56・4・7 民集35巻3号443頁
(249)　最3小判平18・2・21 民集60巻2号508頁

即時強制は、義務の存在を前提としませんから義務履行の強制的実現の制度とはいえませんが、不作為義務や非代替的作為義務であっても当該義務内容を強制的に実現できることから、直接強制と結果において異なりません。即時強制には、レッカー車による車の移動を定める道路交通法51条2項、国外退去を定める出入国管理及び難民認定法52条1項、破壊消防を定める消防法29条、要保護者の保護を目的とする警職法3条の規定、条例では放置自転車撤去の規定など多数あります。

　なお、即時強制に係る現実の立法例では、次に紹介する消防法29条のように切迫した緊急性を前提とするものもありますが、屋外広告物法に定める除去（同法7条4項）、自転車放置防止条例に定める放置自転車の撤去のように、緊急性を前提とせず、義務を命ずることによっては目的を達成しがたいことを理由に即時強制が定められている法律や条例も少なくありません。このように緊急性を要件としない即時強制については、相手方の自由や財産に対する侵襲度合が低い執行内容であることが必要です。

【即時強制の例①】

------------------ 消防法 ------------------

　第29条　消防吏員又は消防団員は、消火若しくは延焼の防止又は人命の救助のために必要があるときは、火災が発生せんとし、又は発生した**消防対象物及びこれらのものの在る土地を使用し、処分し又はその使用を制限する**ことができる。

　2　消防長若しくは消防署長又は消防本部を置かない市町村においては消防団の長は、火勢、気象の状況その他周囲の事情から合理的に判断して延焼防止のためやむを得ないと認めるときは、**延焼の虞がある消防対象物及びこれらのものの在る土地を使用し、処分し又はその使用を制限する**ことができる。

【即時強制の例②】

------------------------------ 屋外広告物法 ------------------------------

（違反に対する措置）

第7条

＜中略＞

4 　都道府県知事は、第3条から第5条までの規定に基づく条例（以下この項において「条例」という。）に違反した広告物又は掲出物件が、はり紙、はり札等（容易に取り外すことができる状態で工作物等に取り付けられているはり札その他これに類する広告物をいう。以下この項において同じ。）、広告旗（容易に移動させることができる状態で立てられ、又は容易に取り外すことができる状態で工作物等に取り付けられている広告の用に供する旗（これを支える台を含む。）をいう。以下この項において同じ。）又は立看板等（容易に移動させることができる状態で立てられ、又は工作物等に立て掛けられている立看板その他これに類する広告物又は掲出物件（これらを支える台を含む。）をいう。以下この項において同じ。）であるときは、**その違反に係るはり紙、はり札等、広告旗又は立看板等を自ら除却し、又はその命じた者若しくは委任した者に除却させることができる。**ただし、はり紙にあっては第1号に、はり札等、広告旗又は立看板等にあっては次の各号のいずれにも該当する場合に限る。

(1) 　条例で定める都道府県知事の許可を受けなければならない場合に明らかに該当すると認められるにもかかわらずその許可を受けないで表示され又は設置されているとき、条例に適用を除外する規定が定められている場合にあっては当該規定に明らかに該当しないと認められるにもかかわらず禁止された場所に表示され又は設置されているとき、その他条例に明らかに違反して表示され又は設置されていると認められるとき。

(2) 　管理されずに放置されていることが明らかなとき。

【即時強制の例③】

------------------------ 岡山市自転車等放置防止条例 ------------------------
（放置に対する措置）
第10条　市長は、自転車等の利用者等が放置禁止区域内に自転車等を放置しているとき、又は放置しようとしているときは、当該自転車等の利用者等に対し、当該自転車等を自転車等駐車場その他適当な場所に移動するよう指導することができる。
2　**市長は**、放置禁止区域内において、自転車等が規則で定める相当の時間にわたって放置されているときは、当該自転車等を撤去し、保管することができる。
3　**市長は**、前項の規定による措置を行ったにもかかわらず、自転車等の放置により、市民の良好な生活環境が著しく阻害されていると認めるときは、規則で定めるところにより当該自転車等を一斉かつ即時に撤去し、保管することができる。

（2）　即時強制の問題点と有用性

即時強制には、義務者の身体又は財産に対して直接有形力を行使して、行政目的を実現するという点で直接強制の場合と同じような問題があります。さらに、緊急の必要性（義務を課す余裕がない）といった一応の理論上の歯止めは一般的にあるものの、直接強制とは異なり事前に義務を課さないという点からして、直接強制よりも問題点の多い手法であるともいえます。

さらに、即時強制は事実上の行為なので、行政手続法上、不利益処分の定義には該当しないため（同法2条4号イ）、聴聞や弁明の機会が与えられないという手続保障上不十分であるという問題点も指摘されています。

こうした問題点を踏まえ、横浜市船舶の放置防止に関する条例[251][252]では、指導、勧告、助言[253]を前提として即時強制が行われていることになっています。

---

(251) 広島県プレジャーボートの係留管理の適正化に関する条例は、同条例とは異なり、略式代執行の制度設計がなされている。
(252) 同条例の制定経緯や課題については、中山雅仁「横浜市船舶の放置防止に関する条例について」日本都市センター編『行政上の義務履行確保等に関する調査研究報告書』（2006）98頁
(253) 横浜地判平12・9・27判自217号69頁は、横浜市船舶の放置防止に関する条例に基づき放置船舶の所有者等に対してした放置船舶を移動すべき旨の市長による指導・勧告は、それ自体は、移動を促す事実上の効力を有するにすぎないが、船舶の移動措置の要件となっているとして処分性を肯定した。

即時強制における手続上の問題点に配慮した制度設計といえるでしょう。

横浜市船舶の放置防止に関する条例

（放置の禁止）

第8条　何人も、故なく船舶を放置し、若しくは放置させ、又はこれを放置し、若しくは放置させようとする者に協力してはならない。

（指導、勧告、命令等）

第9条　**市長は、船舶を放置し、又は放置しようとする所有者等に対し、当該船舶を係留施設等に移動するよう指導し、若しくは勧告し、又は命ずることができる。**

2　市長は、前項の規定による指導若しくは勧告又は命令を行うため必要がある場合は、当該職員に放置されている船舶に立ち入り、所有者等を確認するため必要な調査をさせることができる。

3　前項の規定による立入調査の権限は、犯罪捜査のために認められたものと解釈してはならない。

（船舶の移動）

第10条　**市長は、所有者等が前条第1項の規定による指導若しくは勧告若しくは命令に従わない場合又は同条第2項の規定による調査によっても当該船舶の所有者等を確認することができない場合は、第1条の目的を達成するため必要な限度において、当該職員に、当該船舶をあらかじめ市長が定めた場所に移動させることができる。**

　現実の立案の場面では、即時強制の制度によるべきか、行政代執行のシステムによるべきかについて迷う場合が少なくありません。特に緊急性があまりなく、あらかじめ義務を課すことが可能である場合にはそうです。どのような基準のもとで、即時強制を選択し得るのでしょうか。

　この点を考える上で、横浜市船舶の放置防止に関する条例に基づき放置船舶の所有者等に対してなされた即時強制の違法性が争われた横浜地判平12・9・27判自217号69頁が参考になります。同判決は、条例で放置船舶に対する即時強制のシステムを設けることができる要件として、❶地域の固有の必要性の存在、❷私人に対する影響が大きくないこと、❸行政代執行手続によるまでの慎重さを求

める必要が乏しいこと、❹即時強制の方法（移動方法）が法令で設けている即時強制の制度とバランスがとれていることが必要であるとしています。

　義務賦課行為を前提としない即時強制については、権利保障の観点から抑制的に論じられるのが一般的です。しかし、地域における立法の必要性（立法事実）があることを前提に、放置船舶、放置自動車の移動のように義務者を特定し、義務の賦課行為を行うことが困難な場合であって、当該財産に対する侵害の度合いが大きくなく、即時強制の内容が他の法令に基づく即時強制とバランスがとれているような場合には、有効な行政目的達成の手法として、その活用は認められるべきでしょう。

　即時強制は、義務の存在を前提とする制度ではないため、実務上、行政代執行法1条の反対解釈として条例でそのシステムを構築できると理解されています。ただし、侵害留保の原則から、行政機関が即時強制ができる旨の根拠規定は、条例で定めることが必要です。

第18章 立法技術の基礎知識

Point 　本章では、地方公共団体の政策を条例化する過程で必要な立法技術の基礎について解説します。
　特に目的規定は、条例の柱となる部分です。その意義と役割について十分に理解しましょう。

keyword 　条例の形式　配字　用字　用語　目的規定　経過措置　遡及適用

1　法制執務の意義

　条例や規則を立案するには、一定のルールに従って作成しなければなりません。こうした立法技術に関する分野を**法制執務**といいます。この法制執務の分野については、大きく分けて①法令の基本構造に関するもの、②用字・用語に関するもの、③法令改正の手法に関するもの、の三つのパートに分かれます。本章では、①及び②について条例を念頭に解説します。

2　条例の構造

　条例は、一般的に次のような構造をとっています。

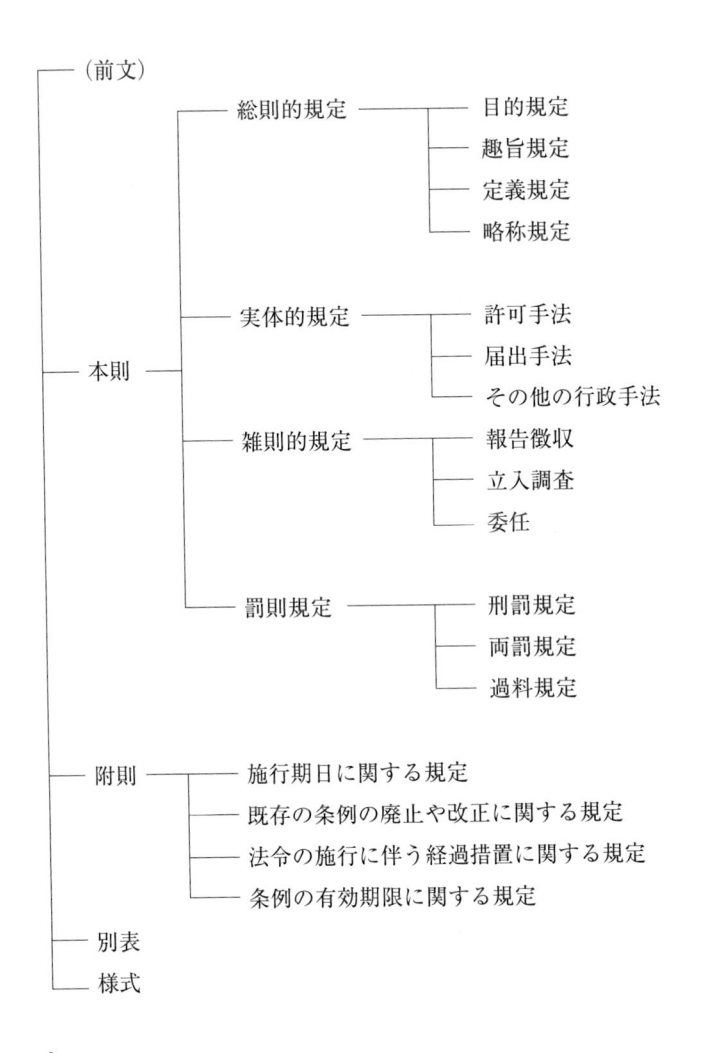

```
                ┌─ (前文)
                │
                │            ┌─ 総則的規定 ──┬─ 目的規定
                │            │              ├─ 趣旨規定
                │            │              ├─ 定義規定
                │            │              └─ 略称規定
                │            │
                │            │              ┌─ 許可手法
                │            ├─ 実体的規定 ──┼─ 届出手法
                ├─ 本則 ──┤                  └─ その他の行政手法
                │            │
                │            │              ┌─ 報告徴収
                │            ├─ 雑則的規定 ──┼─ 立入調査
                │            │              └─ 委任
                │            │
                │            │              ┌─ 刑罰規定
                │            └─ 罰則規定 ───┼─ 両罰規定
                │                           └─ 過料規定
                │
                │          ┌─ 施行期日に関する規定
                ├─ 附則 ──┼─ 既存の条例の廃止や改正に関する規定
                │          ├─ 法令の施行に伴う経過措置に関する規定
                │          └─ 条例の有効期限に関する規定
                │
                ├─ 別表
                └─ 様式
```

3 条例の形式、配字、文体、用字及び用語

(1) 条例の形式及び配字

　条例、規則などの法規文書の形式、配字、文体、用字及び用語については、法令に準じて定めるべきです。なぜかというと、条例や規則も国の法令とともに国家の法秩序を形成しているからです。各地方公共団体の公文書規程では、**法令の**

ルールとほぼ同様のものが定められています。

　条例の形式とは、条例を公布する場合のスタイルのことです。条例の配字とは、文言の配置のことです。例えば、岡山市の条例の公布文の形式及び配字は、岡山市公用文規程で次のように定められています。

【岡山市における公布形式の例】

```
×岡山市○○○○○条例をここに公布する。
××○○年○月○日
                                  岡山市長　　○○○○
岡山市条例第○○号
×××岡山市○○○○○条例
目次
×第1章×○○○
××第1節×○○○○○（第1条・第2条）
××第2節×○○○○○
×××第1款×○○○○○（第3条―第○条）
×××第2款×○○○○○（第○条―第○条）
×第2章×○○○○○（第○条―第○条）
　　（中略）
×附則
×××第1章×○○○
××××第1節×○○○○○
×（○○○）
第1条×○○○○○○…………。
×（○○○）
第2条×○○○○○○………………………………………………………………
×…………。
××××第2節×○○○○○
×××××第1款×○○○○○
×（○○○）
```

```
第3条×○○○○○…………。
2×○○○○○…………。
×(1)×○○○○○…………
××ア×○○○○○…………
×××(ア)×○○○○○…………
××××a×○○○○○…………
×××××(a)×○○○○○…………
    (中略)
×××附×則
1×この条例は、公布の日から施行する。
2×○○○○○…………。
```

（2）　条例の活字の大きさ、字体

　活字の大きさや字体については、法令の形式本体の問題ではなく、印刷技術の問題であると考えられています。政府提出法律案や政令案が閣議に提出される場合には、その案を浄書する際、Ａ4版の所定の用紙を使い、1ページに縦48字横13行の書式とする実務慣習上の扱いがなされています。一方、横書きの地方公共団体では、様々なスタイルがあります。

　例えば、岡山市では、次のような取扱いがなされています。

用紙設定	Ａ4単票・縦方向
和文フォント	MS明朝　11P
字数	40.0字
行数	28行
マージン	上・下マージン30mm、左・右マージン25mm

（3）　条例の文体

　文体は口語の「である体」が用いられます。岡山市公用文規程では、文体について、次のように定めています。

```
------------------------ 岡山市公用文規程 ------------------------
（文体）
第5条　公用文の文体は、原則として「ます」体を用いる。
 2　前項の規定にかかわらず、条例、規則、規程、契約書、議案 その他これらに
  類するものは、「である」体を用い、部内資料 辞令、委嘱状その他総務局長が
  認めたものは、「である」体を用いることができる。
```

（4）条例の用字

　用字とは、文書に用いられる文字及び符号のことをいいます。具体的にいうと、①条文に使用できる漢字の種類（**常用漢字**が原則）、②送り仮名の付け方、③仮名の表記方法（**現代仮名遣い**が原則）、④数字の表記方法、⑤句読点等の使い方などが用字の問題です。用字については、次に掲げる取決めに従うこととされています。

- 『公用文における漢字使用等について』（平成22年11月30日内閣訓令第1号）
- 『常用漢字表』（平成22年11月30日内閣告示第2号）
- 『法令における漢字使用等について』（平成22年11月30日内閣法制局総総第208号）
- 『現代仮名遣い』（昭和61・7・1内閣告示第1号）
- 『法令における拗音及び促音に用いる「や・ゆ・よ・つ」の表記について』（昭和63・7・20内閣法制局総発第125号）
- 『外来語の表記』（平成3年6月28日内閣告示第2号）
- 『送り仮名の付け方』（昭和48年6月18日内閣告示第2号）

（5）条例の用語

　用語とは、文字又は文字の組合せによって表現される一定の意味をもった言葉で、文書に用いられるものをいいます。特に明治以来の立法慣行により厳密な使い方がされる法令用語についての理解が必要です。「及び・並びに」、「又は・若しくは」、「その他・その他の」などが法令用語の代表例です[254]。

---

(254) 法令用語については、田島信威著『最新法令用語の基礎知識（三訂版）』（ぎょうせい、2005）、よりコンパクトなものとしては、林修三著『法令用語の常識』（日本評論社、1958）がある。

4　主要な規定の内容

（1）　総則的規定

総則的規定には、①目的規定、②趣旨規定、③定義規定、④略称規定などがあります。

　ア　目的規定

　目的規定は、条例の目的を明らかにするものですが、単にその目的だけを規定しているものは意外と少ないのです。多くの場合、目的達成のために必要な手段を掲げ、そのあとに目的を規定するパターンが多いといえます。「……することにより、……することを目的とする」とか、「……することにより、……を図り、もって、……することを目的とする」というのが代表的なパターンです。

　なお、目的達成の手段については、「……することにより」のほかに「……の措置を講ずることにより」とか「……について定めることにより」といった表現もあります。

　法律や条例の条文を解釈する際、文言上、複数の解釈が成り立つ場合があります。この場合には、より当該法律や条例の目的規定の内容にかなった解釈を採用することになります。このように目的規定は、解釈の指針であり、法律や条例の精神ともいえます。したがって、目的規定は、条例を立案する場合に最も注意を払わなければならず、条例のできばえを左右する部分でもあります。このため、実際に、目的規定を書くに当たっては法文全体を見渡しながら、鋭い感性をもって語句を選択することが必要です。

　以上のように、目的規定は、**法律や条例の内容を簡潔に述べ、当該法律や条例を運用解釈する際の指針となる**大変重要な規定です。この目的規定のパターンを知っておくことは、法文全体を理解する上で、非常に役に立ちます。また、条例を立案する際にも常に念頭に置く必要があります。

　目的規定が簡素で、分かりやすく、的確に書かれている条例は、十分な時間と検討がなされているものです。条例立案の際どの地方公共団体の条例を参考にするか迷った場合には、目的規定がよく書けているものと選ぶことを勧めます。

　（ア）基本パターンⅠ

　直接の目的のみを定めるパターンです。

【基本パターンⅠの例】

------------------------------ 社会教育法 ------------------------------
（この法律の目的）
第1条　この法律は、教育基本法（平成18年法律第120号）の精神に則り、社会教育に関する国及び地方公共団体の任務を明らかにすることを目的とする。

（イ）基本パターンⅡ
目的達成のための手段→直接の目的、というパターンです。

【基本パターンⅡの例】

------------------------------ 電波法 ------------------------------
（目的）
第1条　この法律は、電波の公平且つ能率的な利用を確保することによって、公共の福祉を増進することを目的とする。

（ウ）基本パターンⅢ
基本パターンⅡの応用形です。シンプルで最もよく使われます。
目的達成の手段→直接の目的→より高次元の目的、というパターンになります。

【基本パターンⅢの例】

------------------------------ 都市再開発法 ------------------------------
（目的）
第1条　この法律は、市街地の計画的な再開発に関し必要な事項を定めることにより、都市における土地の合理的かつ健全な高度利用と都市機能の更新とを図り、もって公共の福祉に寄与することを目的とする。

------------------------------ 宅地造成等規制法 ------------------------------
（目的）
第1条　この法律は、宅地造成に伴う崖崩れ又は土砂の流出による災害の防止のため必要な規制を行うことにより、国民の生命及び財産の保護を図り、もって公共の福祉に寄与することを目的とする。

（エ）基本パターンⅣ

　制定の背景、動機を表すために「鑑み」[255]を用います。

「鑑み」→目的達成の手段→直接の目的、というパターンになります。

【基本パターンⅣの例】

------- 高度情報通信ネットワーク社会形成基本法 -------

（目的）

第1条　この法律は、情報通信技術の活用により世界的規模で生じている急激かつ大幅な社会経済構造の変化に適確に対応することの緊要性に鑑み、高度情報通信ネットワーク社会の形成に関し、基本理念及び施策の策定に係る基本方針を定め、国及び地方公共団体の責務を明らかにし、並びに高度情報通信ネットワーク社会推進戦略本部を設置するとともに、高度情報通信ネットワーク社会の形成に関する重点計画の作成について定めることにより、高度情報通信ネットワーク社会の形成に関する施策を迅速かつ重点的に推進することを目的とする。

　（オ）基本パターンⅤ

　基本パターンⅣに「より高次元の目的」が加わったものです。

「鑑み」→目的達成の手段→直接の目的→より高次元の目的、というパターンになります。

【基本パターンⅤの例】

------- 地球温暖化対策の推進に関する法律 -------

（目的）

第1条　この法律は、地球温暖化が地球全体の環境に深刻な影響を及ぼすものであり、気候系に対して危険な人為的干渉を及ぼすこととならない水準において大気中の温室効果ガスの濃度を安定化させ地球温暖化を防止することが人類共通の課題であり、全ての者が自主的かつ積極的にこの課題に取り組むことが重要であることに鑑み、地球温暖化対策に関し、地球温暖化対策計画を策定するとともに、社会経済活動その他の活動による温室効果ガスの排出の抑制等を促進するための措置を講ずること等により、地球温暖化対策の推進を図り、もって現在及び将来の国民の健康で文化的な生活の確保に寄与するとともに人類の福祉に貢献することを目的とする。

(255)「常用漢字表」（平成22年内閣告示第2号）で「鑑みる」は常用漢字とされた。

（カ）基本パターンⅥ

直接の目的→目的達成の手段→より高次元の目的、というパターンです。

【基本パターンⅥの例】

------- 工場立地法 -------

（目的）
第1条　この法律は、工場立地が環境の保全を図りつつ適正に行なわれるようにするため、工場立地に関する調査を実施し、及び工場立地に関する準則等を公表し、並びにこれらに基づき勧告、命令等を行ない、もって国民経済の健全な発展と国民の福祉の向上に寄与することを目的とする。

（キ）基本パターンⅦ

基本パターンⅥに「さらなる高次元の目的」が加わったものです。

直接の目的→目的達成の手段→より高次元の目的→さらなる高次元の目的、というパターンになります。

【基本パターンⅦの例】

------- 景観法 -------

（目的）
第1条　この法律は、我が国の都市、農山漁村等における良好な景観の形成を促進するため、景観計画の策定その他の施策を総合的に講ずることにより、美しく風格のある国土の形成、潤いのある豊かな生活環境の創造及び個性的で活力ある地域社会の実現を図り、もって国民生活の向上並びに国民経済及び地域社会の健全な発展に寄与することを目的とする。

（ク）その他のパターン

公の施設（自治法244条の2第1項）や基金の設置（自治法241条1項）については、目的規定や趣旨規定を置かないで、第1条に「設置」の規定を置くのが立法慣習です。

設置規定の中には、設置の目的が表現されています。目的規定に近いものです。

【その他のパターンの例】

------- 岡山市駅前広場駐車場条例 -------

（設置）

第1条　自家用車の駐車のための施設の需要に対処し、市民の利便に資するため、駅前広場内に路外駐車場として、岡山市駅前広場駐車場（以下「駐車場」という。）を設置する。

　イ　趣旨規定

　目的規定によく似たものに、**趣旨規定**があります。趣旨規定とは、法律の委任に基づく条例や条例の委任に基づく規則に主に置かれているものです。

　趣旨規定は、「この条例（規則）は、……に関し（……について）必要な事項を定めるものとする」というのが一般的なパターンです。

【趣旨規定の例】

------- 岡山市美しいまちづくり、快適なまちづくり条例施行規則 -------

（趣旨）

第1条　この規則は、岡山市美しいまちづくり、快適なまちづくり条例（平成19年市条例第30号。以下「条例」という。）の施行に関し必要な事項を定めるものとする。

　ウ　定義規定

　定義規定は、条例の中で用いられる用語の意義を定めるものです。特に重要な語句について、解釈上の疑義が生じないように定義規定を置く必要があります。

【定義規定の例】

------- 暴力団員による不当な行為の防止等に関する法律 -------

（定義）

第2条　この法律において、次の各号に掲げる用語の意義は、それぞれ当該各号に定めるところによる。

　(1)　暴力的不法行為等　別表に掲げる罪のうち国家公安委員会規則で定めるものに当たる違法な行為をいう。

　(2)　暴力団　その団体の構成員（その団体の構成団体の構成員を含む。）が集

団的に又は常習的に暴力的不法行為等を行うことを助長するおそれがある団体をいう。
　(3)　指定暴力団　次条の規定により指定された暴力団をいう。
＜以下、各号略＞

------- 京都市補助金等の交付等に関する条例施行規則 -------
（用語）
第1条　この規則において使用する用語は、次項に定めるもののほか、京都市補助金等の交付等に関する条例（次条第2項第5号を除き、以下「条例」という。）において使用する用語の例による。

　エ　略称規定

略称規定とは、法令、条例中の字句に略称を与える規定のことです。長い表現が繰り返し用いられることを避けて、法文を簡略化するのが目的です。

【略称規定の例】

------- 地方税法 -------
（相続による納税義務の承継）
第9条　相続（包括遺贈を含む。以下本章において同じ。）があった場合には、その相続人（包括受遺者を含む。以下本章において同じ。）又は民法（明治29年法律第89号）第951条の法人は、被相続人（包括遺贈者を含む。以下本章において同じ。）に課されるべき、又は被相続人が納付し、若しくは納入すべき地方団体の徴収金（以下本章において「被相続人の地方団体の徴収金」という。）を納付し、又は納入しなければならない。ただし、限定承認をした相続人は、相続によって得た財産を限度とする。

（2）　実体的規定

実体的規定は、法令や条例の目的達成のための手段等を定める重要な部分です。例えば、代表的な行政手法である許可手法については、その実効性確保の制度も併せて規定します。この場合、次のような構成になります。

図：許可手法及び実効性確保の制度が定められている場合の例

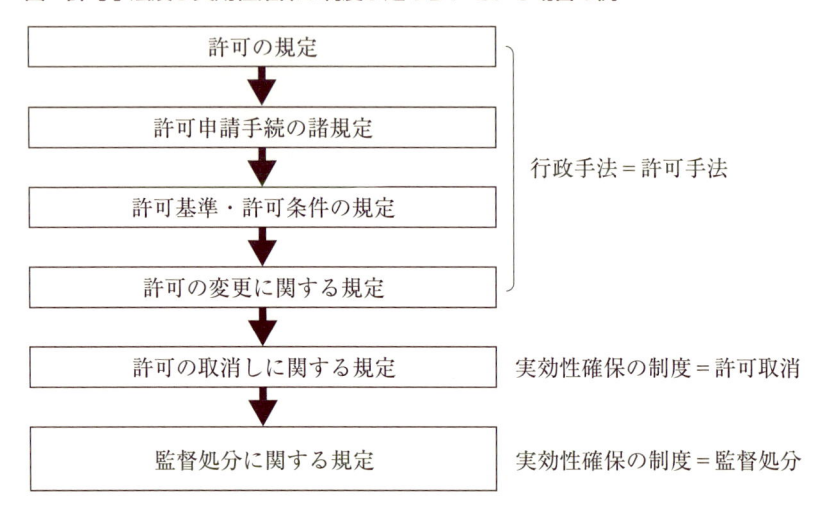

```
┌─────────────────────┐
│     許可の規定       │ ┐
└──────────┬──────────┘ │
           ▼            │
┌─────────────────────┐ │
│  許可申請手続の諸規定  │ │
└──────────┬──────────┘ │ 行政手法＝許可手法
           ▼            │
┌─────────────────────┐ │
│ 許可基準・許可条件の規定 │ │
└──────────┬──────────┘ │
           ▼            │
┌─────────────────────┐ │
│  許可の変更に関する規定 │ ┘
└──────────┬──────────┘
           ▼
┌─────────────────────┐
│ 許可の取消しに関する規定 │   実効性確保の制度＝許可取消
└──────────┬──────────┘
           ▼
┌─────────────────────┐
│  監督処分に関する規定  │   実効性確保の制度＝監督処分
└─────────────────────┘
```

　ここで、実体的規定の配列について確認しておきましょう。実体的規定は、**論理的配列**（禁止→許可による禁止の解除→許可手続→許可の変更→許可の取消し→監督処分といった順序）が基本となります。

　一方、実体規定の中心が諸手続の場合には、**時間的配列**が適しています。

　上記の例のように、複数の内容が混在する場合には、原則、論理的配列を基本とし、許可申請手続の具体的内容の部分については、時間的配列をとるといった**混合配列**になります。

【論理的配列の例】

----------- 横浜市生活環境の保全等に関する条例 -----------

（目的）

第1条　この条例は、横浜市環境の保全及び創造に関する基本条例（平成7年3月横浜市条例第17号。以下「基本条例」という。）の趣旨にのっとり、事業所の設置についての規制、事業活動及び日常生活における環境の保全のための措置その他の環境への負荷の低減を図るために必要な事項を定めることにより、現在及び将来の世代の市民の健康で文化的な生活環境を保全することを目的とする。

（設置の許可）
第3条　指定事業所は、市長の許可を受けた後でなければ設置してはならない。
2　前項の許可を受けようとする者は、次に掲げる事項を記載した書類を市長に提出しなければならない。ただし、規則で定める場合にあっては、その一部を省略することができる。
＜以下、各号略＞
（許可の基準等）
第4条　市長は、前条第1項の許可の申請があった場合には、速やかにこれを審査するものとし、その内容が次のいずれかに該当するときは、同項の許可を与えてはならない。
＜次項略＞
（許可の条件）
第5条　市長は、第3条第1項の許可には、公害の防止上必要な限度において、条件を付することができる。
（変更の許可）
第8条　第3条第1項の許可を受けた者は、当該指定事業所に係る同条第2項第4号及び第6号から第15号までに掲げる事項の変更のうち、公害の防止上重要なものとして規則で定める変更をしようとするとき（当該指定事業所が第18条第1項の規定により認定された環境管理事業所である場合にあっては、これらの事項の変更のうち公害の防止上特に重要なものとして規則で定める変更をしようとするときに限る。）は、市長の許可を受けた後でなければ当該変更をしてはならない。
＜以下、各項略＞
（許可の取消し）
第14条　市長は、第3条第1項の許可を受けた者が次のいずれかに該当するときは、同項の許可を取り消すことができる。
＜次項略＞
（許可違反に対する措置命令）
第35条　市長は、第3条第1項の許可を受けることなく指定事業所を設置した者又は第8条第1項の許可を受けることなく同項の規則で定める変更をした者に

対し、当該指定事業所に係る事業の全部又は一部の停止、施設の除却その他必要な措置をとることを命ずることができる。
　（指定事業所に対する改善命令等）
　第36条　市長は、指定事業所を設置している者が第25条第2項、第28条第2項又は第31条第2項の規定に違反していると認めるときは、その者に対し、当該指定事業所における排煙、粉じん、悪臭、排水、騒音若しくは振動の処理の方法、施設等の構造若しくは作業の方法の改善、施設等の除却、原材料等の撤去その他必要な措置をとるべきことを命じ、又は当該指定事業所に係る事業の全部若しくは一部の停止を命ずることができる。
　＜次項略＞

（3）　雑則的規定
　雑則的規定は、実体的規定を前提に、手続的事項について定められる部分です。①報告徴収に関する規定、②立入調査に関する規定、③委任に関する規定などがあります。
　ア　報告徴収に関する規定
　行政機関が、条例を適正に執行するためには、正確な事実関係を把握する必要があります。特に、不利益処分をする場合はそうです。
　この報告徴収については、相手方に報告義務を課すため、条例でなければ定めることができません。報告徴収の義務は、比例原則により、条例の目的を達成するために必要最小限度のものであることが必要です。そのため、報告徴収の規定では、「この条例の施行に必要な限度において」といった限定の修飾語を加えるのが通例です。
【報告徴収の規定の例】
　　　　　　　　　岡山市美しいまちづくり、快適なまちづくり条例
　（報告の聴取等）
　第20条　市長又は市長の委任を受けた職員は、この条例の施行に必要な限度において、関係者に対し、紙くず等及び空き缶等の処理並びに路上喫煙に関し、必要な質問を行うことができる。

> 2　市長又は市長の委任を受けた職員は、**この条例の施行に必要な限度において**、自動販売機により飲料又は食料を販売する事業者に対し、回収容器の設置状況又はその管理状況に関し、必要な報告を求めることができる。
> 3　前2項の規定による質問及び報告の聴取の権限は、犯罪捜査のために認められたものと解釈してはならない。

　　イ　立入調査に関する規定
　立入検査の規定を設けるのは、報告徴収の規定を設ける趣旨と同様です。立入検査では、相手方の抵抗を排除して強行的に相手方の居所や事業所に立ち入って帳簿、書類等を検査したり、関係者に質問を行うことはできません。相手方の拒否に備えて立入調査忌避に対する罰則を設けることがあります。
　なお、犯罪捜査のために警察官が裁判所から令状を得て行う強制捜査であれば、当然に相手方の同意なくして、被疑者の居所等に立ち入ることができます。裁判所の関与があるかないかで大きな違いが出てきます。

【立入検査の規定の例】

> ────── 宅地造成等規制法 ──────
> （立入検査）
> 第18条　都道府県知事又はその命じた者若しくは委任した者は、第8条第1項、第12条第1項、第13条第1項、第14条第1項から第4項まで又は前条第1項若しくは第2項の規定による権限を行うため必要がある場合においては、当該宅地に立ち入り、当該宅地又は当該宅地において行われている宅地造成に関する工事の状況を検査することができる。
> 2　第6条第1項及び第3項の規定は、前項の場合について準用する。
> 3　第1項の規定による立入検査の権限は、犯罪捜査のために認められたものと解してはならない。

　　ウ　委任に関する規定
　申請書の様式、申請書の提出先など条例実施に必要な細目的事項について規則に委任することを明らかにするものです。一般的に次のような定め方をします。
　なお、このような委任の定めが条例になくても、長が当該条例の事務を執行す

る場合には、自治法15条1項を根拠に細目的事項を定める規則を制定することができます。条例で定める事務が教育委員会の事務の場合、細目的事項は、教育員会規則で定めます（地教行法15条1項）。

【委任規定の例】

------------ 山梨県いじめ防止対策推進法施行条例 -------------

　　第5章　雑　則

第24条　この条例に定めるもののほか、第2章及び第3章の規定の施行に関し必要な事項は教育委員会が、前章の規定の施行に関し必要な事項は知事が定める。

（4）　罰則規定

　自治体は、自治法14条3項の定めるところにより、条例で2年以下の懲役若しくは禁錮、100万円以下の罰金、拘留、科料若しくは没収の刑又は5万円以下の過料を定めることができます。

　また、規則では、自治法15条2項の定めるところにより、5万円以下の過料を科する旨の規定を設けることができます。

　犯罪の要件を定める場合の明確性については、通常の判断能力を有する一般人の理解に適うような規定であることが重要です。ただ、法文という性格上、法技術的には、抽象的にならざるを得ません。

　また、法定刑の内容を定めるに当たっては、刑罰の均衡が保たれていることが必要です。したがって、著しく均衡を失する法定刑を定める罰則は、立法裁量の範囲を超え違法です。立案の際は、他の地方公共団体の条例や法令における同種又は類似の違反行為に対して科される罰則を考慮することが求められます（刑罰均衡の原則）。

　罰則間の配列については、**慣習的配列**によります。①刑罰規定→②両罰規定→③過料の順番とするのが一般的です。さらに、それぞれ、刑が同じものごとに条で分け、その重いものから軽いものへと順次配列していきます。

【慣習的配列の例】

```
----------------- 水質汚濁防止法 -----------------
第30条　第8条、第8条の2、第13条第1項若しくは第3項、第13条の3第1
　　項又は第14条の3第1項若しくは第2項の規定による命令に違反した者は、1
　　年以下の懲役又は100万円以下の罰金に処する。
第31条　次の各号のいずれかに該当する者は、6月以下の懲役又は50万円以下
　　の罰金に処する。
　(1)　第12条第1項の規定に違反した者
　(2)　第14条の2第3項又は第18条の規定による命令に違反した者
2　過失により、前項第1号の罪を犯した者は、3月以下の禁錮又は30万円以下
　　の罰金に処する。
第32条　第5条又は第7条の規定による届出をせず、又は虚偽の届出をした者は、
　　3月以下の懲役又は30万円以下の罰金に処する。
＜中略＞
第34条　法人の代表者又は法人若しくは人の代理人、使用人その他の従業者が、
　　その法人又は人の業務に関し、前4条の違反行為をしたときは、行為者を罰す
　　るほか、その法人又は人に対して各本条の罰金刑を科する。
第35条　第10条、第11条第3項又は第14条第3項の規定による届出をせず、
　　又は虚偽の届出をした者は、10万円以下の過料に処する。
```

（5）　附　　則

附則とは、条例の本体部分である本則に対する付随的な部分と思われがちですが、そうではありません。本則とは附則は、法令や条例における役割分担が異なるだけであって、両者が主従の関係にあるものではありません。必要な附則を定めなければ、本則の実施に大きな支障を生じさせる場合が少なくありません。

附則の配列は、慣習的配列となっており、次に説明する順序となります。

　ア　施行期日に関する規定

条例や規則の**施行**とは、条例・規則の規定の効力が一般的に生じることをいいます。

条例・規則は、自治法16条に基づいて定められた各地方共団体の**公告式条例**で定められた手続を経て施行されます。施行時期については、次のようなパターンがあります。

　　（ア）公布の日から即時に施行するパターン

> この条例は、公布の日から施行する。

　　（イ）一定の猶予期間をおいて施行するパターン

> この条例は、平成27年4月1日から施行する。

> この条例は、公布の日から起算して60日を経過した日から施行する。

　　（ウ）条例の施行期日を規則に委任するパターン

> この条例は、規則で定める日から施行する。

　イ　既存の条例の廃止や改正に関する規定
　ある条例の制定や改廃にともなって、既存の条例を改廃する必要が生じる場合があります。
　こうした場合には、既存の条例の廃止は単独の形式はとらないで、改廃条例の附則において行うのが原則です。

> ○○条例（平成○年市条例第○○号）は、廃止する。

> ○○条例（平成○年市条例第○○号）の一部を次のように改正する。
> 第○○条中「××」を「△△」に改める。

　ウ　条例施行に伴う経過措置に関する規定
　条例は、施行によってその一般的な効力が生じますが、施行期日を決定したのみでは、ある行為について、どの時点から条例を適用するのか明らかではありません。そのため、**経過措置**に関する規定を附則に定めることが必要になります。この経過措置については、立案に際して一番気を使うところです。的確な経過措置が書けるようになったら法制執務の能力は一人前といえます。

例えば、平成27年4月1日に固定資産税の税率を変更する条例を施行した場合に、条例施行後に26年度分の課税をする場合、改正前の税率を適用するのか、それとも改正後の税率を適用して税額を計算するのか明らかではありません。そこで、新旧条例の適用区分を明らかにするために、次のような経過措置に関する規定を置きます。

> ○条の規定は、平成27年度分の固定資産税について適用し、平成26年分までの固定資産税については、なお、従前の例による。

もう一つ例を挙げましょう。地方公共団体の職員の月額給料をアップする改正条例を平成27年12月1日で施行した場合に、遡って適用させる場合があります。こうした**遡及適用**は罰則などの**不利益処分**には認められませんが、給料の支払いのような利益処分については認められます。

> ○条の規定は、平成27年4月1日以後に支払われる給料から適用する。

エ　有効期限に関する規定

条例は、通常その始期である施行期日を定めるだけで、終期である有効期限を定めることはありません。それは、終期を特段定めなくても、条例を廃止すればよいからです。

次のように終期を定める場合には、条例を廃止する手続をしなくても、当該期日の到来とともに、当然に失効します。

> この条例は、平成28年3月31日限り、その効力を失う。

第19章 自治体訟務の基礎

Point 地方公共団体の法政策の執行が訴訟という形で争われることも少なくありません。本章では訴訟事務（訴務）の基礎について解説します。

keyword 法律上の争訟　要件事実　主要事実　法律要件　法律効果　間接事実　争いのない事実　顕著な事実　自白　擬制自白　本証　人証　書証　反証　真偽不明　主張　立証　立証責任の配分　指定代理人　権限法

1　裁判による紛争解決

　裁判所は裁判を行いますが、それは、司法権の作用です。司法権とは、国家の三権（立法、行政、司法）の一つとして憲法にその位置付けがなされています（憲法76条）。この司法権とは、具体的な争訟について法を適用し、宣言することによって、これを裁定する国家の行為です。このうち、具体的な争訟とは、当事者間の権利義務に関する紛争であって法を適用することにより終局的に解決することができるものをいいます。

　このように、裁判所は、自己の具体的利益に関係する争い（**法律上の争訟**）についてのみ、判決という司法サービスを提供することとしているのです（裁判所法3条1項）。ただし、住民訴訟のように自己の具体的権利義務とは関係なく、判決という司法サービスを受けられる訴訟（**客観訴訟**）もあります。こうした訴訟は法律の定めるところにより創設することができます。

2　要件事実と主要事実

　具体的な紛争では、紛争解決に必要な法令を選択し、当該法令に裁判所が事実認定した具体的事実を当てはめ、判決という法的判断をなすことにより解決されます。

　裁判所が判決という結論を出すためには、訴えを提起した当事者に権利（例えば、貸金返還請求権や売買代金支払請求権）が存在するか否かを判断しなければなりません。そのため、請求権の有無の判断に当たっては、まず、裁判では権利・

義務が発生・消滅するための根拠となる法令を特定します。そして、権利の発生・障害・消滅等の法律効果を導くために必要な構成要件として、実定法に定められる法律要件を構成する事実（**要件事実**）に該当する具体的事実である**主要事実**[256]が存するかどうかを**事実認定**により明らかにします。その上で、請求権の存否を判断します。

　例えば、Xが「会社から自転車で帰宅途中、Y市管理の市道の穴ぽこに前輪を取られて、転倒し、軽傷を負った」と主張して治療費相当分の損害賠償を求めて、国家賠償法2条1項に基づきY市を相手取って訴訟を提起した場合を例に考えてみましょう。

　国家賠償法2条は、「道路、河川その他の公の営造物の設置又は管理に瑕疵があったために他人に損害を生じたときは、国又は公共団体は、これを賠償する責に任ずる」と定めていることから、国又は地方公共団体の責任が認められるためには、①公の営造物であること、②公の営造物の設置・管理に瑕疵があること、③損害が発生していること、④公の営造物の設置・管理の瑕疵と損害との間に因果関係があること、という要件を満たすことが必要です[257]。こうした①から④までの各要件事実を満たす主要事実が存在すると裁判所が認定した場合には、YはXに対し、損害賠償請求権を有するとして「YはXに対し、損害金〇〇円を支払え」という判決（請求認容判決）をします。

　もし、事故現場が私道であったり、穴ぽこが原因で転倒したのではなく、自らの不注意で転倒したという事実が裁判所により認定された場合には、要件事実たる①又は④に当たる主要事実が存しないことになり、上記のような判決はできず、Xの請求を退けることになります（請求棄却）。

　国家賠償法2条のように、権利義務関係を定める法律は法律要件と法律効果から構成されています。多くの訴訟の場合、法律要件に該当する主要事実が発生しているかどうかをめぐって訴訟活動が展開されていくのです。当事者は、自己に有利な主要事実を裁判所に認めてもらうための**主張**とその主張を裏付けるための**立証**（書面を裁判所に提出したり、証人を立てること）を裁判所に対して行いま

---

[256] 加藤新太郎＝細野敦『要件事実の考え方と実務〔第3版〕』（民事法研究会、2014）16頁は、要件事実に該当する具体的事実を主要事実と呼ぶのが通説であるとする。なお、実務では、要件事実と主要事実を同義に理解している。司法研修所編『増補民事訴訟法における要件事実第1巻』（法曹会、1998）3頁、同編『新問題研究　要件事実』（法曹会、2013）5頁
[257] 国賠訴訟実務研究会編『改訂　国家賠償訴訟の理論と実際』（三協法規、2000）201頁

す。実際の裁判では、要件事実に該当する具体的事実である主要事実の存在を裁判所に認めてもらうことが訴訟活動の中心になります。

ところで、主要事実に似た概念として**間接事実**という概念があります。主要事実は、要件事実に該当する具体的事実です。これに対して間接事実とは主要事実を経験則上推認させるような事実のことをいいます。例えば、「XがYに傷害を負わせた」という事実が主要事実であるとすると、XがYの血がついた刃物を持っていたとか、傷害現場にYの血のついたXの財布が落ちていたとかいう事実は、XがYに対して直接に傷害を負わせたという主要事実ではありませんが、XがYに傷害を負わせたという主要事実を推認させる間接事実ということになります。

3　事実認定

裁判とは、主要事実に当てはまる具体的事実の存否を確認する作業であるといっても過言ではありません。この事実の存否についてどの程度争うかについては、当事者の裁量に委ねられています。**争いのない事実**（民訴法179条）や**顕著な事実**（同条）については、その存否について当事者が証明をしなくても裁判所は当該事実の存在を認めます。しかし、当事者間で争いのある事実の存否については、当事者が提出した証拠により裁判所が認定していくことになります[258]。

このことを、金銭消費貸借契約に基づく貸金返還請求の例をもとに具体的に説明しましょう。民法587条に定める消費貸借契約の貸金返還請求権が発生するための要件事実は、①金銭の返還合意、②金銭の交付、③弁済の合意、④弁済期の到来とされています。原告（訴えを提起した者）が①から④までの具体的事実について主張した場合において、被告（訴えられた者）が、その事実のいずれかの存在を認めた場合（**自白**、民訴法179条）あるいは、相手方の主張する事実を明らかに争わないとき（**擬制自白**、民訴法159条）は、当該事実は争いのない事実として、原告は立証活動の負担から解放されます。なお、被告が自白した場合には、裁判所は自白に拘束され、原則、これと異なる判断はできません。

---

[258] 事実認定について、実務的視点から詳しく解説するものとして、司法研修所編『民事訴訟における事実認定』（法曹会、2007）、田中豊『事実認定の考え方』（民事法研究会、2008）がある。

図：争いのない事実と争いのある事実

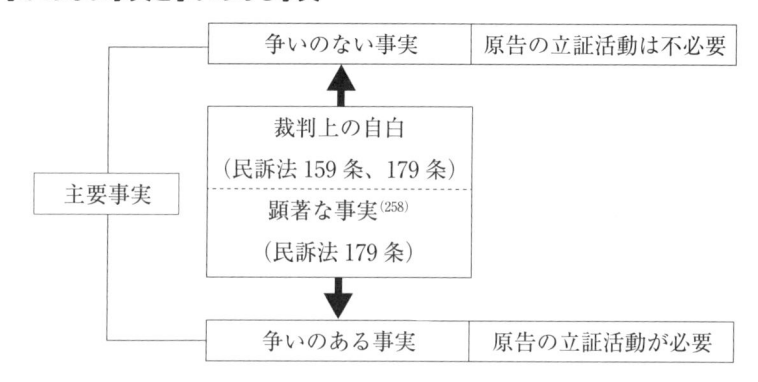

```
                  ┌─ 争いのない事実 ── 原告の立証活動は不必要
                  │         ↑
                  │   裁判上の自白
                  │  （民訴法159条、179条）
  主要事実 ──────┤  ·························
                  │   顕著な事実(258)
                  │   （民訴法179条）
                  │         ↓
                  └─ 争いのある事実 ── 原告の立証活動が必要
```

　被告が、原告の主張する主要事実の存否について争うとした場合には、証拠を用いて、原告は、裁判官に対し、当該争いのある事実について、その存在を確信させなければなりません。このように自己が立証責任を負う事実を立証する活動を**本証**といいます。本証は、要件事実について裁判官に積極的に確信を抱かせることが必要です。他方、原告が当該要件事実の存在について裁判官に確信を抱かせるための立証活動をした場合、被告としても、その要件事実の存在を疑わしめるような反対の立証活動が必要になります。このように相手側が立証責任を負う事実を否定する立証活動を**反証**といいます。この反証は、本証と異なり、否定する事実について、裁判官の心証を、当該事実が存在するとも存在しないとも分からない状態（この状態を**真偽不明**といいます。）に至らせれば、その目的を達成することになります。

　裁判官は、心証を形成する上で、まずは、争いのない事実を基本としています。争いのある事実については、当事者双方が証拠資料により立証活動を行います。このうち、証拠資料として使われる書面を**書証**といい、人を立証手段として使う場合を**人証**といいます。書証は、人証に比較して高い証拠価値を有しています。

---

(259) 裁判官が職務上知り得た事実（公知の事実）を含む。

図：本証と反証の相違

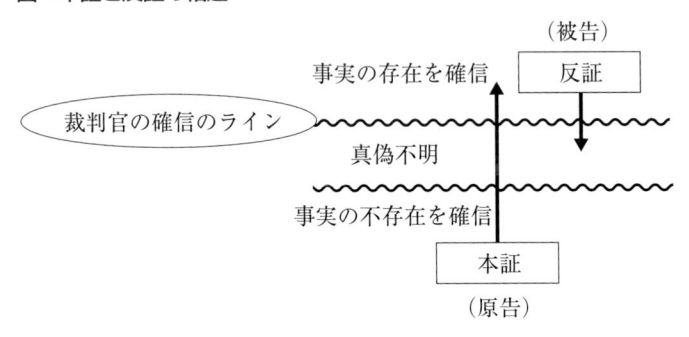

```
                           （被告）
        事実の存在を確信  ┌──────┐
                    ↑    │ 反証 │
                    │    └──────┘
  ╭─────────────╮  〜〜〜〜〜〜〜↓〜〜〜〜〜〜〜
  │裁判官の確信のライン│
  ╰─────────────╯   真偽不明
                  〜〜〜〜〜〜〜〜〜〜〜〜〜〜
        事実の不存在を確信
                         ┌──────┐
                         │ 本証 │
                         └──────┘
                           （原告）
```

　このように裁判とは、抽象的規範たる実体法（法主体間の権利義務を定めている規範）に裁判所が認定した紛争の具体的事実を当てはめ、判決という法的判断をなす行為であると定義できます。こうした裁判制度の下では、当事者としての訴訟活動において、事実関係を的確に主張し、その事実の存在を立証していくことが重要となります。

　主張と**立証**という言葉が何度も出てきたのでここで整理しておきましょう。主張と立証はいずれも訴訟活動の一種ですが、両者は、車の両輪みたいなもので、どちらが欠けていても訴訟活動は成功しません。主張は、自らの請求行為の正当性を裏付けるための訴訟活動です。これは通常は具体的事実を陳述することにより行われます。

　主張には、否認、抗弁と呼ばれる種類のものがあります。例えば、貸金返還請求訴訟において、その被告が「借りたが返還した」と原告の主張する主要事実（被告に金を貸したこと）の存在を前提にその発生した権利を消滅させる事実が主張されることがあります。このように、原告の主張する主要事実と両立し、自己が立証責任を負う事実（返還した）についての主張を特に**抗弁**といいます。これに対して**否認**とは、「借りていない」と主張し、相手方が立証責任を負う事実を否定し、それによって、主要事実の証拠調べを必要ならしめる主張のことをいいます。抗弁も否認も訴訟手続上の防御方法に属するものですが、争いのある事実についての立証責任が相手方にあるのか（否認）、自己にあるのか（抗弁）という点で異なります。

立証とは相手方当事者がこれを争う場合、当該主張する事実の存在又は不存在を根拠付けるために文書や証人の発言等の具体的証拠を提出することによってなされる訴訟活動の一種であり、先に説明した本証と反証があります。

4 立証責任とその分配

　訴訟当事者は、自己に有利な主要事実の存在を肯定するための主張とその主張を裏付けるための立証を裁判所に対して行います。もちろん、自己に不利な主要事実の存在を否定するための主張立証も行います。

　では、当事者双方が、主張立証したにもかかわらず、主要事実の存否について裁判所が判断できなかった場合（真偽不明の状態）はどうするのでしょうか。裁判所は主要事実の存否が不明だからといって、判断を拒否することはできません。そこで登場するのが立証責任の考え方です。**立証責任**とは一般に、**訴訟上、ある主要事実の存否が真偽不明のときに、その事実を要件とする自己に有利な法律効果の発生（又は不発生）が認められないこととなる一方当事者の不利益**と定義されます。簡単にいうと、当事者が主要事実の存在について、裁判官に確信を抱かすことができないことによる不利益です。会社から自転車で帰宅途中、Y市管理の市道の穴ぼこに前輪を取られて、転倒し、軽傷を負ったという国家賠償法2条の事例で説明します。この場合、Yに賠償を求めるXが、前掲の要件事実④（因果関係）について、裁判官に確信を抱かすことができなかった場合、Xの主張する主要事実はあったとはいえないということになり、その結果、Yに対する損害賠償請求が認められないという不利益を被ります。この場合に、Xは国家賠償法2条に規定する各要件事実について立証責任を負うといいます。

　ところで、立証責任はどちらの当事者が負担するのでしょうか。この問題は一般に**立証責任の分配**の問題(260)といわれています。この分配の方法について、法律に具体的定めはありませんが、裁判実務では、原則として、自己に有利な法的効果を主張する者が、その法的効果を発生させる主要事実についての立証責任を負うと解されています。つまり、自分に有利な法律効果をもたらす主要事実が存在することについて裁判官に確信を抱かせることができなかった場合には、その立証しようとする主要事実の存在（又は不存在）は認められないことになります。

---

(260) 刑事訴訟手続においても民事訴訟手続と同様に立証責任という考え方がある。ただし、刑事訴訟手続の場合には、「疑わしきは被告人の利益に」といわれるように、検察官が原則として起訴事実全てについて立証責任を負うことになる。

表：立証責任の配分

要件事実の種類	立証責任を負う者	具体例
権利発生事実（当該請求権の発生を根拠付ける事実）	その権利が発生したと主張する当事者	民法709条や国家賠償法1条、2条に基づく損害賠償請求権などの権利の発生を根拠付ける要件事実に該当する主要事実の存在については、その法律効果の発生を主張する当事者が立証責任を負う。
権利障害事実（例外的に当該請求権の発生の障害となる事実）	その障害となる事実の存在を主張する当事者	錯誤（民法95条）、虚偽表示（民法94条）などの具体的権利の発生の障害となる主要事実の存在については、その存在を主張する当事者が立証責任を負う。
権利消滅事実（当該請求権の消滅を根拠付ける事実）	その消滅を主張する当事者	消滅時効（民法166条）、免除（民法519条）、債務の弁済（民法492条）などの一旦発生した権利の消滅についての主要事実の存在については、その事実の存在を主張する当事者が立証責任を負う。

　行政事件における立証責任については、はっきりとした定説はないといわれていますが、行政処分の内容に着目し、国民の権利自由を制限し、国民に義務を課す処分（課税処分など）の取消訴訟においては、常に行政庁がその処分が適法であることについて、すなわち、処分の根拠法規に適合する事実（行政処分を行うことができる要件に該当する事実）の存在について立証責任を負い、国民が自己の有する社会的給付を求める請求については、原告である国民が給付要件に該当する事実の存在について立証責任を負うと考え方が基本となります[261]。

　なお、原告適格については、裁判所がその存否について職権で調査すべきであるとされますが、その判断の基礎となる資料の収集については弁論主義の適用があり、原告は、自己の原告適格を基礎付ける事実を主張立証すべきであると解されています[262]。

---

(261) 司法研修所編『改訂　行政事件訴訟の一般的問題に対する実務的研究』（法曹会、2000）172頁
(262) 前掲注（261）112、173頁

5　地方公共団体における訟務手続

（1）　指定代理人の意義と選任

　国を当事者とする訴訟については、法務大臣が国を代表することになります（権限法1条）。地方公共団体を当事者とする訴訟については、国のような特別の法律はありませんが、原則として、長が自治体を代表します（自治法147条）。ただし、管理者を置く地方公営企業（水道、病院など）の業務の遂行に関係する訴訟については、企業管理者が当該地方公共団体を代表します（地方公営企業法8条）。各代表者自らが訴訟活動を行うことは不可能なので、通常の訴訟遂行においては、職員の中から訴訟遂行の権限を委任します（自治法153条1項、地方公営企業法13条2項）[263]。こうして選任された職員は**指定代理人**と呼ばれます。こうして指定代理人となった職員は、訴訟代理人である弁護士とともに、長に代わって訴訟を遂行することになります。

　指定代理人の訴訟行為についての制限は特になく、弁護士たる訴訟代理人と同様の訴訟行為ができます。選任弁護士がいる場合には、指定代理人はそもそも必要ないのではないかとの考えもあるでしょうが、①担当部署の職員を指定代理人とすることにより、当該訴訟で問題となっている制度や事務執行について再考する契機となること、②担当者を明確にできること、③弁論準備手続の場において、地方公共団体の主張や考え方を直接述べることができること、④訴訟代理人（弁護士）の手を煩わすことなく、簡単な訴訟行為ができること、⑤訴訟遂行上、内部組織的判断が必要な場合に、当該指定代理人限りの判断をもって、必要な決裁に代えることができるといったメリットがあります。

　ところで、長の補助機関ではない教育委員会の事務局の職員など他の執行機関の職員は自治法153条1項の規定では長の指定代理人となることはできません。このため、例えば、教育委員会の職員の違法な公権力の行使を原因として国家賠償法1条に基づく訴訟が当該地方公共団体を被告として提起された場合、長の部局の職員しか指定代理人になれません。このような場合、所管の部署である教育委員会の事務局の職員を長の指定代理人にするにはどのようにしたら良いのでしょうか。教育委員会の職員を市長部局の職員として併任（長の補助機関）とした上で、自治法153条1項に基づき指定代理人とする方法があります。また、

---

[263] 常勤の職員だけではなく、非常勤の特別職の職員を指定代理人とすることも可能である。

自治法180条の2の規定に基づき長が教育委員会と協議して事務局の職員に委任する方法もあります。

　平成17年施行の行政事件訴訟法の改正で、処分の取消訴訟の場合、当該処分をした行政庁が所属する当該地方公共団体が被告適格を有することになりました。例えば、教育委員会がその権限によりした処分であれば、従前は教育委員会という行政庁が被告となっていましたが、現在では、地方公共団体（行政主体）が訴訟当事者になります。この場合、教育委員会又はその権限に属する事務の委任を受けた行政庁の処分については、当該地方公共団体を代表するのは長ではなく、教育委員会となります（地教行法56条）[264]。この訴訟において教育委員会の事務局の職員を教育委員会の指定代理人にするには、まず、教育委員会が教育委員会規則で定めるところにより、その権限を教育長に委任し（同法25条1項）、その委任を受けた教育長が事務局の職員に委任するといった二段階の手続が必要になります（同条4項）。この場合において、長部局の法務担当職員を教育委員会の指定代理人とするには自治法180条の3の規定により、教育委員会の事務局の職員に兼職させる等の手続が併せて必要になります。

　指定代理人の指定手続については、特別な手続があるわけではありません。原則は長の決裁となります。専決事項となっていれば、長以外の部長や課長といった上席の職員が特定の部下を指定職員とすることについての専決をします。誰が専決権者かは、各地方公共団体の事務決裁規程等で確認する必要があります。指定の決裁がなされれば、指定が行われたことを証する**指定書**と呼ばれる書面を作成して、裁判所へ提出します。指定代理人が出廷する場合には、**出廷者名簿**を裁判所へ提出することが実務上の慣行となっています。

---

[264] 人事委員会又は公平委員会の処分については、いずれかの委員会が（地方公務員法8条の2）、農業委員会の処分については農業委員会が（農業委員会等に関する法律32条）、議会又は議長の処分については議長が（自治法105条の2）、選挙管理委員会の処分については、選挙管理委員会が（自治法192条）、代表監査委員又は監査委員の処分については、代表監査委員が（自治法199条の3第3項）、それぞれ地方公共団体を被告とする抗告訴訟において当該地方公共団体を代表する。

図：指定書の例

```
                                              □□号
                                        平成□年□月□日


                       指定書


   所属及びその所在地
           □□市
           □□市□□町1番1号
   職・氏名
           □□市環境部廃棄物課
               課長　□□　□□
               係長　□□　□□
           □□市総務局政策法務課
               主任　□□　□□


   以上の者を地方自治法153条1項の規定に基づき、被告□□市長のために
   下記の事件につき、裁判上の行為を行う職員に指定する。
                                    □□市長　□□　□□　印


                       記
       原　告       □□　□□
       被　告       □□　□□
       管轄裁判所    □□地方裁判所
       事件番号     平成27年（行ウ）第□号
       事件名       産業廃棄物処理施設設置許可処分取消請求事件
```

図：出廷者名簿の例

出廷者名簿		
期　　日	平成□年□月□日　　午前 10 時 00 分	
事件番号	平成 27 年（行ウ）第□号	
当 事 者	原告・控　訴　人	□□　□□
	被告・被控訴人	□□市長
	○原告　●被告　○控訴人　○被控訴人　○参加者（行政庁）	
出　　廷	訴訟代理人	弁護士　□□　□□
	指定代理人	□□市環境部廃棄物課 課長　□□　□□ 係長　□□　□□ □□市総務局政策法務課 主任　□□　□□

（2）判決後の対応

　口頭弁論が終結し、判決が出た場合には、内容を検討し、敗訴の場合には、控訴の検討を行います。控訴する場合には、判決書の送達を受けてから（初日不算入）2週間となっています（民訴法285条）。このため、必要な準備をして期限内に控訴する必要があります。裁判所は、役所と同様に夜間窓口があるので、深夜ぎりぎりの提出も可能です。なお、控訴は、一審の裁判所に控訴状を提出して行うことになっています（民訴法286条1項）。

　また、勝訴したからといって安心してはいけません。控訴される場合に備えて準備する必要があります。相手方に控訴されたかどうか不明の場合には、一審の裁判所書記官室に問い合わせをすれば控訴されたか否かを教えてもらうことができます。

（3） 地方公共団体の訴訟と議会の議決

　地方公共団体の訴訟に特有の問題である議会の議決事項と訴訟の関係について解説します。自治法96条1項12号は、地方公共団体が、審査請求、訴えの提起、上訴等の争訟行為等によって、事件の当事者として、紛争を解決しようとする場合には、その紛争解決の手段等の妥当性について議会の判断にかからしめようとするものです。このうち訴えを提起する場合には、議会の議決を経たのちに、当該事件の訴えの提起についての**議決証明**を添えて裁判所に提出する必要があります。

　このように、基本的に争訟行為等となれば議会の議決が必要なのですが、応訴、抗告訴訟、住民訴訟、議会の委任による専決処分（自治法180条）に該当する争訟行為、法定専決処分（自治法179条）の要件に当たる場合並びに地方公営企業の業務に関する訴訟（地方公営企業法40条2項）については、各争訟行為について議会の議決は必要ありません。

（4） 訴訟と情報公開

　訴訟が提起された場合に、住民に報道機関を通じて情報提供するかどうかという問題があります。この点に関しては、地方公共団体において情報提供に対する考え方が異なるため、一概に言うことはできません。しかし、説明責任を果たすとの観点から当該地方公共団体において市民の関心が高いと思われる訴訟が提起され、またその判決が言い渡された場合には、報道機関を通じて発表すべきでしょう。

　この場合には、住民からの反応が予想される場合もあるので、対応について関係部署で統一しておく必要があります。なお、議会に対しては、議案とならない場合でも関係の議会常任委員会に対して、応訴や判決などの重要な事項の報告は必要です。

　報道機関から、判決書の写しの交付を求められる場合があります。この場合の対応としては、公文書として、情報公開制度により対応するのが一般的扱いといえるでしょう。なお、民訴法91条1項は、「何人も裁判所書記官に対し、訴訟記録の閲覧を請求することができる」と定めており、同法第92条の「秘密保護のための閲覧等の制限」が裁判所によってなされていない限り、誰でも閲覧することが可能です。よって、裁判所に行けば情報公開条例で非開示とされる個人情報についても、閲覧可能ということになります。ただし、謄写については、訴訟当

事者及び利害関係を疎明した第三者に限られます（民訴法91条3項）。

6 権限法と地方公共団体の訴訟遂行

　地方公共団体が当事者となる訴訟については、本来自らの職員を指定代理人としたり、弁護士を選任して訴訟を遂行します。しかし、訴訟の内容によっては、権限法に基づき、地方公共団体が法務大臣に対して訴訟内容についての報告義務を負ったり、法務大臣に訴訟追行を依頼できる場合があります[265]。

　地方公共団体やその行政庁を当事者等とする第1号法定受託事務に関する訴訟が提起された場合には、権限法6条の2第1項の規定に基づき、法務局訟務部あるいは地方法務局訟務部門を通じて、訴訟の概要等を法務大臣に報告する義務があります。

　この報告を受けて、法務大臣は、主張立証の方針や具体的主張等について、助言・勧告を行ったり（権限法6条の2第3項）、所部の職員を指定代理人に選任して、当該訴訟を地方公共団体の職員とともに遂行する権限が認められています（権限法6条の2第4項）。しかし、法定受託事務といえども地方公共団体の事務なので、地方公共団体の訴訟遂行方針を尊重し、現実にはこうした助言・勧告が行われたり、法務大臣が指定する職員（法務省の**訟務検事**や**訟務官**）による訴訟遂行がなされることは、ほとんどありません。

　他方、訴訟当事者となった地方公共団体は、当該訴訟の帰すうが今後の法定受託事務の遂行に大きな影響を及ぼすことが想定される場合には、国の所管庁と協議し、権限法7条1項に基づき法務大臣に対して訴訟遂行を求めることができます。この場合、高い訴訟遂行能力を有する法務大臣が指定する職員と協力して訴訟を遂行することが可能となりますが、訴訟の当事者はあくまで、当該地方公共団体です。このため、実務では、まず指定代理人あるいは地方公共団体が選任する弁護士が答弁書や準備書面の案を作成し、当該案について訟務検事、訟務官による検討の後、法務局訟務部において訟務部長等の決裁が行われ、その後、訟務官を通じて裁判所へ提出されることになります[266]。

---

(265) 権限法の適用のある地方公共団体の事務に関する訴訟の処理については、行政関係訴訟事務研究会編『地方公共団体の訴訟事務の手引』（ぎょうせい、2009）158頁参照
(266) 法務局内での決裁手続が必要になるため、地方公共団体の準備期間に加えて、約1月程度の時間が必要になる。次回期日の指定に当たっては、この点を裁判長に上申して、期日を指定してもらう必要がある。なお、初回期日については、このような対応ができないので、地方公共団体限りで対応せざるを得ない。

第20章 職員の賠償責任と住民訴訟

Point　地方公共団体の職員も賠償命令等の定めるところにより個人として当該地方公共団体に対する賠償義務を負うことがあります。また、この賠償責任は、住民訴訟という手続によって、住民から追及されることがあります。本章では、賠償命令及び住民訴訟の概要について解説します。

keyword　予算執行職員等、財務会計上の行為　賠償命令　重過失　過失　監査請求前置主義　怠る事実　補助参加　参加的効力　当該職員　債権放棄　相当報酬額

1　予算執行職員等の賠償責任

（1）　地方自治法243条の2の意義

　自治法243条の2は、会計管理者、これらの事務を補助する職員、資金前途を受けた職員などの出納職員及び支出負担行為者、支出命令者などの予算執行職員並びにこれらの職員から**専決権**を与えられた者（以下「**予算執行職員等**」という）が同条所定の財務に関する行為（以下「**財務会計上の行為**」という）に関し、地方公共団体に対し、故意又は重過失により損害を生じさせた場合の賠償責任について定めています[267]。

　同条の規定の趣旨について、最高裁判決[268]は、予算執行職員等の職務の特殊性に鑑みて、その賠償責任に関しては、民法上の債務不履行又は不法行為による損害賠償責任よりも責任発生の要件及び責任の範囲を限定して、これら職員がその職務を行うに当たり畏縮し消極的になることなく、積極的に職務を遂行することができるよう配慮するとともに、職員の行為により地方公共団体が損害を被っ

---

[267] 地方公共団体の職員の第三者に対する賠償責任については、加害行為を行った職員に対する求償権の行使が、「故意又は重過失」の場合に限られるという立法政策がとられている（国家賠償法1条2項）。これは、職員が畏縮し、職務の執行に当たって、過度に慎重になって、積極的な職務執行が望めなくなり、ひいては、行政の停滞を招くということを回避するためであると解されている。また、公権力の行使により、国民に損害を与えた場合の賠償責任についても、当該加害職員は、被害者である国民に対しては直接に賠償責任を負わないとする裁判法理が確立している（最3小判昭30・4・19民集9巻5号534頁）。
[268] 最1小判昭61・2・27民集40巻1号88頁

た場合には、簡便、かつ、迅速にその損害の補填が図られるように、長に対し、**賠償命令**の権限を付与したものであると解しています[269]。

（2）　賠償命令の手続等
　長は、予算執行職員等が、違法行為により、当該地方公共団体に対し損害を与えたと認めるときは、まず、監査委員に対し、賠償責任の有無及び賠償額の決定を求めます（自治法243条の2第3項）。

---

[269] 地方公営企業についてもこの賠償命令の制度が準用されている（地方公営企業法34条）。

図：監査委員への決定要求の例

```
　　□□市監査委員様
　　　　　　　　　　　　　　　　　　　□□市長　　□□　□□
　　　　　　職員の賠償責任に係る監査請求について

　次の職員について、□□市に損害を与えたと認めるので、地方自治法243条の
2第3項に基づき当該事実の有無、賠償責任の有無及び賠償額についての決定を
求めます。
```

行為者名	行為者職名	行為（故意又は重大な過失）の内容
□□　二郎	係　　　長	当該職員は、別紙契約に係る支出負担を行う専決権を有する課長の代決権者であり、かつ、入札執行権限を有する課長から委任を受け右契約締結に係る入札権限を有する者であるが、監査委員から右契約等の締結については入札手続を経て行うようにとの指摘があったことを知りながら、あえて入札手続を行わず、事実上の随意契約手法により右契約を締結させ、もって実際の契約締結金額と入札が行われていたなら形成されていたはずの入札価格との差額相当分の損害を□□市に与えたものである。
□□　一郎	課長補佐	当該職員は、別紙契約に係る支出負担を行う専決権を有する課長の代決権者であり、かつ、専決権者を補佐する立場にある者であるが、関係決裁書類を十分に確認等すれば、実際に入札手続が行われていたことに疑問を持つべき事実があるにも関わらず、これを看過し、漫然と決裁を行い、事実上の随意契約手法により右契約を締結するに至らしめ、もって実際の契約締結金額と入札が行われていたなら形成されていたはずの入札価格との差額相当分の損害を□□市に与えたものである。
□□　太郎	課　　　長	当該職員は、別紙契約に係る支出負担を行う専決権を有する課長の立場にある者であるが、関係決裁書類を十分に確認等すれば、実際に入札手続が行われていたことに疑問を持つべき事実があるにも関わらず、これを看過し、漫然と決裁を行い、事実上の随意契約手法により右契約を締結するに至らしめ、もって実際の契約締結金額と入札が行われていたなら形成されていたはずの入札価格との差額相当分の損害を□□市に与えたものである。

この決定を待って、当該職員に対し賠償を命じることになっています。ただし、やむを得ない事情があるときは、議会の同意を得て免除できます（自治法243条の2第8項）。賠償命令は、職員が賠償すべきこと及びその金額を確定する行政処分たる性格を有しているので、賠償命令に対する出訴の期間[270]が経過した場合には、賠償命令取消訴訟を提起しても賠償責任の存否やその範囲について争うことはできません。

　賠償命令の内容を職員が履行しない場合には、滞納処分を認める規定はないので、地方公共団体はその賠償義務の履行を求める民事訴訟を提起し、勝訴判決を経た上で、賠償義務を負う職員の財産に対して民事上の強制執行をすることになります。この民事訴訟では、同命令に無効事由があるとか、その後の弁済等により義務が消滅したことを主張して賠償命令に基づく賠償請求を争う場合を除き、請求内容を争うことはできません。

　この訴訟を提起する場合には、自治法96条1項12号に定める議会の議決が必要です。一方、自治法242条の2第4号請求訴訟の確定判決に基づいて発せられる賠償命令の履行に係る訴えの提起の場合は必要ありません（自治法243条の2第6項）。

　予算執行職員等の損害賠償責任については、民法の規定を排除し、その責任の有無又は範囲は自治法243条の2第1項及び2項の規定によるものとされ、同条1項所定の要件を満たす事実があれば、これによって直ちに発生し、同条3項の賠償命令を待って初めて請求権が発生するものではないとされます（前掲最1小判昭61・2・27）。

2　予算執行職員等以外の職員の賠償責任

　自治法243条の2第1項は、同条の適用がある職員及び行為を限定しています。しかし、予算執行職員等以外の職員の行為や予算執行職員等の財務会計上の行為以外の行為についても、当該行為を行った職員が地方公共団体に対して賠償責任を負う場合があります。その場合の責任は、同条によらず、民法上の債務不履行や不法行為に基づく責任と解されています（前掲最1小判昭61・2・27）。この場合、自治法243条の2が適用されない職員の賠償責任を認めるための責任原因として、同条に定める予算執行職員等の責任と同様に重過失が必要なのか、そ

---

[270] 原則として処分のあったことを知った日から6月以内（行訴法14条1項）。

れとも過失で足りるのかが問題となります。

　最高裁の判決はなく、下級審では見解が分かれています[271]。ただ、重過失は要しないという立場が強いといえます[272]。一方、学説においては、国家賠償法1条2項（加害職員に対する国又は公共団体の求償権の行使）及び自治法243条の2第1項（予算執行職員等の財務会計上の行為に対する賠償命令）がいずれも重過失を要件として責任を限定している趣旨からして、単なる過失の場合には免責すべきであるという見解が多数を占めています[273]。公務に対する萎縮を排除するという観点からすると、学説の立場が妥当といえるでしょう。

3　長の賠償責任の根拠

　地方公共団体の長は、自治法243条の2第1項所定の「職員」に該当しないとされ（前掲最1小判昭61・2・27）、賠償命令の対象から解釈上除外されています（公営企業の管理者も同様）。この場合の長に対する請求は通常の民事手続と同様になります。長の賠償責任については、賠償命令は要せず、軽過失で足りるという民法709条の責任要件に従い、民法上の責任を負うことになります。長が地方公共団体に対して賠償責任を負う場合の責任原因について、一般の予算執行職員等と同様に単なる過失では足りず重過失を要するとする考え方もあります。

　しかし、長は、地方公共団体の条例、予算その他の議会の議決に基づく事務その他地方公共団体の事務を自らの判断と責任において誠実に管理し、執行する義務を負い（自治法138条の2）、予算についてその調製権（同211条、218条）、議案提出権（同149条1号）、付再議権（同176条1項）、原案執行権（同177条2項）及び執行状況調査権（同221条）など広範な権限を有しているという職責に鑑みると、長の行為による賠償責任について他の職員と異なる取扱いをされてもやむを得ないとされます（前掲最1小判昭61・2・27）。また、株主代表訴訟（会社法847条以下）を通じて、会社の取締役の当該会社に対する賠償責

---

(271) 重過失を要する立場に立つものとして、松山地判昭55・12・26行集31巻12号2719頁、神戸地判平12・2・29判自207号72頁がある。他方、単なる過失で足りるという立場に立つものとして、前掲松山地判控訴審である高松高判昭57・2・26行集33巻1・2号273頁、大分地判平14・12・16判自245号41頁、大分地判平15・3・10判自245号34頁
(272) 司法研修所編『主要行政事件裁判例概説3〔第3版〕』（法曹会、2007）257頁
(273) 古崎慶長『国家賠償法』（有斐閣、1971）204頁、阿部泰隆「住民訴訟における職員の賠償責任（下）」判タ562号14頁、西埜章『注解法律学全集7　国家賠償法』（青林書院、1997）250頁など。

任が追及される場合には、過失であれば足りるとされています。このことの比較においても、取締役と同等以上の職責を有する長の地方公共団体に対する賠償責任が成立するための責任原因は、一般の職員と異なり、故意又は過失とすることもやむを得ないでしょう。

4　責任原因としての故意、過失及び重過失

(1)　故意の意義

　故意とは、「結果の発生を認識し、認容すること」と理解されています[274]。この場合の「結果発生の認識」は、当該行為者が現実に予見し、又は認識することが必要です。過失の場合のように、合理的行為をする平均的な人を基準として考えるのではなく、まさに、当該行為者の具体的注意力が問題とされます。したがって、たまたま、当該行為者が特別な専門的知識を有していたために予見し、又は認識できた場合でも、当該認識した事実について結果の発生を認容すれば、故意が認定されることになります。

(2)　過失の意義

　過失とは、予見可能性を前提とする結果回避義務違反です[275]。予見の対象は、具体的危険であることが必要です。すなわち、「もしかすると他人の権利を侵害する可能性があるかも知れない」といった結果発生に対する単なる抽象的な危険あるいは不安感だけでは、予見可能性を欠くと考えられています[276]。

　また、予見可能性については、当該行為者が現実に予見できたかどうかという同人の具体的知識・能力を基準に判断されるものではなく、問題となる行為をする者の属する人的グループ（職業、地位、経験等により類型化された集団）における平均的能力を有する人（以下「平均人」という）を前提に判断されます。例えば、医療過誤事件において、医師の過失が問題になった場合、当該医師が開業医であれば、開業医の平均人ならば備えているであろう能力を前提に予見可能性の有無が判断されます。また、当該医師が大学病院の専門医師であれば、大学病院の専門医師の平均人なら備えているであろう能力を前提に判断されることになるわけです。

　さらに、結果回避義務についても、具体的な行為者の能力を前提として義務の

---

(274)　窪田充見『不法行為法』（有斐閣、2007）40頁
(275)　吉村良一『不法行為法（第4版）』（有斐閣、2010）75頁
(276)　潮見佳男『債権各論Ⅱ不法行為法〔第2版〕』（新世社、2009）32頁

内容が定められるのではなく、平均人を前提として具体的義務内容が定められることになります。

地方公共団体の長については、どのような平均人をもとに予見可能性が判断されているかについて、二つの裁判例を見てみましょう。

一つ目は、要綱に基づき設置された附属機関の委員に対する報償金の支出が違法であることを前提に市長個人の賠償責任が争われた住民訴訟です。岡山地裁判決[277]は、「平成14年に附属機関条例主義違反による公金の支出の違法性を認める下級審判例が3件出されていることが認められ、これらによれば、岡山市長である□□は、条例に基づかず、本件要綱に基づき本件委員会を設置することは、自治法上その正当性を欠き、本件委員会に出席等した委員に対して、条例に基づかず本件要綱に基づき報償金を支払うことは違法であると認識すべきであった」として、予見可能性を認めたのです。そのうえで、「□□には、違法と評価される本件支出負担行為等について、これを阻止すべき監督上の義務があり、これを過失によって、懈怠したと認められる」としました。

同判決では、地方公共団体の長は、「平成14年に附属機関条例主義違反による公金の支出の違法性を認める下級審判例が3件出されている」ことを知っているはずだという判断を前提に、岡山市長の具体的予見可能性の有無を判断しています。

二つ目は、事実上破綻した第三セクターの法人に下関市が補助金を支出したことが違法であることを前提に市長個人の賠償責任が争われた住民訴訟において、広島高裁判決[278]は、市長個人の過失を判断する上で「控訴人は、長年にわたり自治省及び地方公共団体に勤務し、同省税務局課長補佐、県総務部次長兼財政課長、同省財政局指導課長、県副知事等を歴任し」、「補助金交付及び積立金処分の要件及び在り方等について十分な知識と経験を有していたものと推認される」とし、幅広い知識、経験を有する平均人としての長を設定し、下関市長の具体的予見可能性について判断しました。このケースは、一般的な地方公共団体の長とは別に、高度な知識、経験を有する長としての平均人を設定することにより、過失の認定を容易にした例です。

---

(277) 岡山地判平20・10・30判例集未登載
(278) 広島高判平13・5・29判時1756号66頁

(3) 重過失の意義

　最高裁判決[279]は、失火の責任に関する法律ただし書に規定する「重過失」について、「通常人に要求される程度の相当な注意をしないでも、わずかの注意さえすれば、たやすく違法有害な結果を予見することができた場合であるのに、漫然とこれを見過ごした場合のような、ほとんど故意に近い著しい注意欠如の状態」であると判示しました。ここで示された最高裁の考え方は、予見レベルにおける心理状態（意思緊張の欠如）を重過失の判断の中心に据えています。他方、結果回避義務を重過失の判断の中心に据え、平均人に要求される注意義務を著しく欠くことと理解する学説があります[280]。

　民事における**重過失**は、過失と帰責原因を同じくするものであり、その過失が予見可能性を前提とする結果回避義務違反とされる以上、この基本に沿って、重過失の定義もなされる必要があります。このように考えると、重過失とは「容易に結果発生が予測でき、かつ、容易に結果発生を回避できたにもかかわらず、結果回避をしなかったこと」であるとする定義[281]が適切であるように思われます。

5　住民訴訟制度の目的

　住民訴訟とは、地方公共団体の執行機関又は職員による財務会計上の違法な行為が、究極的には、地方公共団体の構成員である住民全体の利益を害するものであるから、これを防止するために地方自治の本旨に基づく住民参加の一環として、住民に対し、その予防又は是正を裁判所に請求する権能を与え、もって地方財務行政上の適正な運営を確保する制度です。

　この住民訴訟は、**住民監査請求**を適法に経ていなければ、提起することはできません（**監査請求前置主義**）。自治法は、まず地方公共団体の自浄の力を発揮することを第一とし、また、監査委員の役割に期待して監査請求前置主義がとられています。

　住民訴訟は、通常の訴訟とは異なり自己の法律上の利益とは直接関係なく、地方公共団体の機関の法規に適合しない行為の是正を求めて提起できる特殊な訴訟（客観訴訟）です。この客観訴訟は、法律が特に認めた場合にしかできません。

---

(279) 最3小判昭32・7・9民集11巻7号1203頁
(280) 加藤雅信『事務管理・不当利得・不法行為〔第2版〕』（有斐閣、2005）146頁、潮見佳男『不法行為法Ⅰ〔第2版〕』（信山社、2009）308頁
(281) 森島昭夫「過失」『法学セミナー増刊　不法行為法』（日本評論社、1985）4頁

6 住民訴訟の対象となる行為

住民訴訟でその対象とできる行為は、**財務会計上の行為**及び**怠る事実**です。

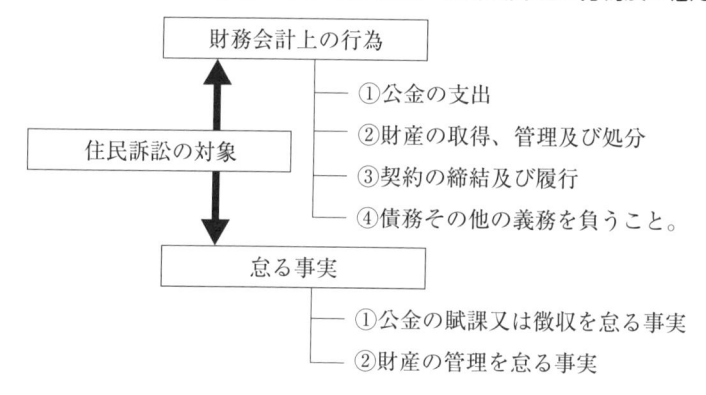

```
                    ┌─ ①公金の支出
   財務会計上の行為 ─┼─ ②財産の取得、管理及び処分
         ▲          ├─ ③契約の締結及び履行
         │          └─ ④債務その他の義務を負うこと。
  住民訴訟の対象
         │
         ▼          ┌─ ①公金の賦課又は徴収を怠る事実
      怠る事実 ─────┴─ ②財産の管理を怠る事実
```

対象となる行為のいくつかについて、具体的に説明します。まず、財務会計上の行為のうち公金の支出です。**公金の支出**は、①**支出負担行為**、②**支出命令**、③**支出**に区分されます。支出負担行為とは、法令又は予算に基づいて決定される支出の原因となるべき契約その他の行為です（自治法232条の3）。この権限を法令上有するのは長ですが（自治法149条2号）、通常は部下の職員が専決します。具体的には、工事等の請負契約、物品の購入契約、業務委託契約、補助金の交付の決定、不法行為に基づく損害賠償金の支出などがこれに当たります。

支出命令とは、長（長から専決権限を委任された職員も含む）が支出負担行為に係る地方公共団体の債務が確定したこと（債権者及び金額が確定し、履行期が到来したこと）を会計管理者に通知し、その支出を命令する行為をいいます（自治法232条の4第1項）。支出は、会計管理者が地方公共団体に対する金銭債権を有するものに対して金銭の交付等の手段により支払いをすることをいいます。会計管理者は長の支出命令がなければ支出することができず、また、長から支出命令を受けた場合であっても支出命令の根拠となる支出負担行為が法令又は予算に違反していないことを確認した上でなければ支出できません（自治法232条の4第2項）。

住民訴訟の中でも公金の支出に関するものが多く、社会的妥当性を著しく欠く

食糧費の支出や条例に定めのない特殊勤務手当の支給、政教分離の原則に反する支出などが住民訴訟として争われてきました。

図：支出の手続

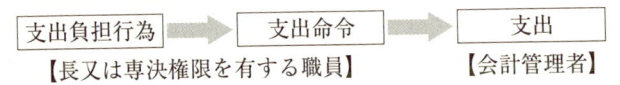

支出負担行為 ➡ 支出命令 ➡ 支出
【長又は専決権限を有する職員】　　　　【会計管理者】

次に財産の取得、管理及び処分についてです。財産とは公有財産、物品、債権及び基金をいいます（自治法237条1項）。不動産、動産、用益物件、無体財産権、有価証券、金銭債権、不動産信託の受益権などがこれに当たります。財産を事実上無償で特定の団体に違法に貸し付けているとか、著しく高額な土地を購入したことが住民訴訟で争われてきました。

図：地方自治法上の財産

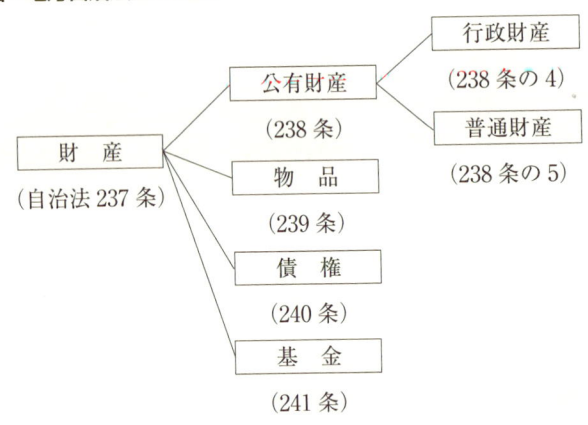

- 財　産（自治法237条）
  - 公有財産（238条）
    - 行政財産（238条の4）
    - 普通財産（238条の5）
  - 物　品（239条）
  - 債　権（240条）
  - 基　金（241条）

　契約の締結及び履行とは、地方公共団体を一方の当事者とする売買、贈与などの財産上の契約の締結や履行をする職員の行為をいいます。ここでは、本来入札に付すべき契約を随意契約で締結したことや、談合によって締結された契約が住民訴訟で争われることになります。

　債務その他の義務を負うこととは、多大な賠償を義務を負うような裁判上の和解をすることなどです。

　怠る事実のうち、公金の賦課又は徴収とは、地方公共団体が、法令の規定に基

づき、公権力の行使として一方的に特定の法主体に対し、具体的な金銭納付義務を発生させ、これを権力的手段で徴収することをいいます。地方税が典型です。地方税の賦課徴収権の行使を怠っていることなどが住民訴訟で争われることになります。

財産の管理を怠る事実とは、財産管理者が財産の適切な管理を怠ることです。債権も財産に該当しますから（自治法240条）、地方公共団体の有する損害賠償請求権や不当利得返還請求権の行使をしないでいることも、ここでいう財産管理の怠る事実に当たります。

7　住民訴訟の類型

地方公共団体の住民は次のような訴訟類型の下で、住民訴訟の対象となる財務会計上の行為及び怠る事実について争うことができます（自治法242条の2第1項）。

図：住民訴訟の類型

住民訴訟の類型	
行為の差止請求	1号請求
行政処分の取消し又は無効確認の請求	2号請求
怠る事実の違法確認請求	3号請求
財務会計上の行為を行った長や職員又は怠る事実の相手方に対する損害賠償又は不当利得返還の請求をすることを地方公共団体の長等に求める請求。ただし、賠償命令の対象となる場合には、当該命令を発することを求める請求	4号請求

1号請求とは、公有財産の著しく廉価な価格での払下げや違法な公金の支出を差し止める請求などです。2号請求とは、違法な補助金の交付決定に対する取消請求や無効確認請求などです。3号請求とは、租税や負担金などの公課の賦課徴収や債権の徴収を怠っている事実についての違法確認を求める請求がこれに当たります。4号請求は、土地を違法に高額な代金で購入し、その代金を支払った職

員に対し、地方公共団体が損害賠償を請求することを求めたり、この売却代金を受け取った相手方に対し、不当利得返還を求める請求などです。

8　平成14年改正

　住民訴訟は、職員個人の責任を問う**代位請求訴訟**（住民が地方公共団体に代わって当該職員個人に請求する訴訟）[282]でしたが、平成14年の自治法改正で「当該損害賠償請求をすることを求める訴訟」あるいは「当該賠償命令をすることを求める訴訟」という義務付訴訟になりました。

　義務付訴訟というのは、住民が地方公共団体の長（又は長の委任を受けた職員）を被告として、違法な行為によって損害賠償責任や不当利得返還責任を負う「当該職員」や「相手方」に対し地方公共団体が損害賠償や不当利得返還の請求をすること又は請求対象が賠償命令の対象となる職員である場合には、その対象となる職員に対し賠償の命令を行うことを求める訴訟です。

　判決の主文の例を挙げれば、「被告は、□□に対し□□円及びこれに対する平成□年□月□日（不法行為の日）から支払い済みまで年5分の割合による金員の請求をせよ」となります。また、賠償命令の対象である職員の場合は、「被告は、□□に対し□□円及びこれに対する平成□年□月□日（不法行為の日）から支払い済みまで年5分の割合による金員の賠償を命令せよ」となります。

図：改正前の4号訴訟（代位請求訴訟）

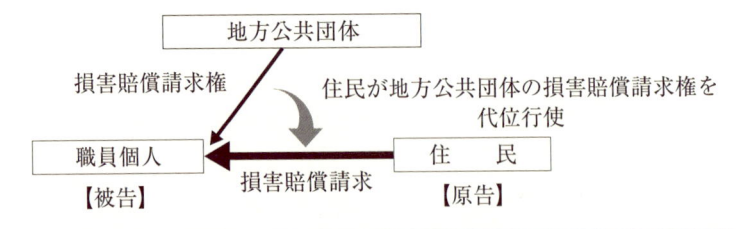

```
              地方公共団体
     損害賠償請求権 ↓    住民が地方公共団体の損害賠償請求権を
                              代位行使
  ┌─────┐           ┌─────┐
  │職員個人│ ←──────── │住　民│
  └─────┘  損害賠償請求  └─────┘
   【被告】                  【原告】
```

---

(282) 住民訴訟における住民の訴訟遂行は、いわゆる（法定）訴訟担当に当たる。当事者適格は、本来、訴訟物たる権利関係の主体に認められるのが原則であるが、この原則の例外の一つが訴訟担当である。訴訟担当とは、本来の権利義務の主体以外の第三者が、権利義務主体にかわって、当事者適格が認められる場合であって、訴訟代理とは異なる。（法定）訴訟担当の例としては、代位債権者（民法423条）、株主代表訴訟における株主（会社法847条）、破産管財人（破産法80条）などがある。これらは、いずれも法の規定に基づいて担当者に当事者適格（訴訟追行権）が与えられるが、これらの訴訟担当全てに、実体上の権利についての処分権限まで当然に与えられているわけではない。住民訴訟の担当者である住民においても、地方公共団体の有する実体法上の権利について、相手方と、和解により、一部又は全部の放棄はできない。代位請求訴訟の時代には、住民側と被告側とが裁判外で和解するなどの解決法が見られたが、訴訟担当である住民と相手方の間で和解が成立したとしても、地方公共団体にはその効力は及ばないという問題があった。

図：改正後の4号訴訟（義務付訴訟）

第1段目の訴訟（職員個人への履行請求・賠償命令を求める訴訟）

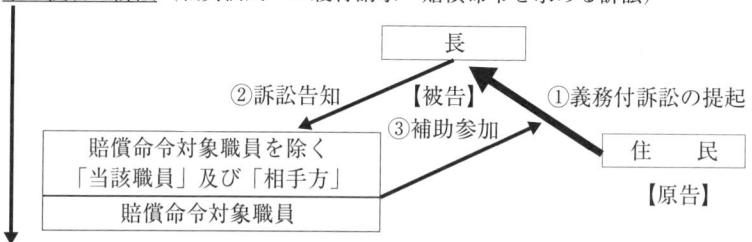

```
                          長
                        【被告】
           ②訴訟告知 ↗        ↖ ①義務付訴訟の提起
                  ③補助参加
                                        住 民
    賠償命令対象職員を除く                【原告】
    「当該職員」及び「相手方」
    賠償命令対象職員
```

第2段目の訴訟

【請求に係る損害賠償等を求める訴訟】

地方公共団体 → 賠償命令対象職員を除く当該職員は相手方

1段目の訴訟で敗訴が確定したにもかかわらず、賠償命令の対象となる職員以外の「当該職員」又は「相手方」がその請求に応じない場合は、民事訴訟を提起します。この場合には、議会の議決は不要です（自治法242条の3第3項）。

【賠償命令に係る損害賠償を求める訴訟】

地方公共団体 → 賠償命令の対象となる当該職員又は相手方

1段目の訴訟で敗訴が確定し、賠償命令が発せられたにもかかわらず、賠償命令の対象となる「当該職員」又は「相手方」に該当する職員がその請求に応じない場合は、公法上の当事者訴訟を提起します。この場合にも、議会の議決は不要です（自治法243条の2第6項）。

　被告となった執行機関は、「当該職員」や「相手方」に対して訴訟告知（訴訟継続の事実を告知すること）をしなければなりません（自治法242条の2第7項、民訴法53条）。訴訟告知を受けると、訴訟に参加して自らの主張を裁判手続において行わなかったとしても、参加することができたときに参加したものとみなされます。このように訴訟告知が義務付けられた理由としては、敗訴した場合に個人として損害賠償責任や不当利得返還の義務を負うこととなる当該職員又は相手方に対して**補助参加**する機会を与え[283]、**参加的効力**（民訴法53条4項）を及ぼすことにより第1段目の訴訟と第2段目の訴訟における判断の矛盾を防止し、訴訟の蒸し返しを防止するためです。

---

[283] 職員が補助参加する場合、弁護士費用等は公費で支出することはできない。

この結果、4号訴訟の認容判決が確定すれば地方公共団体が当該職員や相手方に対して損害賠償請求権等を有していることにつきもはや争うことができず、第2段目の訴訟もこのことを前提として裁判がなされます。要するに第1段目の訴訟で雌雄は決せられるということになります。

　訴訟参加するか否かは、当該職員及び相手方の自由です。4号訴訟では被告執行機関が十分な主張立証を行うことが想定され、実際上は補助参加をする必要性は少ないと考えられます。仮に第1段目の訴訟で執行機関が敗訴し、控訴を断念した場合であっても職員としては、**補助参加の申出と控訴を同時に行うこと**により手続上の保障は図られます（民訴法43条2項）。このため、第1段目の訴訟の弁論が終結する前に補助参加しておかなければ、控訴ができないということはありません。ただし、控訴期間経過後の控訴はできません。

9　「当該職員」及び「怠る事実の相手方」の意義

　4号請求における**当該職員**については、自治法上特に定義規定はありませんが、「当該訴訟においてその適否が問題とされている財務会計上の行為を行う権限を法令上本来的に有するものとされている者及びこれらの者から権限の委任を受けるなどして右権限を有するに至った者」です[284]。

　このうち、「当該訴訟においてその適否が問題とされている財務会計上の行為を行う権限を法令上本来的に有するものとされている者」とは、①予算の執行権限を有する市長（自治法149条2号）、②支出命令に応じて金銭の支出を行う会計管理者（自治法170条2項1号）、③地方公営企業の公金支出における企業管理者（地方公営企業法9条11号）がこれに該当します。他方、「本来的権限者から権限の委任を受けて権限を行使する者」とは、①市長の権限の行使について自治法153条に基づきその権限の委任を受けた職員、②支出負担行為や支出命令権について**専決権**や**代決権**を有する局長や課長等の一般職員がこれに該当します。

　次に「怠る事実の相手方」とは、例えば、地方公共団体の財産を毀損した者に対する損害賠償請求の行使を怠っている場合における当該財産を毀損した者などがこれに該当します。怠る事実の相手方は私人ばかりではありません。地方公共団体に損害を与えた職員も、怠る事実の相手方となります。例えば、架空の旅費

---

(284) 最2小判昭62・4・10民集41巻3号239頁

の支給を受けた職員や給与条例主義に反する給与の支給を受けた職員を、財産の管理を怠る事実の相手方と構成することにより当該受給職員等の個人の責任が住民訴訟により追及されることになります[285]。

10　4号請求訴訟における被告適格

　自治法242条の2第1項第4号にいう「執行機関又は職員」とは、当該訴訟で求められている損害賠償の請求や賠償命令を行う権限を有する行政庁とその補助機関をいいます。

　このため通常の場合は、長が「執行機関」として被告適格を有します。ただし、賠償命令を発する権限を権限の委任に関する規定（自治法153条1項）に基づき委任した場合には、権限の委任を受けた補助機関の職員が「職員」として被告適格を有します。なお、専決の場合、専決させた長は本来的権限を有しているわけですから、長が「執行機関」として被告適格を有することになります。

11　住民訴訟と債権放棄

（1）　問題の所在

　地方公共団体の有する債権について、議会の議決があればその債権を放棄することができます（自治法96条1項10号）。**債権放棄**は民法上「免除」といい、債権者の一方的な意思表示（単独行為）により債務を消滅させることをいいます（民法519条）。こうした債権放棄は、過去には住民訴訟に係る債権についても行われてきました。ただ、長個人が負うべき義務について、長自身が債権放棄議案を上程することは長の職責上問題があります（自治法138条の2）。そこで、現実には、副市長など補助機関のトップが議長の了解を得て、各会派、所管の常任委員会への根回しを行い、長の与党的会派の議員あるいは議長の意向を汲んだ議員団により議案提出をするといった対応が行われてきました。

　これに対し、住民訴訟により確定し、又は係争中の債権を放棄することは、住民自らの手により地方財務行政の適正な運営を確保するために定められた住民訴訟制度の趣旨を没却するのではないかという問題が提起されるようになりました。

---

(285) この場合は、地方公共団体が有する違法な給与の支給を受けた職員に対する不当利得返還請求権という債権の管理を怠るということになる。

(2) 債権放棄無効判決の登場

　かつては、鋸南町納税貯蓄組合補助金交付事件高裁判決[286]、玉穂町町長予定価格漏洩事件高裁判決[287]のように、議会は、法律若しくはこれに基づく政令又は条例に特別の定めがある場合でない限り、当該権利の発生原因にかかわらず自らが本来有する権限に基づき、権利放棄の議決をすることができるとする判決がありました。しかし、このような議会の判断は、住民訴訟の原告の努力を水泡に帰せしめるなどの理由から強い批判の対象となりました。

　こうした中、さくら市浄水場事件控訴審判決[288]など債権放棄を無効と判断する高裁判決が相次いで出されるようになりました。同判決では、債権の放棄の可否は議会の良識に委ねられているが、裁判所が存在するとした損害賠償請求権について、裁判所の認定判断を覆し、あるいは裁判所においてそのような判断がなされるのを阻止するために権利放棄の決議をすることは、自治法は予想も認容もしていないとしました。

(3) 神戸市債権放棄議決事件最高裁判決

　債権放棄を無効とする高裁判決が相次ぐ中、最高裁の判断[289]が示されました。

　この事件は、神戸市が職員を派遣し、又は退職の上在職させていた団体に対しこれらの職員の人件費に充てるために給与相当額の補助金又は委託料（以下「補助金等」という）を支出したことは、公益的法人等への一般職の地方公務員の派遣等に関する法律（以下「派遣法」という）6条2項に定める手続を潜脱するもので違法・無効であるとして、平成17年、18年度の補助金等の支出当時の市長であった者に対して補助金等相当額の損害賠償請求をすること及び団体に対して補助金等の不当利得返還請求をすること等の義務付けを求めたものです（**神戸市債権放棄議決事件**）。

　神戸地裁判決[290]は、市長の過失を認定し、原告らの請求を一部認容しました。控訴した神戸市側は、公益法人等への職員の派遣等に関する条例の一部を改正する条例附則5項に本件事件の債権放棄をする旨の規定を盛り込み施行し、債権が放棄された旨の主張しました。これに対し、大阪高裁判決[291]は、議決権の濫用

---

(286) 東京高判平12・12・26判時1753号35頁
(287) 東京高判平18・7・20判タ1218号193頁
(288) 東京高判平21・12・24判自335号10頁
(289) 最2小判平24・4・20民集66巻6号2583頁
(290) 神戸地判平20・4・24民集66巻6号2631頁
(291) 大阪高判平21・11・27民集66巻6号2738頁

に当たると判断しました。

　神戸市側の上告受理の申立てを受理した最高裁は、「地方自治法においては、普通地方公共団体がその債権の放棄をするに当たって、その議会の議決及び長の執行行為（条例による場合は、その公布）という手続的要件を満たしている限り、その適否の実体的判断については、住民による直接の選挙を通じて選出された議員により構成される普通地方公共団体の議決機関である議会の裁量権に基本的に委ねられている」としました。その上で、「これを放棄することが普通地方公共団体の民主的かつ実効的な行政運営の確保を旨とする同法の趣旨等に照らして不合理であって上記の裁量権の範囲の逸脱又はその濫用に当たると認められるときは、その議決は違法となり、当該放棄は無効となる」とし、裁量といえども司法審査に服することを明らかにしたのです。

　そして、債権放棄が裁量権の逸脱又はその濫用に当たるかどうかを審査する際の考慮要素とし、❶当該請求権の発生原因である財務会計行為等の性質、内容、原因、経緯及び影響、❷当該議決の趣旨及び経緯、❸当該請求権の放棄又は行使の影響、❹住民訴訟の係属の有無及び経緯、事後の状況、❺その他の諸般の事情を総合考慮するとし、その際、❶の考慮要素については、当該違法事由の性格（不当な利得を図る目的かどうか）や当該職員又は当該支出等を受けた者の帰責性（故意又は重過失によるのか、又は軽過失に止まるものか）等が考慮されるべきであるとしました。

　このように上記最高裁判決は、住民訴訟制度と議会による債権放棄の制度を連結させず、住民訴訟により確定した債権又は係争中の債権の放棄が住民訴訟制度の趣旨を没却する濫用的なものに当たるということはできないとして、当然には無効とはしませんでした[292]。

　上記最高裁判決を受けて総務省に設けられた、住民訴訟に関する検討会の最終報告書[293]では、議会による債権放棄の問題に止まらず、その背景にある長及び職員個人の責任追及のあり方について議論し、その議論を踏まえた制度的提言もなされています。同報告書に示された論点に関する議論の行方については、今後注目されるところです。

　いずれにしても、上記最高裁判決が示した司法審査の枠組みと考慮要素は、議

---

(292) 塩野・行政法Ⅲ220頁は、住民訴訟制度と議会による債権放棄制度との連結が必要であるとする。
(293) http://www.soumu.go.jp/main_content/000219863.pdf

会が債権放棄の適否を判断するに当たっての実務上の準則となります。

　なお、神戸市の事件では、対外的に債権放棄の効力を生じさせるためには、長による意思表示が必要かという点も争点となりましたが、最高裁は、放棄の効力が生ずるには、その長による執行行為としての放棄の意思表示が必要であるが、条例による債権の放棄の場合には、条例という法規範それ自体によって、その消滅という効果が生ずるものであるから、長による別途の意思表示を要しないとしています。

12　原告側の訴訟費用

（1）　勝訴住民側の弁護士費用

　住民訴訟の勝訴判決が確定した場合、住民は、その支払うべき弁護士報酬額について、当該地方公共団体に対し、その支払いを請求することができます（自治法242条の2第12項）。この規定の趣旨は、住民の負担において地方公共団体が利益を得るのだから、衡平の理念に基づき、その費用は地方公共団体が支払うべきとするものです。しかし、住民側の弁護士報酬額については、全額が認められるわけではなく、弁護士に支払うべき報酬額の範囲内で「相当と認められる額」（**相当報酬額**）に限られています。

　この相当報酬額の算定については、従来、住民訴訟が自己の利益とは関係なく提起する民衆訴訟であることから算定は不能であることを前提とすべきであるとする説、判決認容額又は回収額を前提とすべきであるとする説、諸般の事情を総合的に考慮して算定すべきであるとする説など下級審の裁判例は分かれていました。こうした状況のなか、最高裁の判断[294]が示されました。同判決は、「相当と認められる額」の意義について、「住民から訴訟委任を受けた弁護士が当該訴訟のために行った活動の対価として必要かつ十分な程度として社会通念上適正妥当と認められる額」をいい、その具体的な額は、❶当該訴訟における事案の難易、❷弁護士が要した労力の程度及び時間、❸認容された額、❹判決の結果普通地方公共団体が回収した額、❺住民訴訟の性格、❻その他諸般の事情を総合的勘案して定められるべきものと解するのが相当であるとしました。その上で、考慮要素のうち❸認容額及び❹回収額を重要な要素であるとしています。

　ところで、この最高裁判決は、平成14年法律第4号による改正前の自治法

（294）　最1小判平21・4・23判時2046号54頁

316

242条の2第7項(現12項)規定についての判断でした。旧自治法242条の2第1項4号の請求は、平成14年の改正により、損害賠償の代位請求から普通地方公共団体の執行機関に対する請求となり、旧自治法242条の2第7項の相当報酬額に関する規定も4号請求だけではなく全ての請求において当事者が勝訴した場合に拡大されました。とはいえ、相当報酬額に関しては、これを定める条文の位置及び文言の一部について形式的な変更があったに過ぎません。したがって、前掲最高裁判決は、現行の自治法242条の2第12項における相当報酬額の算定についても、その先例的意義が失われるものではありません。

（2）　相当報酬額の算定方法

　自治法242条の2第12項は、「報酬を支払うべきとき」は、「その報酬の範囲内で相当と認められる額」の支払いを請求できると定めていることから、相当報酬額は、当事者間で合意された報酬額（合意報酬額）から前記❶から❻までの考慮要素に該当する事由を個別に検討考慮し、一括して減額控除することによって、決定することになります。例えば、合意報酬額に対して、❶から❻までの要素を総合的に検討考慮して、40％を減額するといった具合です。この場合、住民側は、合意報酬額を超える請求を地方公共団体にすることはできませんから、考慮要素は、多くの場合、減額要素として考慮されるのではないかと思われます。減額要素が少なければ、相当報酬額は合意報酬額に近づきます。中には、非常に難易度の高い訴訟であるとして、増額的考慮事由と評価される場合もあるでしょうが、この場合であっても、相当報酬額が合意報酬額を超えるような裁定を裁判所がなすことはできません。

　次に主要な考慮要素について、確認しておきましょう。まず、❶及び❷の考慮要素は、概念的には独立した考慮要素なのですが、事案の難易度が高まれば、当然に弁護士が要した労力の程度や時間も増します。このことから、❶及び❷の要素は一括して考慮される場合が多いのではないかと思われます。具体的には、準備書面の通数、書証等の訴訟資料の収集、尋問、期日の回数など客観的な訴訟活動を中心に判断されることになるでしょう。

　最高裁が重要な考慮要素としている❸及び❹については、満額（遅延利息を含む）回収済みならば、当然考慮すべき減額事由はありません。しかし、認容額の

うち、未回収の額については、回収可能性の低さが減額事由として考慮される可能性があります。なお、回収可能性に関し、「住民訴訟の判決認容額の元本は、1億7700万円」に対して、義務者が「資本金840億円を有し、……単独売上高6430億円を計上する大企業である」ことから、地方公共団体が認容額を回収し得ることは相当程度確実（認容額≒回収額）であるとした裁判例[295]があります。

その他の考慮要素としては、例えば、合意報酬額が各弁護士会が定めていた旧弁護士報酬規程の額に比較し高額であるような場合、当該高額とされる部分が減額対象とされることが考えられます。

（3） 債権放棄議決と相当報酬額

以上のように、住民訴訟により確定した債権の放棄も議会の裁量権の範囲を逸脱し、又は濫用されたものでない限り、無効ではありません。

ところで、債権放棄が有効である場合、回収可能性はゼロになります。この場合、相当報酬額の算定にあって債権放棄は影響するのでしょうか。客観的に回収可能性がないとして債権放棄がなされた場合には、そもそも、地方公共団体が経済的利益を受けることが不可能なのですから、減額事由として考慮せざるを得ないと考えられます。しかし、他方、回収可能性があるにもかかわらず債権放棄をした場合、地方公共団体の政策的考慮により、住民側の訴訟活動に対する労力への評価を減じることは妥当ではありません。よって、原則、考慮すべきではないと考えられます。

相当報酬額は現実問題として、地方公共団体側と住民側でいずれもが納得する額を決定することは難しく、実務的には、裁判所の判決による決定あるいは裁判上の和解による場合が多くなると思われます。

---

[295] 水戸地判平21・7・29判自338号24頁

補遺——立案情報の収集

　立案の際、新たな知見が必要な場合も少なくありません。評価の高い教科書を参照することは当然ですが、細かな議論になると、論文に当たることが必要になってきます。

　論文検索については、国立情報学研究所が提供するCINII (http://ci.nii.ac.jp/) が有名です。論文を含めた一般的な関連文献を広く検索するシステムとしては、**国立国会図書館** (http://iss.ndl.go.jp/) を利用するとよいでしょう。なお、法律関係文献のアクセス方法について詳しく掲載した図書として、**いしかわまりこ『リーガル・リサーチ〔第4版〕』**（日本評論社、2012）があります。手元に一つあると便利な法律文献検索の総合ガイドブックといえます。

　立案の際には、裁判例を調べる必要もあります。裁判例については、地方公共団体で導入されているLEX/DBインターネット、D1-Law.com、LexisNexisJP、などの有料のデータベースを参照する場合が多いと思われます。最高裁裁判所のウェブサイト (http://www.courts.go.jp/saikosai/) では、主要な判決を無料で調べることができます。掲載数は多くありませんが有料データベースにないものが掲載されている場合もあります。

　裁判例の解説としては、**判例時報、判例タイムズ、判例地方自治、判例百選**などがあります。判例時報、判例タイムズ、判例地方自治は、主要な論点について実務的視点からの解説が多いのが特徴です。判例百選は、研究者による執筆がほとんどで、学術的視点から学説や執筆者の考え方などがコンパクトにまとめられています。また、忘れてはならないのが、最高裁判所調査官の解説です。この解説は、最高裁判所の公式判例集である最高裁民事判例集（民集や刑集と呼ばれます）に掲載された事件につき、当該事件の担当調査官が判決に至る過程で調査した過去の裁判例や学説、外国法などを踏まえて書いたものです。**法曹時報**という雑誌に掲載され、その後、当該年度の事件ごとにまとめられて『**最高裁判所判例解説・民事編・平成□年度**』として出版されます。

　法令検索のためのデータベースとしては、**法令データ提供システム**（http://

law.e-gov.go.jp/cgi-bin/idxsearch.cgi）があります。総務省が運営しており、信頼性も高いです。これ以外にも、国会図書館が運営する日本法令検索（http://hourei.ndl.go.jp/SearchSys/）があります。同システムは、明治19年2月公文式施行以降の省令以上の法令について、制定・改廃経過等の情報を検索できるデータベースです。また、帝国議会及び国会に提出された法律案や国会に提出された条約承認案件等の審議経過等も検索できます。情報量は群を抜きます。いずれも無料でアクセスできます。

地方公共団体の例規を横断的に検索するシステムはありませんが、Yahoo!やGoogleなどで「□□市例規」で検索すれば、当該自治体の例規検索画面にたどり着くことができます。個別条例の逐条解説も、HPからアクセスできる場合も少なくありません。

北村喜宣『自治力の爽風』（慈学社、2012）をはじめとする同教授の「自治力シリーズ」は、是非全書読破を勧めます。同シリーズは、自治実務セミナー等に掲載された法的エッセイをまとめたもので、法政策について著者の鋭い視点での問題提起と解説がなされています。法政策立案のヒントとなる議論が多数まとめられています。

法政策に関する最新情報については、**月刊地方自治職員研修、自治実務セミナー、自治体法務研究、地方自治**などの商業雑誌から得ることができます。

法制執務については、石毛正純『法制執務詳解〔新版Ⅱ〕』（ぎょうせい、2012）がよく利用されているようです。より重厚な基本書としては、**法制執務研究会『新訂ワークブック 法制執務』**（ぎょうせい、2007）もあります。

訟務については、中野哲弘『わかりやすい民事訴訟法概説〔新版〕』（信山社、2004）などの裁判実務家の書いた入門書で大まかな手続の流れをつかむとよいでしょう。現実の訟務については、**行政関係訴訟事務研究会編『地方公共団体の訴訟事務の手引 地方公共団体職員のための訴訟対策ガイド』**（ぎょうせい、2009）、**行政事件訴訟実務研究会編『行政訴訟の実務』**（ぎょうせい、2007）を参考にするとよいでしょう。

あとがき

　政策とは、目的手段との体系からなる行政の活動方針です。このうち、規範化される政策を本書では特に法政策と定義しました。この法政策の立案に際しては、目的を定め、当該目的を達成するため手段を定めます。こうした目的達成のために行政が用いる手段を行政手法といい、この実効性を確保するために必要な監督処分や刑罰等の制度と組み合わせることにより制度を設計します。

　このような法政策の立案過程において、重要なことは、立案プロセスに人権を取り込み、かつ、法令に違反することなく法令と調和的に制度設計を行うことです。本書は、そうしたエッセンスを提供することを目標にしました。

　このような目標が達成できているかどうかは、読者の皆さんの評価を待つほかありませんが、地域課題解決のための法政策の立案のヒントを少しでも提供できたとすれば、うれしい限りです。

◆判例索引◆

最高裁判決

明41.12.15	大判	明41（オ）269	民録14輯1276頁 ……………	13
大15. 5.22	大中間判	大12（オ）398他	民集5巻386頁 ………………	15
大15. 6.19	大判	大15（れ）734	刑集5巻267頁 ………………	14
昭27.10. 8	最大判	昭27（マ）23	民集6巻9号783頁	
			【警察予備隊違憲訴訟】…………	62
昭27.12.24	最大判	昭25（れ）723	刑集6巻11号1346頁 …………	145
昭29.11.24	最大判	昭26（あ）3188	刑集8巻11号1866頁 …………	102
昭30. 4.19	最3小判	昭28（オ）625	民集9巻5号534頁 ……………	299
昭32. 7. 9	最3小判	昭27（オ）884	民集11巻7号1203頁 …………	306
昭34.11.26	最1小判	昭33（オ）866	民集13巻12号1573頁 ………	14
昭37. 5.30	最大判	昭31（あ）4289	刑集16巻5号577頁	
			【大阪市売春防止条例違反事件】…………	227
昭38. 6.26	最大判	昭36（あ）2623	刑集17巻5号521頁	
			【奈良県ため池条例事件】…………	119
昭39. 5.27	最大判	昭37（オ）1472	民集18巻4号676頁	
			【待命処分無効確認判定取消請求事件】…………	56
昭40. 3.26	最2小判	昭38（あ）1801	刑集19巻2号83頁 ……………	232
昭41. 2.23	最大判	昭38（オ）797	民集20巻2号320頁	
			【農業共済金等請求事件】………	258, 259
昭43.11.27	最大判	昭37（あ）2922	刑集22巻12号1402頁	
			【河川附近地制限令事件】…………	176
昭43.12.24	最3小判	昭39（行ツ）87	民集22巻13号3147頁 ………	144, 146
昭44.12.24	最大判	昭40（あ）1187	刑集23巻12号1625頁	
			【京都府学連事件】…………	37, 38
昭45. 6.24	最大判	昭41（オ）444	民集24巻6号625頁	
			【八幡製鉄事件】…………	22
昭46. 6.24	最1小判	昭42（オ）692	民集25巻4号574頁 …………	16
昭47.11.22	最大判	昭45（あ）23	刑集26巻9号586頁	

				【小売市場適正配置事件】………… *43, 54*
昭48. 4. 4	最大判	昭45（あ）1310	刑集27巻3号265頁	
				【尊属殺重罰規定事件】………… *45*
昭48.12.12	最大判	昭43（オ）932	民集27巻11号1536頁	
				【三菱樹脂事件】………… *18*
昭49. 2. 5	最3小判	昭44（オ）628	民集28巻1号1頁	
				【東京都中央卸売市場事件】………… *206*
昭49.11. 6	最大判	昭44（あ）1501	刑集28巻9号393頁	
				【猿払事件】…… *43, 49, 228*
昭50. 4.30	最大判	昭43（行ツ）120	民集29巻4号572頁	
				【薬局適正配置事件】… *42, 43, 48, 161*
昭50. 9.10	最大判	昭48（あ）910	刑集29巻8号489頁	
				【徳島市公安条例事件】… *104, 164, 229*
昭52. 7.13	最大判	昭46（行ツ）69	民集31巻4号533頁	
				【津市地鎮祭事件】………… *19, 59*
昭53.10. 4	最大判	昭50（行ツ）120	民集32巻7号1223頁	
				【マクリーン事件】………… *22*
昭53.12.21	最3小判	昭53（行ツ）35	民集32巻9号1723頁	
				【高知市普通河川条例事件】………… *105*
昭55. 9.22	最3小決	昭53（あ）1717	刑集34巻5号272頁 ………… *94*
昭56. 4. 7	最3小判	昭51（オ）749	民集35巻3号443頁 ………… *261*
昭56. 6.15	最2小判	昭55（あ）874	刑集35巻4号205頁	
				【戸別訪問禁止事件】………… *50, 51*
昭60. 6. 6	最1小判	昭58（行ツ）52	判自19号60頁	
				【飯盛町旅館建築規制条例事件】………… *119*
昭60.10.23	最大判	昭57（あ）621	刑集39巻6号413頁	
				【福岡県青少年保護育成条例事件】… *113, 230*
昭61. 2.14	最2小判	昭59（あ）1025	刑集40巻1号48頁	
				【自動速度監視装置（オービス）事件】… *39*
昭61. 2.27	最1小判	昭58（行ツ）132	民集40巻1号88頁 ……… *299, 302, 303*
昭62. 4.10	最2小判	昭55（行ツ）157	民集41巻3号239頁 ………… *75, 312*

323

昭62. 4.22	最大判	昭59（オ）805	民集41巻3号408頁	
			【森林法共有林分割事件】……………	52
平 1. 6.20	最3小判	昭57（オ）164 他	民集43巻6号385頁	
			【百里基地事件】………………	19
平 1.11. 8	最2小決	昭60（あ）1265	判時1328号16頁	
			【武蔵野市長給水拒否事件】………*217, 218*
平 3. 3. 8	最2小判	平1（行ツ）99 他	民集45巻3号164頁 ………………	94
平 4.12.15	最3小判	昭63（行ツ）56	民集46巻9号2829頁	
			【酒類販売業免許事件】……………	44
平 7. 2.28	最3小判	平5（行ツ）163	民集49巻2号639頁	
			【選挙人名簿不登録処分に対する異議の申出却下決定取消請求事件】………	91
平 7. 3. 7	最3小判	平1（オ）762	民集49巻3号687頁	
			【泉佐野市民会館事件】……… *63, 217*
平 8. 3.15	最2小判	平5（オ）1285	民集50巻3号549頁	
			【上尾市福祉会館使用不許可事件】……………*219*
平 9. 4. 2	最大判	平4（行ツ）156	民集51巻4号1673頁	
			【愛媛玉串料事件】…………	*61*
平11. 1.21	最1小判	平7（オ）2122	民集53巻1号13頁	
			【志面町給水拒否事件】……………*217*
平12. 2.29	最3小判	平10（オ）1081 他	民集54巻2号582頁	
			【エホバの証人輸血事件】…………	*34*
平13. 3.27	最3小判	平8（行ツ）210 他	民集55巻2号530頁 ………………	99
平14. 7. 9	最3小判	平10（行ツ）239	民集56巻6号1134頁	
			【宝塚市パチンコ店等規制条例事件】………*190, 259*
平18. 2.21	最3小判	平14（受）133	民集60巻2号508頁 ……………*261*
平19. 9.18	最3小判	平17（あ）1819	刑集61巻6号601頁	
			【広島市暴走族追放条例事件】……… *50, 230*
平20. 3. 6	最1小判	平19（オ）403 他	民集62巻3号665頁	
			【住基ネット事件】………*37, 40*
平20. 6. 4	最大判	平18（行ツ）135	民集62巻6号1367頁	
			【国籍取得差別事件】……… *57, 162*

平20. 7.17	最1小決	平20（あ）139	判時2050号156頁
			【世田谷区清掃・リサイクル条例事件】……………*230*
平20.11.10	最3小決	平19（あ）1961	刑集62巻10号2853頁
			【北海道迷惑防止条例事件】……………*230*
平21. 4.23	最1小判	平19（受）2069	判時2046号54頁 ……………*316*
平21. 7.10	最2小判	平19（受）1163	判時2058号53頁 ……………*190*
平22. 1.20	最大判	平19（行ツ）260	民集64巻1号1頁
			【空地太事件】…………… *61*
平22. 7.22	最1小判	平20（行ツ）202	判時2087号26頁
			【白山ひめ神社事件】…………… *61*
平24. 4.20	最2小判	平22（行ヒ）102	民集66巻6号2583頁
			【神戸市債権放棄議決事件】……………*314*
平25. 9. 4	最大決	平24（ク）984他	民集67巻6号1320頁
			【非嫡出子相続分不平等事件】……… *57, 163*

高裁判決 ■

昭36. 7.13	大阪高判	昭35（う）1919	判時276号33頁
			【奈良県ため池条例事件】……………*119*
昭37. 4.17	大阪高判	昭34（ネ）1586	行集13巻4号787頁 ……………*247*
昭38. 4.10	東京高判	昭37（ネ）3041	民集20巻2号335頁
			【農業共済金等請求事件】……………*258*
昭40.10. 5	大阪高決	昭40（行ス）3	行集16巻10号1756頁 ……*246, 255*
昭42.12.25	東京高判	昭39（行コ）17他	行集18巻12号1810頁 ……………*247*
昭48. 2.19	高松高判	昭47（う）172	刑集29巻8号570頁
			【徳島市公安条例事件】……………*104*
昭50 .7.14	東京高判	昭47（ネ）773	判時791号81頁 ……………*207*
昭56. 5.20	大阪高判	昭55（ネ）1482	判タ449号75頁 ……………*194*
昭57. 2.26	高松高判	昭56（行コ）2	行集33巻1・2号273頁 ……………*303*
昭58. 3. 7	福岡高判	昭55（行コ）31	行集34巻3号394頁
			【飯盛町旅館建築規制条例事件】………*118, 164*
平10. 6. 2	大阪高判	平9（行コ）23	判時1668号37頁

			【宝塚市パチンコ店等規制条例事件】……………*260*	
平12. 2.29	名古屋高判	平 9（行コ）21	判タ 1061 号 178 頁	
			【紀伊長島町水道水源保護条例事件】……………*113*	
平12.12.26	東京高判	平 12（行コ）269	判時 1753 号 35 頁	
			【鋸南町納税貯蓄組合補助金交付事件】……………*314*	
平13. 5.29	広島高判	平 10（行コ）11	判時 1756 号 66 頁 ………………*305*	
平15. 5.21	東京高判	平 13（ネ）3067	訟月 53 巻 2 号 205 頁 ………………*215*	
平18. 5.18	名古屋高判	平 17（行コ）41	裁判所ウェブサイト	
			【東郷町ラブホテル規制条例事件】……………*116*	
平18. 7.20	東京高判	平 17（行コ）68	判タ 1218 号 193 頁	
			【玉穂町長予定価格漏洩事件】……………*314*	
平21.11.27	大阪高判	平 20（行コ）88 他	民集 66 巻 6 号 2738 頁	
			【神戸市債権放棄議決事件】……………*314*	
平21.12.24	東京高判	平 21（行コ）27	判自 335 号 10 頁	
			【さくら市浄水場事件】……………*314*	
平22. 2.25	東京高判	平 20（行コ）171	判時 2074 号 32 頁 ………………*120*	

地裁判決 ■

昭29. 6.19	山口地判	昭 27（行）26	行集 5 巻 6 号 1510 頁 ………………*249*	
昭34. 8.18	神戸地判	昭 33（行）5	行集 10 巻 9 号 1785 頁 ………………*247*	
昭37.11.29	水戸地判	昭 37（行）3	行集 13 巻 11 号 2155 頁	
			【農業共済金等請求事件】……………*258*	
昭39. 9.28	東京地判	昭 36（ワ）1882	下民 15 巻 9 号 2317 頁	
			【宴のあと事件】……………*34*	
昭47. 4.20	徳島地判	昭 44（わ）1	判タ 278 号 287 頁	
			【徳島市公安条例事件】……………*104*	
昭48. 5. 4	長野地判	昭 48（行ウ）1	行集 24 巻 4・5 号 340 頁 ………………*218*	
昭48. 9.10	東京地判	昭 43（行ウ）234	行集 24 巻 8・9 号 916 頁 ………………*246*	
昭53. 9.27	横浜地判	昭 42（行ウ）12 他	判時 920 号 95 頁 ………………*245, 246*	
昭55. 9.19	長崎地判	昭 54（行ウ）3	行集 31 巻 9 号 1920 頁	
			【飯盛町旅館建築規制条例事件】……………*118*	

昭55.12.26	松山地判	昭51（行ウ）9	行集31巻12号2719頁	……………303
平 1.11. 1	大阪地判	平1（行ウ）14	判時1353号55頁	……………247
平 2. 9.18	東京地判	昭63（行ウ）50	行集41巻9号1471頁	……………178
平 2.12.20	東京地	平1（行ウ）155	判時1375号59頁	……………120
平 5. 2.26	京都地判	平4（行ウ）18	判タ835号157頁	……………246
平 6. 4.27	大阪地判	平2（ワ）5031	判時1515号116頁	
			【釜が崎監視カメラ事件】	…………… 39
平 6. 6. 9	神戸地伊丹支判	平6（ヨ）14	判自128号68頁	
			【宝塚市パチンコ店等規制条例事件】	……………260
平 9. 4.28	神戸地判	平6（行ウ）34	行集48巻4号293頁	
			【宝塚市パチンコ店等規制条例事件】	……………260
平12. 2.29	神戸地判	平10（行ウ）47	判自207号72頁	……………303
平12. 9.27	横浜地判	平8（行ウ）26他	判自217号69頁	……………264, 265
平13. 2. 6	東京地判	平10（ワ）5272	判時1748号144頁	
			【Nシステム事件】	…………… 39
平14.12.16	大分地判	平13（行ウ）9	判自245号41頁	……………303
平15. 3.10	大分地判	平13（行ウ）7	判自245号34頁	……………303
平17. 5.26	名古屋地判	平16（行ウ）44他	判タ1275号144頁	
			【東郷町ラブホテル規制条例事件】	………113, 115
平19.10.15	岡山地決	平19（行ク）4	判時1994号26頁	
			【岡山シンフォニーホール事件】	……………220
平20. 4.24	神戸地判	平18（行ウ）43	民集66巻6号2631頁	
			【神戸市債権放棄議決事件】	……………314
平20.10.30	岡山地判	平19（行ウ）6	判例集未登載	………16, 76, 305
平21. 3.25	広島地判	平17（行ウ）18	裁判所ウェブサイト	……………163
平21. 3.25	大阪地判	平18（行ウ）3他	判自324号10頁	……………244
平21. 7.29	水戸地判	平20（ワ）508	判自338号24頁	……………318
平25. 8. 5	松江地判	平24（行ウ）5	判自375号16頁	…………… 77

◆主要事項索引◆

あ

上尾市福祉会館使用不許可事件 …… *219*
明渡義務 ………………………… *245*
アファーマティブ・アクション …… *58*
争いのない事実 ………………… *288*

い

飯盛町旅館建築規制条例事件 … *117, 164*
泉佐野市民会館事件 …………… *63, 217*
一般拒否権 ………………………… *67*
一般処分 ………………………… *149*
一般的自由権説 ………………… *33*
委任条例 ………………… *101, 134*
委任命令 ………………………… *144*
違法性の承継 …………………… *248*
インフォームド（周知）コスト …… *168*

う

上乗せ条例 ……………… *101, 115*
宴のあと事件 …………………… *34*

え

営業の自由 ……………………… *42*
Nシステム事件 ………………… *39*
愛媛玉串料事件 ………………… *61*
エホバの証人輸血事件 ………… *34*

お

大阪市売春禁止条例違反事件 …… *227*
岡山シンフォニーホール事件 …… *220*
怠る事実 ………………………… *307*

か

解釈基準 ………………………… *146*
拡張解釈 ………………………… *14*
掛川市生涯学習まちづくり土地
　条例 …………………………… *197*
過失 ……………………………… *304*
河川附近地制限令事件 ………… *176*
学校施設の確保に関する政令 …… *255*
釜ヶ崎監視カメラ事件 ………… *39*
過料 ……………………………… *238*
監査請求前置主義 ……………… *306*
慣習の配列 ……………………… *282*
間接事実 ………………………… *288*
間接適用説 ……………………… *19*
間接罰方式 ……………………… *235*
間接補助 ………………………… *182*
監督処分制度 …………………… *208*
関与法定主義 …………………… *83*

き

紀伊長島町水道水源保護条例事
　件 ……………………………… *113*
機関委任事務 …………………… *79*
議決権 …………………………… *65*
議決証明 ………………………… *297*
技術的助言 ……………………… *81*
擬制自白 ………………………… *288*
規制的手法 ……………………… *168*
規制目的二分論 ………………… *42*

328

規則	151	許可取消制度	204
－制定権	66	拒否権	67
規範選択	153	金銭的担保制度	221
義務設定手法	168	**く**	
義務付け	141	国地方係争処理委員会	85
義務付訴訟	310	国等による違法確認訴訟	88
客観訴訟	286	国と地方の協議の場に関する法律	86
客観法	59	訓令	150
給付基準	146	**け**	
給付拒否制度	216	計画手法	184
共管の事務領域	124	経過措置	284
狭義の厳格な基準	46	警察予備隊違憲訴訟	62
狭義の情報公表制度	213	形式的平等	57
狭義の法定代理	74	経済的自由	21
競合関係	124	経済的ディスインセンティブを与える手法	182
行政機関	72	刑罰均衡の原則	227, 228
行政規則	143	啓発的手法	180
－の法規化現象	146	契約自由の原則	191
行政警察作用	39	契約説	190
行政刑罰	235	結社の自由	22, 59
行政権の主体	260	厳格な基準	46
行政指導基準	146	厳格な合理性の基準	46
行政主体	71	権限の委任	72
行政手法	1, 168	権限の代理	74
行政庁	72	現代仮名遣い	271
強制調査	224	顕著な事実	288
行政罰	234	憲法上の権利	18
協定手法	190	憲法訴訟	163
京都府学連事件	37		
許可手法	168, 173		

権利規定	59
権利障害事実	292
権利消滅事実	292
権利対価補償	206
権利発生事実	292
権力分立	20
権利濫用禁止の原則	117
権力留保説	94

■■■ こ ■■■

故意	304
広域事務	123
行為規範	11
合議制の機関	152
公共政策	1
公共の福祉	24
公金の支出	307
合憲限定解釈	63
公告式条例	284
公示送達	252
拘束型住民投票制度	89
高知市普通河川条例事件	105
神戸市債権放棄議決事件	314
抗弁	290
小売市場適正配置事件	43, 54
合理的関連性の基準	46
告示	149
国籍取得差別事件	57, 162
国務請求権	21
個別型住民投票制度	89
戸別訪問禁止事件	51

根拠規範	93
混合配列	278

■■■ さ ■■■

罪刑法定主義	226
債権放棄	313
財産権の主体	260
最小限規制	125
最大限規制	125
裁定的関与	82
裁判規範	11
財務会計上の行為	299, 307
財務事項規則専管主義	154
裁量基準	146
作為義務を課す手法	170
酒類販売業免許事件	44
雑則規定	280
猿払事件	43, 49, 228
参加的効力	311
参酌すべき基準	141
参政権	21
三段論法	11
残地補償	206
山武市残土の埋立てによる地下水の水質の汚濁の防止に関する条例	193

■■■ し ■■■

施行	283
時間的配列	278
事業損失補償	206
自己決定権	34

自己情報コントロール権 ……… 37	社会規範 …………………… 9
事実上の効果 …………… 245	社会権 …………………… 21
事実認定 ………………… 287	重過失 …………………… 306
自主条例 ………………… 101	住基ネット事件 ………… 37
支出 ……………………… 307	自由権 …………………… 21
－負担行為 ……………… 307	集団行進及び集団示威運動に関
－命令 …………………… 307	する条例（徳島市）……… 104
従うべき基準 …………… 141	住民監査請求 …………… 306
自治体基本条例 ………… 188	住民参加手法 …………… 186
自治紛争処理委員 ……… 85	住民自治 ………………… 78
市町村連絡調整事務 …… 123	住民訴訟 ………………… 306
実害要件 ………………… 210	重要事項留保説 ………… 94
執行機関多元主義 ……… 71	収用損失補償 …………… 206
執行罰 …………………… 256	主観性 …………………… 1
執行命令 ………………… 144	縮小解釈 ………………… 13
実質関連性 ……………… 46	授権代理 ………………… 74
実質的平等 ……………… 57	趣旨規定 ………………… 276
実体的違反要件 ………… 210	手段の合理性 …………… 28
実体の規定 ……………… 277	手段の必要最小限性 …… 28
指定書 …………………… 294	手段の必要性 …………… 46
指定代理 ………………… 74	主張 ……………………… 287, 290
指定代理人 ……………… 293	出廷者名簿 ……………… 294
自動速度監視装置（オービス）	主要事実 ………………… 287
事件 …………………… 39	消極目的規制 …………… 44
自白 ……………………… 288	常設型住民投票制度 …… 89
司法警察作用 …………… 39	訟務官 …………………… 298
司法事実 ………………… 160	訟務検事 ………………… 298
事務処理の特例 ………… 86	情報公開制度 …………… 213
事務の委託 ……………… 88	情報公表制度 …………… 213
諮問型住民投票制度 …… 89	情報収集制度 …………… 223

情報提供的公表制度 …………… *213*	是正の指示 …………………… *84*
常用漢字 ……………………… *271*	積極的是正措置 ……………… *58*
省令 …………………………… *143*	積極目的規制 ………………… *44*
条例の形式 …………………… *269*	絶対的平等 …………………… *56*
職務執行命令訴訟 ……………… *82*	絶対的保障 …………………… *59*
書証 …………………………… *289*	説明会手法 …………………… *188*
処理基準 ……………………… *81*	選挙人名簿不登録処分に対する
ジョン・スチュアート・ミル …… *35*	異議の申出却下決定取消請求
白山ひめ神社事件 ……………… *61*	事件 ………………………… *91*
自力救済の禁止 ……………… *242*	専決 …………………………… *75*
侵害留保説 …………………… *93*	－ 権 ……………… *67, 299, 312*
人格的利益説 ………………… *33*	全体性 ………………………… *1*
信義則 ………………………… *117*	全部留保説 …………………… *94*
真偽不明 ……………………… *289*	══════ そ ══════
信教の自由 …………………… *58*	総合出先機関 ………………… *69*
審査密度 ……………………… *45*	相対的平等 …………………… *56*
紳士協定説 …………………… *190*	相対的保障 …………………… *59*
人事権 ………………………… *66*	相当報酬額 …………………… *316*
人証 …………………………… *289*	相反性 ………………………… *1*
人身の自由 …………………… *21*	遡及処罰の禁止 ……………… *228*
森林法共有林分割事件 ………… *52*	－ の原則 …………………… *227*
══════ す ══════	遡及適用 ……………………… *285*
裾切り条例 …………………… *101*	即時強制 ……………………… *261*
ストーカー行為等の規制等に関	組織編成権 ………………… *66, 76*
する法律 …………………… *240*	空知太事件 …………………… *61*
══════ せ ══════	尊属殺重罰規定事件 …………… *45*
政教分離 ……………………… *59*	══════ た ══════
制裁の公表制度 ……………… *213*	代位請求訴訟 ………………… *310*
政令 …………………………… *143*	代決 …………………………… *75*
精神の自由 …………………… *21*	－ 権 ………………………… *312*

332

代執行……………………………… 84		と	
対人処分……………………………… 246	同意権……………………………… 66
対人対物処分………………………… 247	同意手法…………………………… 199
代替的作為義務……………………… 243	当該職員………………………… 75, 312
代罰規定……………………………… 232	東京都中央卸売市場事件 …………… 206
対物処分……………………………… 246	東郷町ラブホテル規制条例事件 113, 115
待命処分無効確認判定取消請求	動態性………………………………… 1
事件 ……………………………… 56	徳島市公安条例事件 ………… 104, 229
宝塚市パチンコ店等規制条例事	独任制の機関……………………… 152
件 ………………………………… 259	特別拒否権………………………… 67
他者危害回避の原理………………… 35	特別の便宜………………………… 258
多数決民主制………………………… 20	届出手法…………………… 168, 178
立入調査……………………………… 223	トレードオフ………………………… 2
団体自治……………………………… 78		な	
	ち		内閣府令…………………………… 143
秩序罰………………………………… 235	奈良県ため池条例事件 ……………… 119
地方六団体…………………………… 90	成田国際空港の安全確保に関す
抽象的違憲審査制度………………… 62	る緊急措置法 …………………… 253
調査権………………………………… 66		に	
直接強制……………………………… 253	二元代表制………………………… 65
直接補助……………………………… 182	二重の基準論……………………… 42
直罰方式……………………………… 235	ニセコ町まちづくり基本条例 ……… 188
	つ		認証手法…………………………… 202
津市地鎮祭事件 …………………… 19, 59		の	
	て		農業共済金等請求事件 ……………… 257
定義規定……………………………… 276		は	
抵触関係……………………………… 124	配字………………………………… 269
適用除外規定………………………… 128	発動要件…………………………… 210
手続的違反要件……………………… 210	反証………………………………… 289
転業補助……………………………… 182	反対解釈…………………………… 14

賠償命令	300		
パターナリズム	35		
パブリックコメント手法	186		

■ ひ ■

非嫡出子相続分不平等事件	163
必要的規則事項	151
否認	290
百里基地事件	19
標準	141
－規制	125
平等原則	56
比例原則	117
比例審査	54
広島市暴走族追放条例事件	50, 230

■ ふ ■

不許可補償	178
福岡県青少年保護育成条例事件	113, 230
複雑性	1
不作為義務を課す手法	169
不信任議決権	66
付随的違憲審査制度	62
附則	283
附属機関	75
－設置条例主義	76
物件移転補償	206
物件収去	223
プライバシーの権利	37
不利益処分	285
紛争調停手法	200
文理解釈	12

■ ほ ■

包括的人権	21
法規命令	143
報告徴収	223
法人重罰規定	233
法制執務	267
法廷受託事務	81
法定代理	74
法の欠缺	14
法律効果	12
法律主義の原則	226
法律実施条例	101, 134
法律上の争訟	60, 261, 286
法律先占論	104
法律による行政の原理	93
法律の法規創造力の原則	93
法律の優位の原則	93
法律の留保の原則	93
法律要件	12
補完事務	124
補助機関	71
補助金手法	182
補助参加	311
ポツダム命令	255
本証	289

■ ま ■

マクリーン事件	22

■ み ■

三菱樹脂事件	18
見直し規定	9

め

明確性の原則 …………………… *227, 229*
明白性の基準 ……………………… *46*

も

目的規定 ………………………… *272*
目的・効果基準 …………………… *61*
目的の均衡性 ……………………… *28*
目的の正当性 ……………………… *28*
モニタリング（監視）コスト ……… *168*

や

八街市防犯カメラの設置及び運
　用に関する条例 ……………… *40*
薬局適正配置事件 ………… *43, 48, 161*
八幡製鉄事件 …………………… *22*

ゆ

緩やかな基準 ……………………… *46*

よ

要件事実 ………………………… *287*
用語 ……………………………… *271*
要綱 ……………………………… *149*
用字 ……………………………… *271*
横出し条例 ………………… *101, 115*

予算執行職員等 ………………… *299*
予算編成権 ……………………… *66*

り

立憲民主主義 …………………… *20*
立証 ……………………… *287, 290*
立証責任 ………………………… *291*
　－の分配 ……………………… *291*
立法者拘束の原則 ……………… *56*
立法事実 ………………………… *160*
立法事実論 ……………………… *160*
理念的民主制 …………………… *20*
略式代執行 ……………………… *250*
略称規定 ………………………… *277*
両罰規定 ………………………… *232*

る

類推解釈 ………………………… *14*
　－禁止の原則 ………………… *227*

ろ

論理解釈 ………………………… *12*
論理的配列 ……………………… *278*

わ

枠付け …………………………… *141*

宇那木　正寛（うなき・まさひろ）

1987年広島大学法学部卒業。同年岡山市役所入庁。市税滞納整理、例規審査、訟務、情報公開、秘書、政策法務、法務人材の育成、環境企画などの業務を担当。岡山大学大学院社会文化科学研究科非常勤講師を経て、2014年鹿児島大学法文学部准教授（現職）。

自治体政策立案入門　実務に活かす20の行政法学理論

平成27年4月10日　第1刷発行
令和元年12月1日　第2刷発行

　　　著　者　　宇那木　正寛
　　　発　行　　株式会社ぎょうせい

〒136-8575　東京都江東区新木場1-18-11
　　　　　　　　　電話　編集　03-6892-6508
　　　　　　　　　　　　営業　03-6892-6666
　　　　　　　　　フリーコール　0120-953-431

〈検印省略〉　　　URL：https://gyosei.jp

印刷　ぎょうせいデジタル㈱　　　Ⓒ2015 Printed in Japan.
＊乱丁・落丁本はおとりかえいたします。
＊禁無断転載・複製

ISBN978-4-324-09949-0
(5108130-00-000)
〔略号：政策立案〕